Le français tel qu'il se parle en Belgique

La Renaissance du Livre
Michel De Paepe Éditeur

Jacques Mercier
Producteur à la RTBF, créateur du *Jeu des Dictionnaires* et animateur de *Forts en Tête,* il est également l'auteur de nombreux ouvrages : romans, recueils de poésie ou beaux livres parmi lesquels *Le Chocolat belge* (éd. La Renaissance du Livre, 1997), *Le Diamant* (éd. La Renaissance du Livre, 1999), *Le Grand Livre de l'eau* (éd. La Renaissance du Livre, 2000). Il dirige également la collection "Les Maîtres de l'Imaginaire" (éd. La Renaissance du Livre).

Les textes de cet ouvrage ont été initialement publiés dans *La Libre Belgique,* entre 1998 et 2000. Pour la présente publication, il ont fait, de la part de l'auteur, l'objet d'une adaptation.

À Myriam, pour la beauté des mots,
mais aussi des silences.

Maquette : Christel Delcoigne.
Corrections : Delphine Jarosinski.

Photographie de couverture : F. Van Cauwelaert.

52, chaussée de Roubaix, 7500 Tournai (Belgique).
ISBN 2-8046-0403-9
Dépôt légal : D/2000/8176/218.

Collection ***L'Esprit du Nord***

Jacques Mercier

Le français tel qu'il se parle en Belgique

Préface de **Marc Wilmet**,
président du Conseil supérieur
de la langue française de Belgique

La Renaissance du Livre / La Libre Belgique

Une idée jaillie au fil de l'eau...

L'endroit où naît une idée est peut-être fortuit, mais il n'est pas innocent. La chronique de "Monsieur Dico" – alias Jacques Mercier – a surgi des flots tumultueux de l'océan Atlantique, sans que je puisse affirmer qu'on se trouvait alors au large des îles Harris ou si on était entré en mer d'Irlande.

Jacques Mercier participait à une "Librévasion", ce voyage annuel destiné aux lecteurs et aux amis de *La Libre Belgique,* qui voguait en ce pluvieux et frais juillet 1998 entre l'Écosse et l'Irlande. Il était déjà "engagé" dans la fameuse dictée chère à Liliane Balfroid et à Guy Daloze, mais, à l'époque, il n'était pas encore question que *La Libre* patronne le *Jeu des Dictionnaires.* Et pourtant, il existe entre toutes ces idées une cohérence qu'un consultant qualifierait de stratégie.

Un après-midi de grosse mer, Jacques me livra l'idée d'une rubrique quotidienne qui disséquerait, selon les cas, un mot, un concept ou une expression, qui raconterait son histoire ou qui préciserait son emploi correct. D'ailleurs, il avait déjà un mot pour la rentrée du 1er septembre : "cartable". Plus de cinq cents autres allaient suivre. Il est de ces idées qui ont déjà leur place en creux, avant même d'être conçues et exprimées : celle-ci, jaillie sur un bateau, était de cette eau-là !

L'intérêt des lecteurs de *La Libre* fut très vite au rendez-vous. Le succès de la chronique et du chroniqueur devait suivre, Jacques Mercier entrant ainsi en trombe au sommet du hit-parade de notre courrier de lecteurs. Mais comment *La Libre Belgique* avait-elle pu vivre plus de cent ans sans le mot quotidien de "Monsieur Dico" ?

Le livre dont vous entamez la lecture est la suite tout aussi logique de ce processus, et un maillon supplémentaire dans cet enchaînement d'initiatives qui font les stratégies éditoriales gagnantes. Nous réfléchissons déjà aux suivantes. Peut-être du côté d'internet...

Jean-Paul Duchâteau
Directeur-rédacteur en chef
de *La Libre Belgique*

Sommaire

D

E

F

G

H

I

J

L

M

N

O

P

Q

R

III. Au fil de l'année, 189

IV. L'arrivée des mots nouveaux et des anglicismes, 241

L

M

O

P

R

S

T

V

Z

A

B

T

V

VI. Ailleurs en Francophonie…, 329

Préface

Le grand linguiste américain d'origine russe Roman Jakobson est passé à la postérité pour sa division des six "fonctions du langage" : fonction "émotive" (elle exprime la subjectivité de l'énonciateur), fonction "conative" (elle vise à influencer l'interlocuteur), fonction "phatique" (elle établit le contact entre l'émetteur et le récepteur), fonction "poétique" (elle se focalise sur le message), fonction "référentielle" (elle dit le monde extérieur, comme par exemple *Paris est la capitale de la France*) et fonction "métalinguistique" (elle traite du code : *Paris a cinq lettres* ou *Paris est un nom propre*, etc.).

Le savant en oublie au moins une, qui sévit tout particulièrement dans nos pays de langue et de culture françaises, la fonction "punitive" !

Vieille histoire, pourtant. À peine créée par Richelieu (en février 1634), l'Académie française est invitée à rendre son jugement sur *Le Cid*, la pièce à succès d'un béjaune nommé Corneille, et n'ayant pas manqué à ce titre – on l'imagine assez, rien de nouveau sous le feu des chandelles, des projecteurs ou des *sunlights* – de lui susciter de menues jalousies dans le milieu.

L'avis, soigneusement balancé, alterne les éloges et les réserves. Au rayon des manquements, les oracles déplorent une poignée de "prétérits" censés violer à la fois la "règle des vingt-quatre heures" d'Henri Estienne (le passé simple, énonçait le grammairien-lexicographe-humaniste, devrait être réservé aux événements distants de plus d'un jour) et l'"unité de temps" de la tragédie (le *bon goût* requiert que l'ensemble des tribulations tienne en une journée). Corneille n'impute-t-il pas au père de Chimène cette déclaration en forme de discret repentir : "Je l'avoue entre nous, quand je lui *fis* l'affront, / J'*eus* le sang un peu chaud et le bras un peu prompt" ? L'ignare. Honte sur lui. Puisque le retentissant soufflet venait seulement d'être administré au père de Rodrigue, il eût fallu *ai fait* et (tant pis pour l'hiatus) *ai eu*. D'ailleurs le dramaturge, repentant, se corrigera… et abîmera irrémédiablement deux beaux vers : "Je l'avoue entre nous, mon sang un peu trop chaud/S'*est* trop *ému* d'un mot et l'*a porté* trop haut."

Le cas n'a rien d'exceptionnel. Plus près de nous, la *Syntaxe du français moderne* de Georges et Robert Le Bidois n'hésite pas à reprocher telle peccadille à Molière, "grand écrivain, toujours un peu pressé" (1936, II, 737). Et le critique Paul Souday s'en prend à Marcel Proust, déplore les "incorrections" du romancier de *À la Recherche du temps perdu* ; voudrait, lui – le coup de pied de l'âne – "que chaque maison d'édition s'attachât comme correcteur quelque vieil universitaire ferré sur la syntaxe" (*Correspondance générale*, Ph. Kolb éditeur, XII, 381).

Bref, vous me voyez arriver, en chaque Français (Wallon, Suisse romand, Québécois...), il y a un amateur de langage qui veille.

Jacques Mercier est l'un de ces amateurs innombrables, mais au sens noble du terme. Ni pion ni gendarme, il évite le plus souvent de brandir la férule, *a fortiori* la matraque. Il aime la langue française, la contemple respectueusement, l'admire, la protège et la cajole ainsi qu'une maîtresse.

Ouvrons son dernier livre et laissons-nous emporter par le charme de la lecture. De page en page, une philosophie souriante se dégage...

Voilà des étymologies pittoresques et des expressions glanées au fil du calendrier, où la saveur de l'idiome exalte en même temps le génie des individus qui l'ont petit à petit façonné (la langue reçue en héritage dépose en nous un patrimoine de sensations, d'émotions et de pensées : attention à ne pas le dilapider au détriment de nos successeurs !). Voilà de "soi-disant belgicismes" (incidemment, j'approuve l'auteur de résister à l'hypercorrectisme logiciste en vertu duquel *soi-disant* serait cantonné à l'auto-désignation et *prétendu* aux allégations étrangères) qui rappellent opportunément, si besoin en était, que le français est chez lui en Belgique romane, qu'il n'y a jamais fait figure de langue importée ou imposée et n'a de permission à quémander de personne[1]. Voilà la redoutable armée "des mots nouveaux et des anglicismes" (nul besoin pour autant de former des bataillons de citoyens assoiffés de "sang impur" : il suffit d'emprunter à bon escient, sans donner dans les snobismes ridicules, et surtout en assimilant le corps étranger à la phonétique et à la morpho-syntaxe françaises). Du reste, l'"ailleurs en francophonie" demeure un vivier inépuisable.

---

1 Autre chose est évidemment d'assurer la communication en présence de non-Belges majoritaires. Le dimanche 18 juin, sur France 2, un excellent humoriste que Jacques Mercier est bien placé pour identifier, a raté son effet comique parce qu'il parlait de "copions" alors que l'argot scolaire français ne connaît qu'"anti-sèches".

“Et si nous nous corrigions ?”, hasarde encore notre aimable guide. Le linguiste qui signe cette préface, même s'il hésiterait à le suivre aveuglément sur les routes de Canossa, apprécie au ton interrogatif le chemin parcouru depuis les injonctions du type “Corrigeons-nous !” (l'intitulé, jadis, des chroniques du Père Deharveng), “Parlons mieux !” et autres “Ne dites pas… mais dites…”. Allons, la réflexion est en marche, l'impulsion irréversible, bons vœux aux pèlerins !

En fin de parcours, saluez Mesdames Messieurs un sûr talent de billetiste (pas une mince affaire, croyez-m'en, d'emballer un sujet en deux minutes, avec un début accrocheur, un développement compréhensible au vol et une chute en *concetto*) et concluez, comme le Baron de Charlus parvenu au terme du *Temps retrouvé* (coll. de La Pléiade, III, 797) : “Vous me direz que ce que je m'efforçais de maintenir n'était que les règles mondaines. Mais malgré leur frivolité apparente, elles eussent peut-être empêché bien des excès. J'ai toujours honoré ceux qui défendent la grammaire ou la logique. On se rend compte, cinquante ans après, qu'ils ont conjuré de grands périls.”

Marc Wilmet
Professeur de linguistique à l'Université de Bruxelles (ULB)
Président du Conseil supérieur de la langue française

Introduction

Le français tel qu'il se parle en Belgique

La Belgique francophone se situe à un carrefour culturel stratégique : le pays est divisé par la frontière linguistique, au Nord une langue germanique, au Sud une langue française et les dialectes d'oïl – ajoutons qu'à l'Est on parle l'allemand. La Belgique fut française, espagnole, hollandaise au fil de son histoire et est devenue le "cœur" de l'Europe. On y entend, à Bruxelles en particulier, toutes ses langues. Ces influences, ces avatars, ces péripéties, nous les retrouvons un jour ou l'autre dans l'utilisation de la langue française de Belgique. Ce peut être dans le vocabulaire, dans les expressions et dans les tournures de phrases. La langue française de Belgique existe bel et bien, nous la pratiquons !

Notre grande sœur, la France

Comme nous précisons la langue "française", nous devons ajouter un élément important : celui du voisinage pour la Belgique francophone de sa grande sœur, la France. Souvent admirée, imitée, parfois rejetée et discutée, la langue française de France – et de Paris, il faut l'avouer – nous influence. La culture française, elle aussi, nous avons parfois du mal à la réduire à de justes proportions. Nous en subissons la douce tyrannie, elle qui amena naguère une forme de complexe d'infériorité. (J'ai le souvenir d'un écrivain "intellocrate" parisien qui me disait déceler à la lecture de quelques pages seulement d'un romancier son identité belge, uniquement par le nombre d'adverbes en "ment" qui alourdissait le texte !) Ce complexe n'a pas eu que des conséquences négatives : il nous a obligés à cultiver nos différences, à travailler plus pour faire la preuve de nos talents et, ce qui est sans doute le plus important (étrangement ce n'est pas l'image que certains donnent de notre génie), à être accueillants et tolérants. Nos différences furent parfois évidentes : le surréalisme, l'imaginaire et la poésie, l'humour et l'autodérision. Mais elles furent et sont aussi le fruit d'un incontestable pragmatisme (A-t-on assez parlé du "compromis à la belge" !), qui nous emmena sur des terrains peu ou pas occupés pour s'en rendre maîtres. Je pense à la bande dessinée ou à la "grammaire*".

Une occasion de travailler au quotidien

Depuis toujours, et grâce aux conversations et aux conseils de mon père en l'occurrence, j'ai été attiré par notre langue, écrite et orale, avec ses particularités et ses bonheurs. Il faut dire qu'aux raisons expliquées plus haut, j'en ajoute une supplémentaire : mon enfance dans la ville de Mouscron. Nous étions enclavés dans ce qu'on appelait jusqu'en 1963 "La Flandre wallonne" ! Le brassage des langues y était bien plus sensible. On rejoignait la France à pied, nous allions à (je pense que nous disions "en") vélo à Kortrijk (Courtrai) et la langue wallonne, pour nous qui entendions parler en rue le rouchi-chtimi-wallo-picard, nous paraissait bien lointaine et incompréhensible. Quand on a eu, comme nous, un professeur de français qui disait lors du premier cours : "Le lune et la soleil", il nous vient l'envie irrésistible de parfaire sa langue, de vérifier l'emploi des verbes, des adjectifs, de faire des recherches... Et même de diffuser, si possible, son savoir et ses découvertes. Dans les tantra indiens, on peut lire : "Partager ses connaissances est une manière d'obtenir l'immortalité". Vous comprenez mieux la création en radio d'un *Jeu des dictionnaires*, où toutes les caractéristiques belges se retrouvent. Vous saisissez mieux les raisons de ma participation à diverses séquences ou émissions : au centre du Hainaut en son temps, pour un billet intitulé *La langue de chez nous*, et aujourd'hui encore *Un petit bout de langue française*, à l'aube, sur la Première radio RTBF. C'est dans ce contexte, en 1998, que *La Libre Belgique* m'a donné l'occasion de m'exprimer tous les jours dans ses colonnes. Tout d'abord sous le titre *Au plaisir des mots*, ensuite sous celui, choisi par la rédaction, de *Monsieur Dico*.

Un merci particulier aux lecteurs qui m'ont parfaitement défini le sens de l'adjectif "interactif" !

---

* Voir ci-après l'hommage aux grammairiens.

Une langue sert à communiquer

"Le but majeur des langues est bien de transmettre un contenu intellectuel et sentimental", écrit Marc Wilmet. Alors, bien loin de jeter la pierre à ceux qui s'expriment mal, j'essaie plutôt de relever ce qui peut nuire à une bonne communication. C'est surtout vrai quand on fait profession de "médiateur". Les journalistes, les hommes politiques, les publicitaires... devraient s'exprimer le plus correctement possible, à savoir le plus simplement possible. Cela n'ôte ni l'imagination ni la beauté des termes. Comme vous, je fulmine en écoutant certaines interviews ou en subissant une annonce publicitaire fautive. Cependant, je suis optimiste et j'essaie toujours de voir le meilleur côté des choses. Une partie des billets – que j'ai repris dans ce volume et, comme on dit aujourd'hui à l'image des soins apportés aux chiens et aux chats, "toilettés" – relève ces erreurs et propose souvent une manière d'y remédier : c'est le chapitre *Et si nous nous corrigions ?*

L'essentiel est sans doute ailleurs : dans la poésie, dans le suc, dans l'âme, dans les racines des mots et des expressions. Sous le titre *La belle origine des expressions*, je partage ce plaisir renouvelé de la découverte. Car connaître le mot original, son sens premier, permet souvent d'en avoir une approche enrichie et plus adéquate. C'est un bonheur de chaque jour. La dernière en date, à titre d'exemple, fut de découvrir que *par le truchement de* venait du mot *targùmàn*, "traducteur" en arabe, et datait de la période des croisades !

Quand on parle de communication, il va de soi que les nouveaux mots doivent être bien compris et digérés par le plus grand nombre. Le jeu à la mode est de se servir d'un vocabulaire en usage dans des professions scientifiques (ou plus prosaïquement dans les professions commerciales), que le commun des mortels n'assimile pas tout de suite : histoire de faire comprendre sa supériorité et son pouvoir. Je déteste et condamne cette démarche-là ! Mais dans *L'arrivée des mots nouveaux et des anglicismes*, je parle aussi de l'envahissement du monde de l'informatique. Car à quoi sert cet incroyable outil qu'est Internet si nous appauvrissons, compliquons ou uniformisons la langue utilisée. C'est aussi le moment de faire le point sur l'équilibre entre la langue française et la langue anglaise, pointée du doigt comme le plus dangereux adversaire. Est-ce exact ?

Qui évolue ne meurt pas !

Parfois au moment de rédiger les quelques lignes de la chronique, je m'interroge sur le sens de la fête du jour, sur le pourquoi du nom de la saison, sur l'origine d'une expression liée au temps qu'il fait. Regroupées sous le titre *Au fil de l'année*, ces billets, plus que d'autres, nous inscrivent dans la continuité d'une histoire humaine qui nous dépasse. Comment expliquer que certains mots ou phrases résistent à l'usure du temps, alors même que l'objet que recouvre le mot a déjà disparu ?

L'enchantement de la langue, on peut évidemment le trouver dans la saveur de nos propres mots, comme dans celle des mots d'autres régions francophones. *Ailleurs en francophonie* est le pendant de *Les soi-disant belgicismes*. Ces deux chapitres prônent une reconnaissance de notre culture, celle des usagers parfois en contradiction avec celle des décideurs. Et peut-être que de cette conscience naîtra un échange encore plus constructif ? Il n'est pas interdit d'imaginer que le mot africain *essencerie* remplace un jour la "station-service" ; que notre adverbe *endéans*, parfaitement inconnu ailleurs, remplace, grâce à sa concision, la locution "dans le délai de" ? Qui nous empêche d'utiliser le *courriel* québécois ? Pourquoi ne pas *confiturer* son pain ? L'évolution de notre belle langue française est le garant de sa survie. Pas à n'importe prix ! Pas n'importe comment ! C'est autour de cette problématique (pour illustrer le propos d'un paragraphe précédent : il s'agit d'un mot didactique allemand, *problematik*, qui s'est intégré dans notre langue dans les années 1950) que s'articulent les courtes réflexions du livre. J'espère que vous y prendrez du plaisir et de l'intérêt.

Jacques Mercier

Hommage aux grammairiens

Voilà près de septante (c'est intentionnel !) ans que Maurice Grevisse (1895-1980) édita son *Bon Usage, Grammaire française*, que tout le monde (André Gide s'en fit le chantre) s'accorde à qualifier de "meilleure grammaire française". L'ouvrage sert non seulement de référence aux spécialistes, mais aussi au "grand" public des usagers. Ce n'est pas la moindre de ses qualités. L'auteur l'avait d'ailleurs imaginé comme un manuel scolaire, en n'oubliant pas qu'il fut instituteur. Et déjà, en 1936, on notait la "modération de ses jugements normatifs" ! C'est un précurseur. Je note aussi, cela me ravit, qu'il fut chroniqueur à *La Libre Belgique*. Le linguiste et philologue André Goosse, depuis 1966 Secrétaire perpétuel de l'Académie royale de langue et de littérature françaises, a poursuivi de manière exceptionnelle ce travail de grammairien dans la pensée de Grevisse, en faisant par exemple la place belle à tous les particularismes régionaux. On lui doit d'autre part une *Nouvelle grammaire française* et *La Nouvelle Orthographe* qui fit tant de raffut en 1991, n'hésitant pas pour l'occasion à s'opposer – et le fait est vraiment nouveau ! – à certains beaux esprits de la sacro-sainte Académie française. Michèle Lenoble-Pinson, de son côté, a révisé *Le Français correct* de Grevisse. Professeur aux facultés universitaires Saint-Louis, elle participe à de nombreuses commissions officielles de terminologie. Nous parlions d'ouverture et de tolérance, ce sont ces lieux où l'on débat activement des nouveaux mots, de leur sens, de leur orthographe, éventuellement de leurs synonymes les mieux adaptés, s'il s'agit de langues étrangères. Autant dire que ce sont des outils indispensables à l'évolution de notre langue. En 1949, Joseph Hanse (1902-1992) met au point un *Dictionnaire des difficultés grammaticales et lexicologiques*. Ce docteur en philosophie et lettres, professeur à l'Université de Louvain, eut une action déterminante dans le domaine de la langue, à une époque pas si lointaine où la chasse aux belgicismes, en compagnie d'Albert Doppagne, était ouverte ! Aujourd'hui, nous retrouvons ces hommes et ces femmes de lettres et de grammaire au sein du Conseil supérieur de la langue française. Son président actuel (après Jean-Marie Klinkenberg), Marc Wilmet, est l'auteur d'une magistrale *Grammaire critique du français*. Dans l'avant-propos, je lis cette notation, bien à l'image de son auteur : "En linguistique, comme en médecine, les meilleurs spécialistes sont d'abord des généralistes. L'inverse n'est pas forcément vrai."

Enfin, je m'en voudrais de ne pas remercier un illustre grammairien français, Alain Rey, dont la rencontre m'a enthousiasmé et qui est l'auteur, entre autres, du magnifique *Dictionnaire historique de la langue française*, la "Bible" des amoureux de la langue.

Quelques réflexions liminaires

Merci François Ier !

C'est à François Ier que l'on doit l'enseignement de la langue française. Avant lui, les écoliers étudiaient en latin. La Sorbonne, créée par Robert de Sorbon, qui lui légua son nom, est toujours gardienne de la tradition puisque tout s'enseigne en latin. De plus, les ecclésiastiques farouchement traditionalistes obligent les étudiants à écrire et à défendre leur thèse en langue latine. Ce fut encore le cas jusqu'à la fin du XIXe siècle ! Vers 1530, François Ier décide de fonder une institution qui fera concurrence à la Sorbonne et qui s'appelle alors le Collège des trois langues. Ces trois langues sont le grec, le latin et l'hébreu. Ce collège devient le Collège royal et puis le Collège de France. Pour la première fois, c'est au sein des cours dispensés au collège que des professeurs s'expriment en français et non plus en latin. C'est la reconnaissance officielle du français comme langue du savoir, monopole gréco-latin jusqu'à cette révolution. C'est aussi une distance que l'on crée entre les savants et l'Église. Tout cela a des conséquences pratiques : le français remplace le latin dans les documents administratifs dès 1539. Cette année historique pour l'évolution de la langue française est celle de la célèbre ordonnance de Villers-Cotterêts : François Ier ordonne que tous les textes officiels soient rédigés en "langage maternel françois" afin qu'il n'y ait plus d'ambiguïté ni d'incertitude dans les textes des décrets et des lois. Elle rend obligatoire – comme la plupart du temps – un usage déjà partiellement répandu, par exemple dans les actes notariés. Ceux-ci étaient déjà rédigés en occitan dans le Midi, en picard dans le Beauvaisis, en français à Paris, etc. On exclut le latin, et avec lui les dialectes, pour établir le français, langue de Paris.

Une langue morte… vivante !

Même sans nous en rendre compte, nous utilisons beaucoup de termes latins dans notre vie de tous les jours. Cette langue, qu'on dit "morte", reste bien vivante par le biais de trois canaux : par l'intermédiaire de ses métamorphoses romanes dans le français, via la langue savante que les gens cultivés utilisent toujours (les noms des aliments, par exemple : *Veneris pabullum*, "aliment de Venus", était l'appellation donnée par un médecin viennois au cacao en 1700) et enfin dans des mots courants. Dans ce dernier cas, ils permettent de résumer la pensée, un peu comme on a tendance à le faire avec des mots anglo-saxons lorsqu'il s'agit de traduire une périphrase française. En voici quelques-uns : *duo*, *intérim*, *motus*, *référendum*, *sponsor*, *bis*, *duplex*, *gratis*, *junior*, *super* (eh oui !), *alibi*, *idem*, *omnibus*, *visa*, *ex æquo*, *extra*, *palmarès*, *veto*, *ultra… et cætera*. Quelques mots que nous utilisons de manière encore plus courte, sont des mots latins : *etc.*, *CV* (*curriculum vitæ*), *PS* (*post-scriptum*), *cf.* (*confer*) ou *NB* (*nota bene*). Je passe sur les *a fortiori*, *ipso facto*, *prorata*, *consensus*, *aléa* et autre *processus*. La langue latine, qui est connue pour la longueur de ses numérotations (douze signes pour une simple date !), possède donc des mots très concis. On raconte que l'échange le plus court de lettres en langue latine se fit entre Frédéric II de Prusse et Voltaire. La première lettre ne comprenait que ces deux mots : "*Eo rus*" (Je vais à la campagne) et la réponse un seul mot : "*I*" (Va)… Si le latin s'est endormi entre la chute de l'Empire romain et le VIIIe siècle, il eut ensuite une importance grandissante en Europe, jouant, avec la langue grecque, le rôle de langue modèle. Celle-ci fut la référence écrite jusqu'à la fin du XIXe siècle et reste la langue officielle de l'Église catholique.

Une langue vivante

À tous ceux qui s'interrogent sur le métissage des langues, l'entrée de mots venus d'ailleurs, la perte d'anciens mots français, je cite cette réflexion qui clôt le superbe livre *L'Aventure des langues en Occident* de Henriette Walter : "Des mots nouveaux apparaissent pour désigner des réalités nouvelles, et d'autres meurent parce qu'ils n'ont plus d'utilité ou qu'ils n'ont pas su s'intégrer. Il ne faudrait pas oublier qu'un emprunt, tout comme une création, constitue toujours un enrichissement et un renouvellement des possibilités d'expression. Tant qu'il y aura des langues, elles continueront à échanger leurs mots sans craindre de perdre leur âme, car une langue qui vit est une langue qui donne et qui reçoit." On ne peut mieux dire. Et à propos de la langue anglaise souvent citée comme concurrente de la nôtre, il faut noter que de nombreux mots vont et viennent au cours des siècles, avec parfois d'autres sens, avec souvent des connotations nouvelles. On sait que le mot *entrevue* par exemple est devenu en anglais *interview* et est revenu dans cette orthographe avec un sens restreint. Savez-vous que vingt mots seulement ont pratiquement le même sens en anglais et en français : *album*, *embargo*, *hôtel*, *jazz*, *radio*, *virus*, *jockey*, etc. Cela pose aussi le problème de l'identité du mot : jusqu'où remonter pour définir la nationalité d'un mot ? Mais tout cela, je le sais, vous fait penser à d'autres terrains que celui de la langue, autrement plus importants et plus délicats, et vous avez raison. La langue est le reflet d'une culture.

La langue française en fête

Nous fêtons chaque année mondialement la langue française. Le mot *français* lui-même, d'où vient-il ? Alain Rey nous dit qu'il s'agit "d'une réfection tardive (au XVIIIe !) de *franceis*, que l'on trouve en 1080 dans la célèbre *Chanson de Roland*, sous la forme *françois*, qui vient de *Francia*, pays des Francs, nom de la région de Gaule romanisée située au nord de la Loire et qui fut occupée par les Francs". Le *français*, pour désigner la langue, date de la fin du XIIe siècle, s'agissant de la langue maternelle ou de la langue officielle. Naissent assez vite les expressions : *parler français*, soit "parler clairement" ; *en bon français*, soit "pour parler plus clairement" et *vous ne comprenez pas le français ?* soit "vous n'avez pas compris ce que je viens de vous dire ?" Le *francien* est un mot créé par les romanistes à la fin du XIXe siècle pour désigner le dialecte de langue d'oïl parlé au Moyen Âge en Île-de-France et en Orléanais, qui supplanta les autres dialectes d'oïl, le normand, le picard, le lorrain, etc. Le *francique* est la langue que parlaient les Francs. Avec le mot *franco*, nous avons construit un nombre important de termes relatifs au français : *francophile* ou *francophobe*, mais aussi *francophone* et *francophonie*. Ce dernier terme apparu en 1880 ne se répandit qu'en 1960. La *francophonie* désigne "l'ensemble des personnes de langue française de par le monde", ainsi que le "statut du français langue maternelle, véhiculaire et parfois langue étrangère apprise". C'est une notion ambiguë, car la situation de la langue française est multiple dans le monde.

I.

La belle origine des expressions

Autre plaisir des mots, celui de retrouver l'origine littéraire de certaines expressions. On sait bien que la citation "En France, tout finit par des chansons" est extraite du *Mariage de Figaro* (1784) de Beaumarchais, mais d'où viennent, par exemple, celles-ci : "Montrer patte blanche", "Partir c'est mourir un peu" ou "Le rire est le propre de l'homme" ? "Montrer patte blanche" nous vient d'une fable de Jean de La Fontaine, *Le Loup, la Chèvre et le Chevreau*, où il est écrit "Montrez-moi patte blanche, ou je n'ouvrirai point". Aujourd'hui l'expression évoque plutôt le cerbère à l'entrée d'un club fermé que le chevreau prudent de la fable. Dans *Jeanne* de Brassens, on retrouve l'expression : "Son auberge est ouverte (…) où l'on peut entrer sans frapper, sans montrer patte blanche". C'est dans une poésie oubliée de Edmond Haraucourt, *Rondel de l'adieu* (1891), que l'on trouve ces vers : "Partir, c'est mourir un peu / C'est mourir à ce qu'on aime : / On laisse un peu de soi-même / En toute heure et dans tout lieu.". Quant au "rire, propre de l'homme", c'est bien Rabelais qui en parle dans *Gargantua* en 1534… C'est avec cette réflexion qu'il ouvre le premier livre de cette grande épopée des temps modernes. L'expression, devenue un proverbe, est bien caractéristique de la manière dont l'auteur utilise ses connaissances médicales dans une boutade littéraire : "Amis lecteurs, qui ce livre lisez, / Despouillez-vous de toute affection / (…) Mieulx est de ris que de larmes escripre, / Pour ce que rire est le propre de l'homme"…

Mes aïeux !

C'est au XVIIIe siècle que s'est établie la distinction entre *aïeuls* et *aïeux*, "les grands-parents et les ancêtres". "La double tendance existant dans la langue en raison du système de distribution des marques, celle de l'invariabilité du substantif et celle de la lexicalisation des pluriels marqués, est concrétisée dans le cas d'aïeul, qui fonctionne au singulier et pluriel au sens de "grand-père" et "grands-parents", et qui sous la forme aïeux est devenu une sorte d'intensif ("les ancêtres")", explique Jean Dubois dans sa *Grammaire structurale du français*. *Aïeul* ne désigna longtemps en effet que le grand-père, le féminin n'étant apparu pour grand-mère que plus tard. "Tout aïeul, penché sur le berceau de ses petits-enfants, conçoit mieux qu'un philosophe et qu'un grand moraliste la chaîne doucement renouée des générations et cet éternel recommencement du monde", écrit Sainte-Beuve dans ses *Causeries du lundi* (1851). Des nuances existent aussi entre les mots proches, comme l'explique le Littré : "Ancêtres, aïeux, pères ne sont synonymes que lorsqu'on les applique aux hommes qui ont vécu avant nous, sans y attacher l'idée de liens de famille. Voici la gradation : nos pères sont voisins de nous : nous y touchons ; nos aïeux sont plus éloignés : ils touchent à nos grands-pères ; enfin les ancêtres sont les plus éloignés de tous." L'exclamation familière "Mes aïeux !" n'est apparue que récemment.

Faire amende honorable

Voilà bien une expression que nous utilisons couramment, sans nous interroger peut-être sur le sens de l'adjectif ! Une amende, nous savons hélas ce que le mot recouvre, et vous pouvez imaginer que tous les peuples l'avaient mise à leur programme. Dans l'Antiquité on trouve trace déjà d'amendes pénales. Dans notre langue, amende, dans le sens de punition, réparation, s'est d'abord écrit *amande*. Dans l'ancien droit français, on a distingué l'amende fixée par des ordonnances, et l'amende laissée à la discrétion du juge. L'amende honorable vient du latin *amende pecuniere* et était opposée à l'amende profitable. L'amende honorable consiste à confesser en public le crime pour lequel on est condamné et à en demander le pardon. Pas n'importe quel crime bien sûr ! Les plus scandaleux uniquement, comme la banqueroute frauduleuse ou le sacrilège. Ceux qui étaient le plus souvent condamnés à cette peine publique étaient les faussaires. Ils y perdaient leur honneur et cela explique en partie l'adjectif. Pour la petite histoire, ils se présentaient en chemise et la corde au cou. Cette peine infamante est abolie en septembre 1791 par la Constituante, mais elle est rétablie sous la justement nommée "Restauration", pour être supprimée définitivement en 1830. Aujourd'hui, lorsque nous faisons amende honorable, nous reconnaissons nos torts, et même, nous présentons nos excuses. Il n'est plus utile, je crois, d'être en chemise ni à genoux devant la foule…

L'an quarante

Quelle est l'origine de l'expression "s'en moquer comme de l'an quarante" ? Le nombre quarante, on le sait, est lié à bien des symboles. Pensons aux quarante fauteuils des prétendus "immortels" de l'Académie française, au Tribunal des Quarante, aux quarante jours de jeûne, aux quarante jours du déluge pendant lesquels Noé sauva les espèces animales, aux quarante heures de Jésus au sépulcre avant sa Résurrection, etc. Venons-en à une possible origine : les chevaliers chrétiens du Moyen Âge se moquaient de quelque chose comme ils le faisaient de l'Alcoran, une déformation du mot Coran, livre sacré des musulmans. On disait très précisément : "n'y comprendre non plus qu'à de l'algèbre ou bien à l'Alcoran". Un peu à la fois, le mot *Alcoran* serait devenu *l'an quarante*. La suite de l'histoire se situe à la Révolution française. L'expression est d'ailleurs attestée en 1791. Les royalistes ironisaient sur l'arrivée du nouveau calendrier républicain instauré en l'An II. Ils disaient couramment qu'ils s'en moquaient comme de l'an quarante, sous-entendu l'an quarante de la République, qui n'arriverait jamais ! L'expression signifie "se moquer éperdument d'une chose sans intérêt ou qu'on ne craint pas". On s'en désintéresse. Dans *Le Clou aux maris* d'Eugène Labiche, on trouve ce court dialogue :

"– Oui, nous nous attendrissons ensemble sur la mémoire de cet excellent M. Montgicourt !...

– Dont vous vous moquez comme de l'an quarante !"

On n'est pas sorti de l'auberge

Cette expression est parvenue jusqu'à nous dans le langage parlé. Elle signifie qu'on se trouve dans une situation compliquée, difficile et dont on ne peut se sortir aisément. En réalité, l'expression date d'une grande affaire criminelle du début du XIXe siècle. Le cadre en est une auberge située sur une route de montagne aux confins de l'Ardèche. Les propriétaires de l'auberge paraissaient d'une grande honnêteté et personne ne s'en méfiait. Cependant, ils profitaient de la nuit et du sommeil de leurs clients pour les assassiner et dérober leurs biens. Ces tenanciers ne furent pas inquiétés vingt années durant, laissant croire à l'intervention de brigands de passage, à des règlements de compte ou que sais-je encore. Un jour cependant, on leur tendit un piège et on put les confondre. On rendit la justice et les aubergistes furent exécutés. L'affaire eut un énorme retentissement dans la presse, et les chansonniers, les auteurs dramatiques, les rimeurs de toutes sortes s'inspirèrent du fait divers et donnèrent naissance à l'expression jusqu'à la fin du siècle. Le langage garda le sens, en oublia l'origine. S'il faut démonter le sens de tous les mots que nous utilisons, on n'est pas sorti de l'auberge !

Le ballon d'essai

Voici encore une expression que l'on "lance" sans en connaître nécessairement l'origine : lancer un ballon d'essai. Est-ce une expression récente et a-t-elle cours sur le terrain de rugby ? Tout d'abord, son sens actuel : "tester une idée dans le public, jauger la réaction, tâter le terrain". La phrase est utilisée dans les sphères de la communication, qu'elle soit politique, publicitaire ou médiatique. On lance un ballon d'essai à propos d'une nouvelle loi, d'une promotion ou d'une future émission de télévision. Cet emploi sous forme de métaphore ne s'est installé que vers 1830. En réalité, le ballon d'essai remonte à l'époque des frères Montgolfier, Joseph, né en 1740 et Étienne, né en 1745. Ces frères dirigèrent une papeterie à Annonay avant d'être les inventeurs de l'aérostat qui prit leur nom, la *montgolfière*. Le 4 juin 1783, une première expérience publique fut réussie. C'est le 21 novembre 1783 qu'eut lieu la première ascension d'une montgolfière avec deux aéronautes, Pilâtre de Rozier et d'Arlandes. D'autres démonstrations avaient eu lieu quelques mois auparavant, en juin, et la présentation au roi à Versailles, en septembre, avec des animaux dans la nacelle. Tout cela fut précédé d'expériences diverses et, pour connaître la direction du vent, la vitesse du courant atmosphérique, on a pris très vite l'habitude de lancer des ballons d'essai, des ballons-pilotes. Dans le même ordre d'idée, le *ballon d'oxygène*, qui fait partie du vocabulaire médical, a lui aussi pris une forme métaphorique et signifie "une mesure destinée à soutenir, à faire survivre une entreprise, menacée "d'asphyxie"..."

À bâtons rompus

Pas un jour où l'on n'entende *à bâtons rompus*… ! Cette expression s'applique habituellement à la conversation et signifie qu'elle se déroule sans suite logique, avec des interruptions, sans préséance. Et pour parler le plus correctement possible, on dira que l'on *mène une conversation à bâtons rompus*. Mais où et quand ces bâtons, dont on parle, se rompent-ils ? Est-ce un combat d'enfants avec des épées de bois ? Non ! Une tapisserie (ou un parquet) était à bâtons rompus quand elle (ou il) présentait un dessin composé d'une suite de traits et de lignes enchevêtrés, et de toutes façons irréguliers. À l'époque classique, l'expression s'utilisait aussi pour qualifier une batterie de tambour qui donnait deux coups de suite avec chaque baguette et, ce faisant, produisait un roulement inhabituel. Le sens actuel découle de ces notions de saccades, de ruptures… Toujours à la même époque, on pouvait *faire un travail à bâtons rompus,* soit "avec de nombreuses interruptions" ; on *dormait à bâtons rompus*, on *écrivait à bâtons rompus*, on *entendait à bâtons rompus*, avec les mêmes sens. Mais c'est donc à la parole que revint le dernier mot. Henri Barbusse dans *Le Feu* écrivit : "La conversation continue à bâtons rompus au sein de cette grange fantastique, traversée de grandes ombres mouvantes…"

Battre son plein

Contrairement à ce que certains vous ont sans doute indiqué, le *son* dans cette expression *battre son plein* n'est pas un substantif. Il ne s'agit pas d'un tambour, par exemple, battant un *son* plein, opposé à un *son* creux. Ce qui, en effet, aurait justifié le pluriel "Ils battaient son plein". Nul barbarisme en l'occurrence ! *Battre son plein* signifie "arriver à son point d'activité, d'intensité le plus grand". Au sens propre cela se dit, lors de la marée, de l'eau qui, ayant atteint le niveau le plus haut, reste étale avant de redescendre. Ce sens propre et le sens figuré datent tous deux du XIXe siècle. L'accord doit être respecté au pluriel et vous pouvez écrire comme le fit André Gide : "Les causeries battaient leur plein". Les grammairiens sont unanimes et péremptoires à ce propos : "En aucune manière, de l'avis général des grammairiens, on ne dit : les causeries battaient son plein", note Roland Godiveau dans *Difficultés du français parlé*. Une autre expression voisine, *être dans son plein,* utilise le substantif *plein*, car elle fait allusion au plein de la lune. De même pour *faire le plein*, au figuré, qui est une métaphore du vocabulaire de l'automobile (faire le plein d'essence) et qui signifie "remplir complètement, faire toutes les réserves possibles". On l'utilise en période électorale dans *faire le plein de voix*.

Avoir le béguin

D'une certaine façon, l'origine de l'expression *avoir le béguin*, "être amoureux", pourrait être belge et plus précisément liégeoise. Le prêtre Lambert, dit le Bègue, mort en 1177, est considéré comme le fondateur du premier béguinage, le couvent des béguines, ces religieuses du tiers-ordre de Saint-François. En réalité, on disait en wallon *li Beges*. Or, la coiffe de toile fine de ces béguines était appelée le *béguin*. Le même nom fut donné plus tard à une coiffe de femme et à celle d'un très petit enfant, qui était en dentelle et nouée sous le menton. Une première expression est née de ce *béguin* : *être coiffé*, soit "être réduit à merci par quelqu'un" ou "être toqué de quelqu'un". *Embéguiner* signifia en argot, dès le XVIe siècle, "se mettre quelqu'un dans la tête". Jean-Jacques Rousseau utilise au XVIIIe siècle l'expression *avoir le béguin pour quelqu'un* dans le sens de "être amoureux de quelqu'un." Le mot *béguin* utilisé dans le sens d'amourette n'apparaît qu'en 1900. Il signifie aussi l'objet du béguin. Cet objet peut être une chose comme une personne, puisqu'en 1933 lorsqu'apparaît un nouveau pas de danse exotique, la *biguine*, un parolier jouant sur les mots proposa "C'est la biguine, tout le monde en a le béguin..."

La réponse du berger à la bergère

Il me semble entendre rarement à propos cette phrase qui est devenue une sorte de poncif : *la réponse du berger à la bergère*. Ceux qui utilisent la formule croient qu'il s'agit d'une réplique bien sentie, dans le style de "On ne le lui envoie pas dire !" En réalité, la définition exacte de cette expression est : "la réponse qui conclut, qui termine une discussion" ; autrement dit : "le mot de la fin". Ce qui n'est pas nécessairement la même chose. La formule est bien contemporaine. *Berger* a un sens littéraire qu'on connaît depuis le XVIIe siècle et qui nous vient de la poésie pastorale, des *bergeries*. Il évoque l'humilité, la sincérité des sentiments, la naïveté, et a donné naissance à d'autres expressions connues comme *l'heure du berger*, "moment favorable à l'amant" tout d'abord, plus tard "moment favorable", avant de se confondre carrément, aux débuts de la radio, avec une publicité (pardon, à l'époque on disait encore réclame !) pour un apéritif anisé. Raymond Queneau fait dire à l'un de ses personnages dans *Le Dimanche de la vie* : " Voulez-vous, par exemple, samedi à l'heure de la soupe du soir, celle que les civils disent communément être celle du berger ?" Et puis rappelons, puisque nous y sommes, que l'étoile du berger n'est autre que la planète Vénus, ce qui pourrait bien être la réponse du berger à la bergère…

S'embarquer sans biscuit

D'où peut bien venir l'expression *Ne pas s'embarquer sans biscuit ?* Cette expression a quelque chose à voir avec les voyages sur les flots bleus. Le mot "biscuit" signifie, on l'a bien compris, "cuit deux fois". On le trouve en provençal *bescueit*, en espagnol *bizcocho*, en italien *biscotto*. En ancien français, on trouve aussi un *pain biscuit*, un pain "qui était cuit deux fois". Et c'est de celui-là dont nous parlons dans l'expression. Ce pain cuit deux fois se présentait souvent sous la forme d'une galette mince, dont on faisait provision pour les interminables voyages en mer. On l'a surnommé *biscuit de mer* et on raconte que lorsque les voyages duraient plus de six mois, certains les faisaient cuire quatre fois au lieu de deux ! C'est en 1587 qu'on utilise cette expression alors bien concrète au sens figuré de : "Il ne faut pas s'engager dans une entreprise à la légère". Les légions romaines, avant les marins, utilisaient déjà le procédé de pain cuit deux fois, séché et réduit en galette, ainsi que les militaires qui suivirent. Jusqu'au moment où ce *pain de munitions* fit place au *biscuit de soldat* en 1792. Antoine Blondin écrit dans *Un singe en hiver* : "Vous ne croiriez pas qu'il a déjà son aller-retour de chemin de fer, son parcours d'autobus, sa chambre retenue. Il n'aime pas s'embarquer sans biscuits, n'est-ce pas, Albert ?" Depuis le XVIIe siècle, le mot "biscuit" désigne un gâteau sec fait avec des œufs, de la farine et du sucre.

Bla-bla

Alors qu'est né le journal télévisé pour enfants – appelé avec humour, mais hélas aussi avec une pointe d'anglicisme dont "on aurait pu faire l'économie", comme l'on dit en langage politique, les *Niouzz* –, j'ai suivi avec intérêt l'autre après-midi, sur la même chaîne télévisée, *Ici Bla-bla,* une émission s'adressant aux *lardons*. Outre les séquences sur la langue française, on peut féliciter cette équipe imaginative pour la qualité d'un langage *branché* mais qui demeure d'une grande tenue. Le mot *blabla* (en un mot à l'origine, mais Philippe Sollers écrit aussi dans *Femmes* : "On fait une œuvre littéraire ou on n'en fait pas une. Tout le reste est bla-bla") est une onomatopée sans doute ancienne (*blablabla*), mais attestée dans la langue écrite depuis 1945 seulement ! (Cependant, Paul Claudel écrivait déjà en 1929 : "Blah ! Blah ! Blah !") On explique le mot par le radical *bab* de babine (une babine qu'on remue beaucoup lorsqu'on parle) et par le début du verbe *blaguer*, "tenir des propos ridicules". La définition du mot est : bavardage, baratin. Dans *Choses et autres*, Jacques Prévert, dont on reparle beaucoup ces temps-ci, écrit : "Passe le temps, ce temps sans temps, comme la guerre du même nom, ce temps mort séquestrant les vivants, qu'est-ce qu'on entend, le bla bla bla, le bleu blanc rouge, le glas glas glas des trafiquants d'armes, trafiquants d'âmes ."

Et le mot *lardon* ? Il est attesté depuis 1878 comme "enfant"dans le langage familier. Dans le *Dictionnaire de l'argot*, on précise que le terme est plus affectueux que péjoratif. Au départ le mot vient de lard, en latin *laridum*, "graisse entre la peau et la chair des mammifères". Et pour rester dans le "lard" et le lardon, savez-vous qu'en 1860, le *salé* ou le *petit salé* était précisément un enfant !

Passer au bleu

En principe, il aurait fallu dire *le passer au blanc*, puisque l'expression signifie "ne plus s'en occuper", "le subtiliser", "l'effacer". Mais cette phrase qui date de la fin du XIXe siècle trouve son origine dans la lessive. À cette époque, il n'était pas encore question d'enzymes. Pour rendre la lessive plus blanche, mais un peu teintée de bleu pour qu'elle soit resplendissante, on utilisait de la poudre de cobaltine, qui s'appelle *bleu d'azur* ou *bleu de lessive*. Donc le bleu prend la place du blanc. Dans une autre expression, qui date d'ailleurs de la même époque, le bleu remplace le vert. En effet, on connaît bien *en voir de toutes les couleurs*, *en voir des vertes et des pas mûres*. Une variante apparemment arbitraire de la fin du XIXe siècle était *en voir de bleues* ! Il est possible que le bleu vienne dans ce cas du bleu, "marque de coup". On peut continuer avec le bleu remplaçant le rose… Puisqu'en effet, on trouve *voir tout en bleu* sur le modèle de *voir la vie en rose*. Mais le bleu désigne ici le ciel bleu, sans nuage. Pour être complet, on peut enfin citer *n'y voir que du bleu* qui, cette fois, est influencé par *n'y voir que du feu*. La couleur bleue désigne l'illusion. De manière très poétique, Victor Hugo utilise dans *Les Misérables* "n'y voir que de l'azur". Francis Jammes parlait lui des "ombres bleues des peupliers". Jacques Prévert dit : "Il y a tant de bleus, bleu d'Auvergne, de caserne ou jadis ersatz de Dieu dans les bons vieux jurons irrespectueux, jernibleu, morbleu, sacrebleu". Mais pour en revenir à *passer au bleu,* Eugène Fromentin dans *Un été dans le Sahara* écrit que "le ciel était d'un bleu de cobalt pur".

La bobinette cherra

Une Anglaise m'a expliqué que dans sa maison du XVIe siècle existe un système très spécial pour ouvrir et fermer les portes, mais sans clef et bien sûr, ajoute-t-elle, c'est anglais et cela ne porte pas de nom. Elle me demande de quel verbe vient *cherra* dans l'expression *tire sur la chevillette et la bobinette cherra* du conte de Charles Perrault, *Le Petit Chaperon rouge*, signé par son fils Pierre à la fin du XVIIe siècle. La chevillette est une petite cheville et la bobinette était une ancienne pièce de bois mobile. Elles servaient à fermer les portes. Quant à *cherra*, c'est la troisième personne du singulier du futur de *choir*. Notez qu'on peut dire *choira*. Ce verbe intransitif est vieilli. Il est employé seul plutôt dans le langage littéraire. Il appartient à la langue courante lorsqu'il est à l'infinitif : "Laissez choir ce projet pourtant bien avancé !" Il est assez courant à la troisième personne de l'indicatif présent, du passé simple et comme participe passé. En voici des exemples : "Les fruits choient de l'arbre" et "Les feuilles churent toutes ensemble". Ce verbe a fait la joie de Raymond Devos dans son sketch *Le savoir choir*, qui commence par ces mots : "Son pianiste ayant chu de son tabouret" et se poursuit par : "Les gens ne savent plus choir ! Ils savent s'asseoir… mais ils ne savent plus choir ! Il s'imaginent que choir, c'est déchoir… Un homme qui a chu n'est pas déchu… à condition qu'il choie bien !…"

Les bottes de sept lieues

En racontant le conte du *Petit Poucet* de Perrault à ma petite fille Lucille, je me suis rendu compte que le mot *lieue* faisait partie des 71 mots gaulois qui sont demeurés vivants pendant deux millénaires ! Citons-en quelques autres : *alouette, balai, bruyère, char, chemin, chêne, mouton ou sapin*. Mais le mot *lieue* a une histoire particulière. En effet, il est étrange que ce mot n'ait pas disparu au moment de l'adoption par les Gaulois du mille romain ! (Pour information, la *lieue,* c'est 2 222 mètres, et le *mille,* c'est 1 485 mètres.) Les Romains installèrent pourtant des bornes *milliaires* tout le long des voies qu'ils construisaient et les Gaulois les regardaient tous les jours. Henriette Walter pense dans son ouvrage *Le Français dans tous les sens* qu'il arrive au mot *lieue* la même aventure que celle survenue à l'*ancien franc*, toujours utilisé par la plupart des Français plus de trente ans après l'introduction du *nouveau* franc ! Comme si la résistance au changement était plus forte... Finalement, le mot *lieue* ne fut plus employé lorsqu'en 1795 il fallut officiellement user du système métrique et donc du calcul en kilomètres. Cependant, le mot poursuivit une existence parallèle chez bon nombre d'écrivains, comme Jules Verne dans *Vingt mille lieues sous les mers* ou Émile Zola qui écrit, dans *Au Bonheur des Dames* : "Baudu fut frappé de stupéfaction. Il était évidemment à mille lieues de cette famille qui lui tombait sur les épaules". Il survit encore aujourd'hui dans des expressions comme *à vingt lieues à la ronde*, *être à cent lieues de penser que*, expression qui date du XVIIe siècle ou dans... *les bottes de sept lieues,* qu'enfile l'Ogre dans le conte.

Pauvre bougre

Lorsque l'on dit de quelqu'un : *c'est un pauvre bougre,* cela veut tout simplement dire que c'est un brave homme. On trouve dans l'expression une sorte de sympathie indulgente pour la personne. De même dans le juron populaire, utilisé depuis le XVIIIe siècle, *bougre de...*, par exemple *bougre d'idiot* ! Ce juron s'est fortement affaibli et n'a plus le sens à connotation sexuelle qui fut le sien il y a quelques siècles. Le mot *bougre* au XIIIe siècle s'est avant cela écrit "bogre" et a comme origine le mot du latin médiéval : *bulgarus*. C'est de ce mot que fut dérivé le mot *bulgare*. Il fut utilisé au moment des fameuses "hérésies bulgares" au Xe siècle. Les Bogomiles étaient contre la hiérarchie ecclésiastique et niaient plusieurs sacrements, dont celui du mariage. Ils furent persécutés dans les Balkans et sur tout le territoire de l'Empire byzantin pendant le Moyen Âge. On les taxait aussi d'homosexualité. Et donc, le sens fut double. Chez Rabelais on trouve le mot dans le sens de "hérétique", mais ailleurs dans le sens de "homosexuel". Ce dernier sens lui fut conservé jusqu'en 1842, année au cours de laquelle l'Académie française le considéra comme "ancien" dans son dictionnaire. Il prit alors la valeur actuelle de "type, individu quelconque". Ce n'est pas tout : le mot *bigre*, aujourd'hui utilisé – de moins en moins toutefois – comme interjection, est un euphémisme de *bougre,* à l'époque de son sens sexuel.

Tirer à boulets rouges

À l'origine, cela signifiait : tirer sur l'ennemi avec des boulets rougis au feu, qui devenaient ainsi des projectiles incendiaires. Blaise Cendrars dans *Bourlinguer* écrit : "*La Belle-Poule,* cette nef royale de haut-bord et à trois ponts qui explosa en rade de Brest, le feu à la sainte-barbe, ses batteries tirant à boulets rouges, toutes voiles dehors…" Aujourd'hui, l'expression veut dire : attaquer violemment. Mais de plus, elle implique une idée de répétition, comme des salves d'artillerie, et de violence, comme le rouge de la colère. C'est une expression qui s'est donc enrichie en cours de route de nuances supplémentaires, tout en gardant le sens premier. "Je ne crois pas que les révolutions soient des assassinats ou alors je m'en désiste. On le sait. C'est pourquoi on tire sur moi à boulets rouges, des deux côtés. J'ai tué un homme", écrit Jean Giono dans *Le Hussard sur le toit*. Le mot *boulet* date du XIVe siècle et est dérivé de *boule,* cela va de soi. On dit aussi "comme un boulet de canon" pour dire "en trombe". Un "boulet de canon" peut être aussi un tir puissant, au football. C'était, depuis le début du XIXe siècle, la sphère de métal attachée au pied des bagnards. À Liège, c'est une boulette de viande. Quant au boulet du cheval, par analogie de forme, c'est l'articulation de l'extrémité inférieure de l'os canon avec la première phalange au-dessus du paturon. De ce fait "être sur les boulets" veut aussi dire : être sur les genoux…

À bout portant

Ce fut le nom d'un tête-à-tête télévisuel fort suivi et cela signifie : "de très près". Le titre a donc été judicieusement choisi, puisque le journaliste a imaginé une confrontation assez proche physiquement, et non proche uniquement par le jeu des deux caméras comme cela se passe ailleurs. L'expression *à bout portant* nous vient du langage militaire, comme quelques autres, telles : *en point de mire* et *en rase campagne*, et signifie : "avec le bout du canon qui porte le coup jusque sur l'objectif". Depuis le XVIIe siècle, elle s'utilise avec la valeur métaphorique de "directement" en parlant d'une attaque verbale. Avant cela, au siècle précédent, une expression plus limpide encore était utilisée : *À bout appuyé, à bout touchant*. D'ailleurs *à bout touchant* est encore parfois utilisée dans l'administration policière. *À bout portant* peut aussi évoquer un danger immédiat, comme dans ce texte de Léo Ferré : " Tristesse de Paris aux Seines rédemptrices / Je sens les quais gémir sous le hachoir du temps / Ça dégouline rouge sang dans mes supplices / Moi noctambule affreux vivant à bout portant". On aurait pu également baptiser l'émission *De but en blanc*, car le sens est proche : "brusquement, sans détour". On trouve cette expression dans Molière et elle a comme origine le tir, puisque "but" est synonyme de "cible", ensuite d'"objectif" et d'"intention". On disait d'ailleurs au XVIIe siècle : *tirer de but en blanc*. Dans *À la recherche du temps perdu*, Marcel Proust écrit : "On est excusable, disait Mme Cottard, de répondre un peu de travers quand on est interrogée, ainsi de but en blanc, sans être prévenue."

La bride sur le cou

L'expression est la plupart du temps utilisée erronément. On l'emploie pour dire qu'il fallait tenir quelqu'un sous bonne garde, ne pas le laisser s'échapper. Or, *avoir la bride sur le cou*, depuis le XVIe siècle, c'est bien "être libre, être à même de faire ce qu'on veut". De même, *laisser la bride sur le cou à quelqu'un* c'est "le laisser agir à sa guise". Une ancienne expression *donner la bride lâche* exprime encore mieux le propos. Il aurait fallu dire : *serrer*, ou *tenir, la bride à* qui signifie : "tenir sévèrement". C'est l'antonyme de l'expression première. L'ancienne langue, du XIVe siècle au XVIIe siècle, avait évidemment une série d'expressions où intervenait le mot *bride*, "pièce de harnais placée sur la tête du cheval, comprenant notamment le mors, et d'où partent les rênes".

D'autres expressions utilisent le mot *cou*. On peut *tordre le cou* à quelqu'un, c'est-à-dire l'étrangler. On peut *se casser le cou,* qui signifie se tuer mais avec une nuance : se tuer par une chute.

Savez-vous qu'à l'origine *mettre la corde au cou,* c'était mettre quelqu'un dans une mauvaise situation, par exemple cela se disati d'un père flattant ses enfants dans leurs mauvais penchants ! Aujourd'hui, c'est... épouser quelqu'un.

À brûle-pourpoint

En lisant (pourquoi ne pas être éclectique dans nos lectures ?) le dernier (hélas !) roman de San-Antonio, créé par Frédéric Dard, je suis tombé sur cette phrase : "Tu dépourves de devoir te prononcer commako, à brûle-parfum (y a plus de pourpoints, à notre époque)…" L'auteur avait raison. On utilise souvent des expressions dont le sens littéral nous échappe. *À brûle-pourpoint* en est une. Elle signifie de nos jours qu'on accomplit une action "brusquement, sans prévenir et sans ménagement". Un pourpoint était un vêtement constitué d'une double peau rembourrée de laine. Ce vêtement était utilisé, vers 1600, par des militaires qui le glissaient sous leur cuirasse. Et donc, quand on tirait sur quelqu'un *à brûle-pourpoint*, c'est qu'on tirait sur lui de si près qu'on en brûlait le pourpoint. Peu à peu, le pourpoint est devenu un vêtement de ville et il le restera durant trois siècles. On y ajouta des manches, des basques, des cols. Molière y fait allusion dans *Les Femmes savantes* : "… une femme en sait toujours assez quand la capacité de son esprit se hausse, à connaître un pourpoint d'avec un haut-de-chausses". Définissons aussi *haut-de-chausses* : "partie supérieure des chausses (bas) qui couvrait le corps de la ceinture aux cuisses".

Une fille canon

Nous savons qu'un *âge canonique* s'applique à l'âge requis pour exercer certaines fonctions ecclésiastiques, notamment celle de bonne de curé. À l'origine, on parlait d'âge mûr, quarante ans, alors qu'aujourd'hui on a tendance à parler d'âge plus que respectable. Mais est-ce la même origine que l'expression familière une *fille canon* ? Vers 1814, on trouve le terme *canon* appliqué dans le vocabulaire de la statuaire en référence aux sculpteurs grecs. Dans le vocabulaire de l'esthétique, cela se dit "des règles de proportion qui fondent la beauté, dans un système culturel donné". Et tout s'explique ! Aujourd'hui, c'est dans les dictionnaires d'argot que nous pouvons trouver cette expression. *Un canon* est une "belle femme, aux formes épanouies". Sachez que le mot *canon* a deux origines étymologiques : celle dont je viens de vous entretenir, qui s'écrivait d'abord *cane*, règle religieuse au XIIe siècle, et celle qui dérive de *canne*, la pièce d'artillerie. Cela dit, j'ai retrouvé dans *Les Mots obsolètes* de Furetière d'autres définitions en usage jadis. Le *canon* était "un demi-bras qui s'étendait depuis la moitié des cuisses jusqu'à la moitié de la jambe". On en portait autrefois avec des bottes. Les tailleurs appelaient aussi *canons* les "deux tuyaux de chausse où l'on mettait les cuisses, et le haut des bas de laine ou de soie, qui s'élargissait en sorte qu'on pouvait y mettre les cuisses". Ainsi on disait des *bas à canon*, des *canons* qu'on attachait au bas du haut-de-chausses.

La cerise sur le gâteau

Dans la série *Navarro,* on entend un inspecteur de police dire au commissaire, Roger Hanin : "Et la cerise sur le gâteau : la balle qu'on a retirée de la portière". Cette expression, devenue quasi insupportable aujourd'hui, est apparue dans notre langue familière à la fin des années 1980. Elle signifie "le fin du fin, le petit détail qui change tout ou qui couronne une entreprise." Comme cette expression était déjà d'un usage courant au Québec, où elle dérivait de l'expression anglaise *Cherry on the sundae* (le *sundae* est un dessert au fruit), mais dans la forme *être la cerise sur le sundae*, on ne s'en est pas méfié. Et pourtant elle s'est bien établie chez nous, non seulement dans le sens précité, mais aussi dans celui du détail qui n'apporte rien de plus. Le gâteau sans la cerise reste aussi délectable.

Bien d'autres expressions ou locutions avec le mot *cerise* existaient avant cette dernière en date : *Porter ou avoir la cerise*, c'est, dans le langage familier du début du XXe siècle, "avoir de la malchance ou porter malheur". Ainsi lit-on dans *Mort à crédit* de Louis-Ferdinand Céline : "Elle me faisait des signes, qu'elle avait une vraie carrée avec un vrai lit… Ça me disait pas davantage… C'était des intimités… Même là, au fond de la fatigue, elle me foutait encore la cerise." *Faire des morceaux de cerise* fut aussi dans le temps une manière de traduire ce que nous désignons aujourd'hui par l'expression "couper les cheveux en quatre". On pouvait dire *faire deux morceaux d'une cerise, faire trois morceaux d'une cerise* et cela se traduisait par "faire le délicat ou la délicate".

Une peau de chagrin

On définit la *peau de chagrin* ainsi : "chose concrète ou plus souvent abstraite qui diminue sans cesse, qui tend à disparaître". Tout d'abord, il faut savoir que le mot *chagrin* désigne ici une "peau" ! Le mot turc *çâgri* désigne "la croupe, d'un âne ou d'un mulet". Avec cette peau prise sur la croupe de l'animal, on préparait un cuir grenu de modeste qualité et utilisé souvent en reliure. D'ailleurs, au XVIIIe siècle, l'expression *avoir une peau de chagrin* signifiait "avoir la peau très rude". Mais le sens actuel de l'expression date du roman de Balzac paru en 1831 : *La Peau de chagrin*, la première de ses *Études philosophiques*. Son héros, Raphaël de Valentin, est désespéré. Alors qu'il attend la nuit pour se jeter dans la Seine, il trouve chez un antiquaire la *peau de chagrin*, qui peut satisfaire ses désirs, mais rétrécit proportionnellement à l'importance du vœu accompli. Sur la peau, il trouve l'inscription en arabe "Si tu me possèdes, tu posséderas tout. Mais ta vie m'appartiendra. Désire, et tes désirs seront accomplis. Mais règle tes souhaits sur ta vie. Elle est là. À chaque vouloir je décroîtrai comme tes jours…" Après un certain nombre de souhaits, le héros n'aura d'autre solution que de s'enfermer et de refuser toute visite qui réveillerait en lui un désir : il ne comprend pas que c'est à la vie qu'il ferme la porte. Mais Balzac dénonce plus la société qui exploite les désirs que l'homme qui les subit. C'est déjà, somme toute, la dénonciation de notre société de consommation…

Battre la chamade

Julien Clerc chante dans *Le Cœur volcan* ce texte d'Étienne Roda-Gil :
"Comme un volcan devenu vieux
Mon cœur bat lentement la chamade
La lave tiède de tes yeux
Coule dans mes veines malades."

C'est aussi le titre d'une œuvre de Françoise Sagan. Mais d'où vient donc et que signifie cette expression devenue un peu mystérieuse ? Nous en avons hérité du langage militaire. La chamade était le signal donné par les assiégés lorsqu'ils voulaient parlementer. Bien sûr, on agitait déjà un drapeau blanc, mais pour être certain qu'on le verrait, on *battait la chamade,* au tambour ou à la trompette d'ailleurs. Au sens figuré, on a gardé le sens de "capituler", mais quand c'est le cœur qui bat la chamade, cela veut dire qu'il bat vite sous le coup d'une grande émotion… C'est bien sûr le sens du titre du roman *La Chamade* que Françoise Sagan publie en 1965. Comme souvent chez elle, il s'agit d'une histoire de solitude qui soudain se peuple d'un amour fou : "Ils oublièrent les limites de leur propre corps", y lit-on et… si on parlait aussi de l'âme ?

Sabler le champagne

La question à propos de verbe *sabler* ou *sabrer* le champagne est posée régulièrement.

Un mot avant toute chose de l'origine du champagne : ce vin mousseux fut le secret de dom Pérignon, cellérier de l'abbaye de Hautvillers en 1682. Pour le boire, il faut qu'il ait été clarifié, débarrassé de son dépôt, sucré, mis en bouteille, ficelé et placé dans la cave… Voltaire utilise plusieurs fois l'expression *sabler le champagne* qui signifiait le boire d'un trait à l'image du geste vif du fondeur. En effet, ce dernier jette dans le moule de sable fin l'objet en fusion qu'il façonne. Aujourd'hui, le sens est plus généralement de boire pour fêter un événement heureux. Paul Guth écrit dans *Le Naïf locataire* : "Ils imitaient les chevaliers d'autrefois qui échangeaient leurs épées après avoir ferraillé tout le jour, ou les aviateurs d'aujourd'hui qui vont sabler le champagne de l'amitié après s'être abattus réciproquement." Et *sabrer le champagne* ? On utilise cette expression dans certains milieux parce qu'on tranche d'un coup de sabre le goulot des bouteilles… Bon, j'ai mis au mur du salon le sabre de mon grand-père qui a vécu la grande guerre de 1914-1918, mais d'une part j'ai beaucoup de difficultés à le retirer de son fourreau et d'autre part, je me vois mal couper le goulot de cette manière en plein repas de Communion solennelle ! Je ne crois pas faire partie de ces mystérieux *certains milieux* !

Avoir voix au chapitre

Non, cette expression n'a rien à voir avec un roman divisé en chapitres ! Remarquons en passant qu'il n'y a pas d'accent circonflexe. Ce chapitre est religieux. Il date de la sécularisation prônée par le pape Boniface VIII. Il y eut à ce moment les chanoines réguliers, qui vivaient avec une règle commune, et les chanoines séculiers, qui vivaient dans leur siècle – comme le mot l'indique (du latin ecclésiastique *sæcularis*, de *sæculum*, siècle, au sens de "vie mondaine") – et indépendants d'une règle. Le chapitre désignait le collège des chanoines et qualifia aussi le lieu de leurs réunions. Existaient des chapitres collégiaux et des chapitres cathédraux, où les religieux se rassemblaient pour discuter de leurs affaires. Chacun pouvait entrer dans cette discussion et faire entendre son point de vue. Mais pas les serviteurs, les moinillons, etc., car eux n'avaient pas *voix au chapitre*. Cette expression a bien gardé ce sens d'être écouté dans un milieu particulier, et même plus, d'y avoir quelque influence. Cela dit, un écrivain qui termine son dernier chapitre et fait partie d'un jury littéraire pourrait tout de même avoir voix au chapitre, si vous me suivez…

Les châteaux en Espagne

D'où vient cette expression très ancienne *faire* ou *bâtir des châteaux en Espagne*, qui signifie "avoir des projets chimériques" ? On la trouve déjà dans *Le Roman de la Rose* : "Lors fera chastiaus en Espaigne. Et auras joie de noiant (néant)." À la moitié du XVIe siècle, Bovelles écrit "Chasteaulx en Espaigne sont des choses vaines". Un siècle plus tard, Fleury de Bellingen tente une explication par une anecdote à la véracité contestable. "Cecilius Metellus, levant un siège en Aragon, adopta une bien étrange tactique. Voltigeant ça et là avec ses troupes par toute la province, il bâtissait des forts, des redoutes et des châteaux partout où il passait, et les abandonnait en changeant de quartier. Lorsque les habitants de la ville assiégée n'étaient plus sur leur garde, Metellus fondit sur eux à l'improviste." Mais cette explication ne tient pas lorsqu'on sait qu'à la même époque on parlait aussi de *châteaux en Brie*, de *châteaux en Asye*, de *châteaux en Albanie*, etc. Tous ces châteaux étaient des propriétés inaccessibles comme le seraient des terres concédées en terres étrangères. Mais pourquoi l'Espagne s'est-elle imposée ? Alain Rey pense que c'est la proximité avec l'expression *mettre en espace* et la ressemblance des mots *Espagne* et *espace* qui ont joué : l'expression veut dire "chasser de, écarter" et ensuite "repousser à plus tard". "Elle se faisait aussi des châteaux en Espagne, et les débitait, soit qu'elle voulait persuader qu'ils étaient à portée de tout, soit que, comme je l'ai toujours cru, elle s'en persuadât elle-même", écrit Saint-Simon dans ses *Mémoires*.

Le cheval de retour

Nous avons déjà évoqué le mot *bride* et tout ce que le cheval avait apporté à la langue française. J'ai retrouvé une longue liste d'expressions ayant cette origine. N'en prenons que quelques-unes parmi celles où le mot *cheval* lui-même intervient ! Ces phrases représentent un stade précis de notre civilisation matérielle et sont devenues depuis le XIXe siècle de plus en plus archaïques. *À cheval donné on ne regarde pas la bouche* perd de son intérêt, par exemple, mais en revanche *un cheval de retour* ou *le cheval de bataille* demeurent plus présentes parce qu'elles étaient déjà abstraites. Le *cheval de retour* est un "récidiviste", mais aussi un "vieux routier" et même "un homme politique discrédité qui revient sans cesse au pouvoir". Le *cheval de bataille* est "l'argument favori et coutumier". D'autres expressions : *Être à cheval sur les principes* veut dire "être très strict, très exigeant dans ce domaine". (Une réponse *à cheval* voulait dire une réponse "très sèche et peu aimable".) Dans *Un certain Monsieur Blot* de Pierre Daninos, on lit : "Il faudrait peut-être que j'aille me changer à l'hôtel... – Je n'ai pas de conseil à vous donner, dit le jeune homme au regard ironique. Mais je crois que oui... Lady Carrington est assez à cheval sur la tenue..." Quant à *de cheval*, cela joue sur la robustesse de l'animal. Une *fièvre de cheval*, un *remède de cheval*, etc. Il est en effet difficile de remplacer de façon plus moderne ces locutions par un *remède d'automobile*...

Être chevronné

"Je m'arrache à cette contemplation d'une peinture deux fois mauvaise, et par l'idée qu'elle nous donne de l'art académique, et par les pensées funèbres qu'elle éveille chez un académicien aussi chevronné que je le suis", écrit François Mauriac dans le *Nouveau Bloc-notes* des années 1958 à 1960. *Chevronné* signifie "expérimenté", mais d'où vient cet adjectif ? De chevron. Le chevron est une pièce de bois utilisée en toiture. Mais, par analogie de forme, c'est aussi une figure en V dans l'habillement : la veste à chevrons est née au XXe siècle, et le chevron, galon militaire en forme de V renversé, existe depuis la fin du XVIIIe siècle. Le mot "expérimenté", sens d'aujourd'hui, vient donc de ces galons et de *chevronné* qui signifiait au siècle dernier : "qui a des galons d'anciennetés". Le mot *chevron* nous vient du latin vulgaire *caprione*, lui-même formé d'après *capreolus*, jeune chevreuil. C'est la tête et l'échine du chevreuil (et de la chèvre) qui évoquent évidemment le chevron. Le mot *chevreuil* a aussi désigné, en raison d'une ressemblance avec les cornes, une binette et les vrilles de la vigne, les pampres. En partant de ce sens, les adjectifs *capréolé* et *capréolaire* se sont maintenus dans le domaine botanique et dans certains dialectes locaux. Le *chevreuil* désigne aussi la sonnerie de trompe pour la chasse à courre du chevreuil. Michèle Perrein dans *Entre Chienne et louve* note son émerveillement et ajoute quelques termes : "Trois chevreuils bien roux qui, tranchant sur le vert de l'airial, bougeaient. Dans l'herbe, caressés par les fougères, broutent le père, la mère, un petit. Je les ai bien regardés tout à l'heure, chevreuil, chevrette et chevrillard."

Avoir du chien

Le sens contemporain précis de cette expression *avoir du chien* est, pour une femme, de fasciner les hommes par un charme un peu canaille (d'une vulgarité étudiée, dit le dictionnaire, mais le sens est réellement édulcoré de nos jours). Cette expression est récente, datant de la moitié du XIXe siècle. Elle provient, pense Alain Rey, d'un croisement entre *à la chien* et l'adjectif *chien*, cet adjectif qu'on trouve dans Restif de la Bretonne : "Tu me trouvais si gentille avec mon petit air chien" (*Les Contemporaines*). Une coiffure *à la chien* était au XIXe siècle un "couvre-chef d'allure coquine". Eugène Sue (dont étrangement on connaît surtout la statue depuis le *Télégramme*, duo légendaire entre Simone Signoret et Yves Montand), qui évoque souvent les bas-fonds de Paris, écrit : "Elle posa son bibi rose à la chien sur ses bandeaux de cheveux blonds." En 1840, existait rue Saint-Honoré à Paris un *bal des chiens*, dont Gérard de Nerval disait que les femmes qu'on y trouvait en valaient bien d'autres. On pense qu'on y dansait en sautant comme de jeunes chiens. C'est sans doute l'expression *avoir du chic*, qui date de la même époque, qui donna naissance à *avoir du chien*. Le mot *chic* est né de l'argot des ateliers de peintre. Il exprimait une certaine facilité, une vigueur rapide dans le maniement du pinceau ou du crayon. Ce fut le mot à la mode chez les artistes de la Jeune France. Voici enfin deux citations modernes, la première extraite du *Retournement* de Vladimir Volkoff : "Évidemment, reprit Poirier, c'est des belles filles, mais la vamp amerloque a plus de chien." La seconde est de Marguerite Yourcenar dans *Archives du Nord* : "La jeune personne à laquelle je pense est d'une bonne et ancienne maison de l'Artois. Brune, belle, et même mieux que belle : elle a du chien."

Entre chien et loup

Voilà une superbe expression ! *Entre chien et loup* désigne "la tombée du jour". Michel Leiris écrit : "Se promener un soir d'été, à l'heure dite d'entre chien et loup (confins du jour et de la nuit en même temps que zone frontalière du monde de la veille et de celui du sommeil), cela dans la banlieue encore passablement rurale…" Cette expression date, en français, du XIIIe siècle, mais elle remonte à l'Antiquité. Un texte en hébreu du IIe siècle avant J.-C. dit : "Quand l'homme ne peut distinguer le chien du loup". Victor Hugo opposait *entre chien et loup* et *potron-minette* pour le matin, dans *Les Misérables*. D'où vient ce mot *minette* ? Mystère ! C'est une altération que l'on trouve peu. *Potron-minet* aujourd'hui, synonyme de *potron-jacquet*, est utilisé dans l'expression *dès potron-minet*, soit "dès la pointe du jour". *Jacquet* c'est "l'écureuil" et *minet* "le chat". Quant à *potron*, il vient de *poitron* et du bas-latin *posterio*, "postérieur", derrière. L'expression viendrait du fait que l'écureuil lève sa queue, découvrant son derrière. Cette expression a donc été remplacée par *potron-minet*, sans doute parce que le chat a la réputation de se lever très tôt le matin. Comme *potron* ne se comprenait plus (même plus aujourd'hui sans doute), on a parfois trouvé *dès patron-minet* et même *dès poltron-minet*… Au Québec, c'est *la brunante* qui signifie "la tombée de la nuit". On y entend, avec l'accent que nous aimons : "Je bavardais et pis j'm'y suis fait prindre par la brunante…"

Ses cliques et ses claques

Au Québec, une *claque* est un "couvre-chaussure de caoutchouc" (et chez nous, au XVIIIe siècle, cela désignait en effet une "sandale qu'on attachait avec des cordons par-dessus les souliers"). Mais cela a-t-il un rapport avec l'expression *prendre* ou *emporter ses cliques et ses claques*, qui fait son apparition vers 1830, soit "partir en emportant toutes ses affaires". Francis Carco écrit dans *Les Belles manières* : "Je ne fais pas de politique, moi ! trancha fermement l'Italien, qui remontait de la cave avec la bouteille de Chablis. Ou alors, nous pourrions ramasser nos cliques et nos claques et aller mendier notre pain sur les routes." *Clic* est l'onomatopée du bruit de pas rapides. À Lille, on disait *aller à clique-talons*, c'est-à-dire avec des "souliers éculés". Le picard utilise d'ailleurs le mot *claque* pour désigner "un sabot à semelle de bois et dessus de cuir". Au début, il semble que l'expression *prendre ses cliques et ses claques* se traduisait par "s'en aller très vite", parallèle à l'expression *prendre ses jambes à son cou*. C'est sans doute sur le modèle de *bric à brac* que *cliques et claques* est devenu "tout le bazar". L'expression s'utilise cependant toujours dans le contexte d'un départ précipité. On ne lira jamais qu'il prit calmement ses cliques et ses claques… Raymond Queneau utilise avec cynisme l'expression dans *Le Vol d'Icare* : "On ne tue pas une femme même si elle vous emmerde ; ensuite, on ne sait pas où cela peut mener. Je n'ai pas envie de monter sur l'échafaud en vue de donner ma tête au son. Aussi ai-je pris mes cliques et mes claques et me voilà ici."

Se taper la cloche

On sait bien que *se taper la cloche* veut dire "bien manger, se régaler". Au départ, l'expression voulait seulement dire "s'enivrer". Esnault signale cependant en 1900 l'expression *se taper la tête* dans le sens de "manger". En effet, l'utilisation du verbe *taper* est motivée par la valeur de "enfoncer dans" et par celle de "frapper", comme dans *taper à la tête* ou *sur la boule*, traduction de "s'étourdir, se griser, avec du vin". Le mot *cloche* pour la "tête" est également motivé : la tête a souvent été désignée par fiole, carafe, terrine... et d'autre part les synonymes de *taper* sont *cogner* ou *sonner*... comme sur une cloche. Il est donc logique de voir apparaître *s'en taper* pour "boire beaucoup", ensuite *se taper la tête* et *se taper la cloche* pour "manger beaucoup". Aujourd'hui, de la tête on a glissé vers le ventre et l'estomac. Jean Genet dans *Le Miracle de la rose* écrit : "Celui-là, c'était un homme, dit-il. Et après un silence, il ajouta : Et lui, au moins, y se tape la cloche. Qu'est-ce qu'y s'envoie comme brutal et comme pitance !" Quand je vous parlais d'expression familière... Dans le dialogue du *Quai des Orfèvres*, film de 1947 de Clouzot inspiré du roman policier de Stanislas-André Steeman (qui est enfin entré dans le Petit Larousse et dans la collection "Les Maîtres de l'Imaginaire" !) *Légitime défense*, on trouve ce dialogue : "Les journalistes : Hé ! bande de lâcheurs... Attendez-nous. Ils vont se taper la cloche... Où allez-vous ? – Antoine, tout en continuant son chemin : Aux fraises !"

Colin-tampon

S'en moquer comme de colin-tampon est une expression un peu vieillie. On sait que cela signifie "s'en moquer complètement". *Colin-Tampon* est le nom d'une "batterie de tambour des soldats suisses". Le surnom de ces soldats leur a été donné après la bataille de Marignan (1515 !). *Colin* est une variante de "Colas" et de "Nicolas", et est souvent péjoratif. *Tampon* est le déverbal de "tamponner" : "cogner, taper". Le mot vient de *tapon*, issu du francique *tappo*. Ce mot désignait à l'origine "un morceau de bois ou de métal servant à boucher une ouverture". Au XVIIe siècle, un *colin-tampon* est un "gros homme ridicule". À la fin du siècle apparaît l'expression *s'en moquer comme de colin-tampon*, soit "n'en faire aucun cas". *S'en tamponner* est devenu "s'en ficher", comme dans l'expression argotique *s'en tamponner le coquillard*. *Coquillard*, c'est aussi le synonyme de "coquard" et de "cocard", à savoir : "œil tuméfié". Georges Brassens, dans *Jeanne*, chante : "Mais Jeanne, la Jeanne, ne s'en soucie pas plus que de colin-tampon, être mère de trois poulpiquets, à quoi bon ! Quand elle est mère universelle, quand tous les enfants de la terre, de la mer et du ciel sont à elle…" Pour en revenir au mot *tampon*, c'est au XIXe siècle qu'apparaît le sens de "dispositif recevant et amortissant les chocs" : en 1856, il désigne cette "plaque métallique placée entre les voitures d'un train" et puis il prend un sens abstrait, que l'on retrouve dans l'*État tampon* et la *zone tampon*.

Dans le collimateur

Avoir quelqu'un dans le collimateur, voilà bien une expression courante dont on connaît généralement le sens, mais peut-être pas la définition exacte du mot principal. Le sens est "surveiller quelqu'un, l'avoir à l'œil" et aussi "se préparer à le contrer, à l'attaquer". Une expression utilisée souvent, en leur temps, par des professeurs ou des surveillants dans nos collèges... J'avoue que longtemps j'ai fait la confusion entre *collimateur* et *percolateur*, ce qui rendait la traduction incompréhensible ! Le *collimateur* désigne "un instrument permettant le pointage précis d'une arme". Dans le domaine de l'optique, c'est "un appareil permettant d'obtenir un faisceau de rayons lumineux parallèles". Voilà donc un terme scientifique, technique qui entre dans notre langage usuel par l'intermédiaire d'une expression familière... L'origine du mot est latine, mais son orthographe est née d'une faute de transcription... Le verbe *collineare* "ajuster ou viser en droite ligne" est composé de *cum*, "co", et de *linea*, "ligne". Le mot est l'adaptation du latin scientifique *collineatio* (1672) dérivé du latin classique *collineare*, "viser", d'après une leçon fautive de certains manuscrits de Cicéron et d'Apulée, *collimare*. Notez, pour être plus complet, que le mot *collimation* existe et qu'il désigne "l'action de viser, d'orienter une lunette dans une direction déterminée". Quant à *percolateur*... il n'a rien à voir !

Être la coqueluche

Comment donc cette maladie infectieuse, contagieuse, due à une bactérie et caractérisée par de violentes quintes de toux, suivies d'une inspiration bruyante (appelée *chant du coq*), a-t-elle donné naissance à l'expression *être la coqueluche de quelqu'un*, c'est à dire "faire l'objet d'un engouement général". Un chanteur, une animatrice de télévision peut être la coqueluche de son auditoire et de ses téléspectateurs... L'explication existe, même si on ne la connaît généralement plus. Après l'incubation, l'invasion, les quintes et puis le déclin, qui sont les quatre étapes de cette maladie redoutée surtout pour les enfants qui y sont plus sensibles, les médecins de jadis prescrivaient aux malades de porter un capuchon afin de garder la tête bien au chaud. Ce capuchon s'appelait donc une *coqueluche*. Le mot est repris dans le *Dictionnaire des mots rares et précieux* où il désigne "un capuchon qu'on portait au Moyen Âge sous le chapeau, une sorte de cagoule". L'expression *être la coqueluche de*, en raison de cet étrange bonnet, a signifié "être toqué de, être coiffé de quelqu'un", soit "être le favori, être en vogue". À une époque, on a aussi utilisé l'expression *prendre la coqueluche pour quelqu'un* pour dire "qu'on en est amoureux".

Plusieurs cordes à son arc

Un arc peut-il avoir plusieurs cordes ? L'expression veut dire : "avoir plusieurs moyens d'actions pour arriver à un résultat". Elle est née au XIIIe siècle, mais à l'époque se disait : *avoir deux cordes à son arc*. L'idée était donc d'avoir une corde de rechange si la première se rompait. Il est évident que si le sens avait été d'avoir plusieurs cordes sur le même arc, on aurait pu traduire par *courir plusieurs lièvres à la fois*. Jules Renard ironise ainsi : "Si tu as plusieurs cordes à ton arc, elles s'embrouillent." Alphonse Boudard écrit dans *Cinoche* : "Il faisait répéter des chansons qu'il écrivait pour un jeune interprète. (Ha, il nous avait pas encore entretenu de cette corde à son arc, le Virgile… c'était un poète vraiment complet.)"

Voulez-vous d'autres expressions avec *corde* ? *La corde au cou* veut dire "être complètement à la merci de quelqu'un ou dans une situation désespérée". N'épiloguons donc pas sur le sens plus particulier qui lui est donné aujourd'hui de "se marier", et qui ne s'utilise, c'est étrange, que pour un homme ! *Être dans les cordes de quelqu'un,* c'est "être de sa compétence". Dans ce cas, les cordes désignent les cordes vocales et cela pourrait s'expliciter en : "être dans le registre vocal de quelqu'un". Quant à *tenir la corde*, c'est-à-dire "prendre un virage au plus court", son origine se situe dans le langage des hippodromes, où le cheval le plus près de la corde qui marque l'intérieur de la piste est favorisé par rapport aux autres…

Un vrai cordon bleu

Beaucoup d'entre vous méritent, j'en suis persuadé, ce compliment à la fin des repas que vous concoctez : "Vous êtes un vrai cordon bleu !"

D'où vient cette appellation ? On connaît le *cordon rouge* qui représente en France "la Légion d'honneur", mais le *cordon bleu* ? Il représente aujourd'hui "l'Ordre du Mérite national". Il faut remonter à l'Ancien Régime pour avoir une autre explication : le *cordon bleu* était celui de l'ordre du Saint-Esprit, fondé en décembre 1578 par Henri III. C'était un ordre réservé à l'élite. Il n'était composé que de cent membres. C'est le roi lui-même qui en était le grand-maître. Les dauphins et les princes du sang étaient admis de droit et très jeunes dans l'ordre. Les conditions d'admissions mentionnaient qu'il fallait prouver trois quartiers de noblesse et avoir un âge certain. L'insigne était une croix accrochée à un ruban moiré bleu, qui se portait en sautoir, de l'épaule gauche au côté droit. C'est au début du XXe siècle que naquit cette mode d'accoler *cordon bleu* à toutes sortes de situations. Il y eut ainsi le *cordon bleu* des beaux esprits, celui des cuisinières, etc. Pour la cuisinière, c'était dit avec une certaine ironie avant de devenir le compliment sincère tel que nous le connaissons. On peut aussi ajouter que le *ruban bleu*, cette fois, était accroché aux paquebots qui traversaient l'Atlantique dans le meilleur temps.

La corne d'abondance

La licorne m'a toujours fasciné et j'aurais aimé que l'origine de l'expression *corne d'abondance* vienne de cet animal mythique. En réalité, la genèse de l'expression est mythologique : il s'agit du combat entre Hercule et le fleuve Acheloüs, qui était alors métamorphosé en taureau. On en trouve une jolie trace dans le poème d'Ovide, extrait des *Métamorphoses* : "Tandis que sa main brutale tenait ma corne résistante, il la brisa et l'arracha de mon front mutilé. Les naïades la remplirent de fruits et de fleurs odorantes, la consacrèrent aux dieux et la Bonne Abondance s'enrichit de ma corne." On appelle également cette corne d'abondance, la corne "d'Amalthée", du nom de la chèvre Amalthée qui avait nourri Jupiter. Un taureau ou une chèvre, mais toujours pas... de licorne ! Comme on l'explique souvent aujourd'hui, les légendes font allusion à des faits réels. On pense dans ce cas précis à une partie de la fort fertile Lybie, qui a évidemment la forme d'une corne de bovin, et qui fut léguée jadis par le roi Hammon à sa fille Amalthée. Une autre explication est cette fois symbolique : la pointe de la corne évoque le principe masculin et son réceptacle le principe féminin. Ce serait la raison de la tradition latine désignant la corne d'abondance comme la représentation de la fécondité. De nos jours, c'est l'emblème de l'agriculture et du commerce. Signe des temps...

Avaler des couleuvres

Pourquoi donc *avaler des couleuvres* pour dire "supporter des affronts sans pouvoir se plaindre" ? Mais aussi, pourquoi des couleuvres ? Madame de Sévigné écrivait déjà en 1676 : "Le goût qu'il a pris pour elle lui fait avaler toutes sortes de couleuvres". Certains ont cru qu'il fallait entendre *couleur* au lieu de *couleuvre* car, à cette époque, le mot *couleur* signifiait aussi : "raison spécieuse, fausse apparence qu'on donne à quelque chose". Ce qui demeure encore aujourd'hui dans l'expression *sous couleur de*. La locution *en faire voir de toutes les couleurs* n'est apparue qu'au XIXe siècle ! Au XVIe siècle cependant, *couleuvre* est le symbole de "ce qui est tortueux, sinueux", et est donc apte à définir ce qui est une hypocrisie mensongère. On trouve aussi *paresseux comme une couleuvre* (les serpents ont décidément mauvaise réputation !), qui veut dire "très paresseux". Les couleuvres adorent demeurer immobiles au soleil, comme les lézards. *Se glisser comme une couleuvre* veut dire "se glisser avec souplesse et en silence". On dit aussi *filer comme une couleuvre*. Pourquoi ce serpent-là et pas un autre ? Sans doute parce que dans *couleuvre,* il y a le verbe *couler* ou *se couler*, qui veut dire "glisser" justement, même si, dans l'étymologie, ce n'est pas de ce sens-là que le mot nous est venu. Maurice Genevoix, écrivain de la nature, écrit dans *Forêt voisine* : "Un sillage creuse l'herbe à nos pieds, une glissade sinueuse et sifflante. C'est une couleuvre, dit la petite ; une belle. Elle nous la montre, nageant à fleur de l'eau plombée qu'elle coupe de sa tête levée : une tête noire, un collier jaune, ce n'est qu'une couleuvre d'eau."

Côté cour et côté jardin

Cette expression – qui désigne le côté de la scène qui se trouve à gauche de l'acteur *(côté cour)* et celui qui se trouve à sa droite *(côté jardin)*, quand il regarde la scène – a traversé les âges. La pièce de théâtre qui a donné naissance à cette expression a, elle aussi, traversé le temps et nous est toujours connue : il s'agit du texte *Le Mariage de Figaro* de Pierre Caron de Beaumarchais, qui dénonce par la voix de Figaro les injustices sociales, les privilèges, l'insolence des nantis. Pour vous rafraîchir la mémoire, en voici quelques extraits : "Car toute vérité n'est pas bonne à dire : et celle qu'on vante, sans y ajouter foi ; car toute vérité n'est pas bonne à croire", ou bien "Que les gens d'esprit sont bêtes !", ou encore "Je lui dirais que, sans la liberté de blâmer, il n'est point d'éloge flatteur ; et qu'il n'y a que les petits hommes qui redoutent les petits écrits", ou enfin "Mais les hommes sont-ils assez délicats pour distinguer l'indignation d'une âme honnête outragée, d'avec la confusion qui naît d'une accusation méritée ?" Nous sommes en 1784... en pleine répétition de la pièce, aux Tuileries. Or, en attendant la construction de ce qui serait l'actuel *Odéon,* les comédiens devaient répéter dans la salle des machines. La scène installée provisoirement pour les répétitions regardait la Seine. C'est-à-dire que les comédiens avaient à leur gauche la cour du Palais des Tuileries et à leur droite un jardin superbe qui s'étendait jusqu'à la place Louis XV, qui prendrait plus tard le nom de place de la Concorde. À gauche, côté cœur, *côté cour* ; à droite : *côté jardin...*

À plates coutures

À plates coutures s'utilise avec des verbes comme vaincre ou gagner et veut dire "de manière définitive, tout à fait, complètement." Commynes écrit : "Ceux-là furent rompus à plate cousture et chassés jusques en charroy." Aujourd'hui, on dit le plus souvent *battre à plates coutures*. On pense en général que cette expression remonte au XVIIIe siècle et on la trouve d'ailleurs sous la plume de Voltaire. Elle a comme origine le langage technique des tailleurs. Ceux-ci aplatissent en effet les coutures en les cousant une seconde fois avec le dé ou avec le carreau (le *carreau* était un "fer de tailleur"), comme l'explique Furetière à la fin du XVIIe siècle. Madame de Sévigné dans une lettre de mai 1691 écrit : "Parlons maintenant de la plus grande affaire qui soit à la cour : c'est la défaite des Fontanges à plate couture." Remarquons encore une fois l'emploi du singulier. On trouve aussi l'expression *rabattre la couture à quelqu'un* qui signifie "le rosser" et *lui rabattre les coutures*, soit "rabattre son orgueil", tournure influencée par *rabattre son caquet*. Pourtant demeure une petite énigme : tout cela n'explique pas pourquoi on utilise le verbe *battre* plutôt que *rompre* ou *défaire* ? *Rompre* ou *défaire à plates coutures,* c'était à la fois "déchirer, mettre en pièces" et "vaincre complètement". Les spécialistes expliquent le passage de déchirure à coup par la polysémie du verbe *rompre* et les valeurs attachées à l'adjectif *plat*...

La croix et la bannière

L'expression *la croix et la bannière* signifie "tout un appareil solennel" et "de grandes complications". Aujourd'hui on dit : *C'est la croix et la bannière pour…* Jean Giono, dans *Un roi sans divertissement*, écrit : "En plein jour, on entendit les femmes pleurer, les enfants crier, les portes battre, et il fallut la croix et la bannière pour se mettre à décider quelque chose." Au Moyen Âge, une *bannière* était "un signe de ralliement", utilisé soit par l'armée soit par les corporations religieuses. On utilisait par exemple la bannière de Saint-Denis comme la bannière de France ou d'Angleterre. Il s'agit en pratique d'un étendard. La bannière chrétienne recevait une consécration religieuse lors de la cérémonie de bénédiction des drapeaux. On pouvait ensuite l'arborer dans les processions paroissiales, en particulier pour honorer la Vierge Marie. Quant à la croix, c'est bien sûr celle du Christ. Les crucifix, au cours des mêmes cérémonies, étaient portés au sommet d'une hampe. *La croix et la bannière* est donc une allusion à cette procession où, suivant la croix et la bannière, les fidèles défilaient *en grande pompe*. Cette expression désigne "le comble des cérémonies, des formalités, des complications solennelles". Elle signifie qu'on doit employer non sans difficulté tous les moyens de persuasion ou de flatterie pour accomplir son action. Guido Gezelle écrit : " Vivre, c'est porter la bannière de la croix presque dans les mains de Dieu." Une variante à *c'est la croix et la bannière* était il y a deux siècles encore : *il faut la croix et l'eau bénite*.

L'épée de Damoclès

Contrairement à l'opinion courante, cette expression *l'épée de Damoclès* est – tout est relatif ! – récente. Elle s'est installée au début du XIXe siècle. Dans ses *Contes philosophiques,* Balzac y fait allusion : "Dieu avait ordonné que ce monument menaçât toujours la tête de Satan en la couronnant. Celui-ci disait que ce jeu d'enfant sentait l'épée de Damoclès de dix mille lieues ; que c'était une pauvre imitation". C'est donc au moment de la Restauration que cette allusion mythologique et érudite fit son apparition. Damoclès est au IVe siècle avant J.-C. un courtisan de Denys, tyran de Syracuse. Son maître lui fit subir une mauvaise blague symbolique. Il l'invite et le traite avec magnificence, lui propose un banquet extraordinaire servi par des courtisanes de grande beauté, mais au-dessous d'un glaive uniquement maintenu par un crin de cheval. Horace et Cicéron rapportent tous deux cette anecdote. On traduit l'expression par "péril toujours menaçant, imminent et constant".

Un autre personnage a donné naissance à une expression : c'est Samson. On disait – car cela ne s'utilise plus – "l'épée de Samson" pour désigner les mâchoires. C'est une allusion à l'épisode de la Bible où Samson combat à l'aide d'une mâchoire les Philistins. C'était une mâchoire d'âne, ce qui a nuancé d'ironie l'expression même. Quant au "coup d'épée dans l'eau", il existe depuis le XVIIIe siècle et désigne toujours un acte inutile, sans effet.

Être dans la dèche

"Oui, Ernestine, je vous sors de la dèche, de la mouise, de la débine ! Je vous sors de la pauvreté, de la misère, de l'indigence", écrit Raymond Queneau dans *Le Chiendent*. D'où viennent donc cette expression et ce mot *dèche*, dont les synonymes sont donnés dans le texte de Queneau ? La référence à cet auteur l'indique, il s'agit bien d'une expression populaire, voire argotique. On pense qu'elle nous vient de Provence ou d'Anjou, mais on n'en est pas plus sûr que cela. Le mot vient probablement du verbe *déchoir*, c'est-à-dire "tomber dans un état inférieur à celui où l'on était". Les mots *déchéance* et *déchet* ont la même origine. Quant à l'expression, une interprétation en fut donnée par un auteur du XIXe siècle. Un certain Hann, tambour-major de son état au Cirque-Olympique, avait comme ambition de devenir acteur. Il insista tant qu'on finit par lui donner la permission de faire partie de la distribution d'une pièce. Habillé en tambour-major de la garde, il devait prononcer une courte phrase et puis se faire réprimander par Napoléon. La phrase en question était : "Quelle déception, mon Empereur !" Cependant Hann était allemand et il avait du mal à prononcer correctement le son "s". Lors de la première, tout le monde entendit donc : "Quelle dèche, mon Empereur !" Le public se mit à applaudir à ce qu'il pensait être une trouvaille de l'auteur. L'expression se répandit donc assez vite parmi les spectateurs, les critiques et le grand public. *Être dans la dèche* a bien le sens "d'être dans la misère", mais l'expression s'est adoucie avec le temps et on peut aussi la traduire par : "être dans une gêne passagère".

Jurer ses grands dieux

Il jura ses grands dieux... Autrement dit, "il fit de grands serments, il affirma solennellement". *Jurer,* on le comprend bien, mais *ses grands dieux* ? Cohabitaient donc des petits dieux et des grands dieux ? Tout d'abord un mot de *Dieu*. *Deus* contient une racine indoeuropéenne *dei*, "briller". Devenue *deiwo,* le terme désigna "le ciel lumineux considéré comme divinité et les êtres célestes par opposition aux hommes", c'est-à-dire les êtres terrestres. C'est la plus ancienne dénomination indoeuropéenne de la divinité. Pour notre expression, il faut remonter une fois encore à la mythologie grecque. Dans l'Antiquité, les Grecs appelèrent *Olympe* la montagne de Thessalie où ils pensaient que demeuraient Zeus et plusieurs dieux. Héphaïstos aurait construit pour Zeus un magnifique palais sur le sommet le plus élevé de la montagne. Les poètes qui célébrèrent tout cela nommèrent les dieux qui vivaient sur la montagne les Olympiens. Ils étaient douze : Zeus, le maître des dieux, Hestia, la déesse du foyer domestique, Arès, dieu de la guerre, Poséidon, dieu des mers, Héphaïstos, le forgeron, Hadès, dieu des ténèbres, Phoïbos, dieu des Beaux-Arts, Héra, déesse du mariage, Athéna, déesse de la sagesse, Déméter, dieu de l'agriculture, Artémis, déesse de la chasse et Aphrodite, déesse de la beauté. Les Grecs, et après eux les Latins, prirent l'habitude de les invoquer en des circonstances particulières, plus importantes que d'autres. D'où ils juraient par les grands dieux, ceux de l'Olympe. Car les autres étaient plus de 30 000 en Grèce : dieux, déesses, demi-dieux, héros et autres divinités inférieures, chaque puissance naturelle, mais aussi chaque réalité locale, symbolisée par une divinité ! Les Romains adoptèrent les dieux grecs et leurs légendes.

Tirer son épingle du jeu

Cette expression *tirer son épingle du jeu* date du XVIe siècle et signifie "se tirer d'une affaire sans perdre d'argent, se dégager adroitement d'une situation difficile". S'agit-il d'une expression de couturière ? On pense généralement que l'expression a comme origine une métaphore portant sur un jeu où il fallait retirer une épingle sous certaines conditions. Une sorte de mikado, peut-être ? Ou un jeu dans lequel une balle, après un rebond, devait aller retirer des épingles plantées dans un cercle ? Pourtant, des spécialistes croient que la locution doit plus encore aux sens de "tirer", appliqué aux humains, comme dans *se tirer d'affaire*, et à celui de *jeu,* synonyme d'activité, comme dans *se tirer du jeu*. L'expression aurait donc la valeur cette fois de "sortir du coup". Le mot *épingle* désignerait dans ce cas "ce qui sert à attacher, à marquer". *Tirer son épingle du jeu* voudrait dire plus littéralement : "se dégager de ce qui attache". Dans *À la recherche du temps perdu*, Marcel Proust écrit : "Il lui semblait – et ce n'était pas absolument faux – que cette méfiance lui permettrait de tirer toujours son épingle du jeu, de glisser, insaisissable, à travers les plus dangereuses aventures."

D'autre part, on trouve *tiré à quatre épingles*, "habillé avec grand soin" ; *piqûre d'épingle*, "offense légère et répétée" ; *en épingle à cheveux*, pour un virage "très serré" ; *monter en épingle*, "mettre en relief", qui vient de l'action technique de sertir un bijou comme ornement pour le monter en tête d'épingle, de cravate, etc.

L'école buissonnière

La *buyssonnière* était au XVIe siècle un "lieu couvert de buissons". L'adjectif qualifiait ce qui avait lieu dans les buissons et signifiait au sens propre : "qui séjourne dans les buissons". Ce qui donna : "libre, vagabond, exempt de toute entrave", au siècle suivant. Le mot *buisson* était un diminutif de bois. L'expression *faire l'école buissonnière* s'est traduite par "manquer la classe en allant se promener" en 1611. Certains donnent une autre origine : Marot écrivit "Vray est qu'elle fust buissonnière, l'escolle de ceux de Pavie" et on y vit une allusion au Concile de Pavie, en 1423, auquel de nombreux prélats préférèrent ne pas aller, à cause de la peste qui sévissait dans la ville… Cette expression se traduit par bien d'autres formules françaises. À Toulon, on dit *miéger l'école*. En Suisse romande, on *gâte l'école* et en Algérie, on *fait mancaora*, qui doit être un calque de l'espagnol. En Afrique, on *mouille l'école,* tandis qu'aux Antilles, on *fait l'école bis* tout simplement. À Gap, on *taille l'école*, dans le Berry, on *fait la fouine*, en Auvergne, on *fait le plantier* ou *la cancosse*. Au Québec, c'est le renard qui sert d'image, car faire l'école buissonnière là-bas, c'est *foxer l'école* (l'influence, hélas, de l'anglais) ou *faire le renard*. Dans certains coins de Wallonie, manquer l'école, c'est *faire le chat*.

Mettre en exergue

Mettre en exergue, c'est "mettre en évidence". L'*exergue* est, nous dit le petit dictionnaire usuel, "le petit espace au bas d'une monnaie, d'une médaille pour y mettre une date, une inscription, une signature, etc." Mais c'est aussi "l'inscription en tête d'un ouvrage". À propos de ce mot, dans une ancienne édition, l'Académie française acceptait le sens de "bas de page dans lequel peut figurer une annotation quelconque". Le mot français existe depuis 1636 et est emprunté au latin scientifique moderne *exergum*, du grec *ex*, "hors de", et *ergon*, "action, travail". C'était un terme de numismatique. *En exergue* n'apparaît qu'au XXe siècle dans le sens de "ce qui présente, ce qui explique", mais il n'est pas accepté par tous ; certains continuent à lui préférer dans ce sens le mot *épigraphe*. L'*épigraphe* est tout d'abord "l'inscription placée sur un monument, pour en indiquer la date, etc." Elle ne prend le sens général de "inscription" que dans la moitié du XIXe siècle. Mais le mot désigne aussi à cette époque "la courte citation placée en tête d'un ouvrage pour en indiquer l'esprit". Et l'*épigramme* ? Au XIVe siècle, le mot *épigramme* reprend le sens latin "d'inscription sur un monument", avant de désigner au XVIe siècle "une petite pièce poétique, traduite ou imitée du latin". Cela devient au siècle suivant "un petit poème critiquant avec esprit une personne ou un défaut". L'*épigramme*, par métonymie, désigne alors un "trait satirique". Normalement le mot est du genre féminin. En boucherie, en revanche, l'*épigramme* est masculin et désigne "le haut des côtelettes d'agneau". C'est un mot qui perd dans ce sens beaucoup de sa poésie…

Croiser le fer

Certains se demandent si l'on peut mettre en relation l'adjectif *féru* avec l'expression *croiser le fer*. Non ! *Féru* vient du verbe *férir* et du latin *ferire*, "frapper", tandis que *fer* vient du latin *ferrum*, qui désigne "le métal" et, par métonymie, "l'arme ou l'objet fabriquée dans ce métal". Le terme *fer* désigne plusieurs choses : il désigne au XIe siècle "l'épée" (d'où le *fer de lance*) et au siècle suivant d'autres objets en fer, comme "le fer à cheval". Au XIIIe siècle, ses deux valeurs évoluent en s'enrichissant. Avec l'alchimie d'abord et la chimie moderne ensuite, nous aurons une extension vers les *sels de fer* et c'est de là que vient la phrase : "les épinards contiennent du fer". Des locutions naissent, qui font allusion aux qualificatifs "robuste" et "inébranlable" : *une santé de fer*... Parallèlement, les objets en fer apparaissent : les *fers* sont les "chaînes des prisonniers", ensuite nous trouverons le *fer à cheval*, le *fer à repasser*; le *fer à friser*... Dans l'expression *croiser le fer,* le fer désigne donc "une arme, une épée". *Croiser le fer* signifie dans l'abstrait "se mesurer avec un adversaire". Il existe aussi *engager le fer*, "commencer une dispute".

Pour illustrer les autres sens dont nous avons parlé : *les quatre fers en l'air* parle du fer à cheval ; *battre le fer* évoque le fer dans la métallurgie ou celui de l'épée, *être dans les fers* parle des chaînes d'un captif. La locution la plus récente semble être *nager comme un fer à repasser* qui apparaît en 1917 dans l'argot des marins, car le *fer à repasser* désigne, depuis 1876, un navire militaire lourd et massif.

Ma main au feu

Les expressions *en mettre sa main au feu* et *en mettre sa tête à couper* nous viennent de la justice et du Moyen Âge. On le sait, une des façons de rendre la justice à cette époque était de mettre à l'épreuve les accusés. De l'issue de l'épreuve dépendait la culpabilité ou l'innocence de la personne incriminée. Les duels et les tournois étaient aussi une façon de prouver qui avait le bon droit pour lui. Mais l'épreuve du feu était autrement redoutée. L'accusé devait saisir avec la main droite une barre de fer rougie au feu par le forgeron et la porter durant une dizaine de pas. Une variante était de faire placer la main de l'accusé dans un gantelet de fer rougi de la même manière au feu. Bien sûr, on n'allait pas jusqu'à dire qu'il fallait que la main ne soit pas brûlée, mais il fallait qu'elle guérisse en trois jours, selon la croyance de l'époque. De là vient l'expression *mettre sa main au feu*, qui signifie "soutenir une idée par tous les moyens, affirmer avec énergie une chose, montrer sa force de conviction… y croire". La locution *à petit feu*, c'est-à-dire "lentement et en faisant souffrir", qui suit les verbes *faire mourir* ou *tuer*, a presque la même origine. Mais c'est le supplice du bûcher qui est mis en avant. *Mettre à feu et à sang*, c'est "détruire par la guerre". On rencontre pour la première fois cette expression en langue gasconne au XVe siècle : *a foec e a sang*. *Entre deux feux* ne date que du XVIIe siècle. Il s'agit du tir d'armes à feu et de celui qui se trouve pris entre les tirs sans qu'il puisse s'échapper. Elle signifie "entre deux dangers également menaçants". Franchement, je préfère la locution *feu sacré*, qui veut dire qu'on est "enthousiaste et qu'on garde dans son travail, par exemple, courage et ardeur…"

Mi-figue, mi-raisin

Celui qui a un air *mi-figue, mi-raisin* semble "à la fois satisfait et mécontent, à la fois sérieux et plaisant". À l'origine, au XVe siècle, il semble que l'expression voulait dire "mêlé de bon et de mauvais" ; ensuite au XVIIe siècle, en français classique, elle signifiait "moitié-forcé, moitié-consentant". On constate que le rapprochement des figues et des raisins était fort usité en ancien français, car ces fruits secs étaient consommés durant le Carême.

L''origine attribuée à cette expression est contestée, notamment par Alain Rey qui la considère comme inventée a posteriori. Cela dit, on raconte que les Vénitiens faisaient venir des raisins de Corinthe au prix fort et que les commerçants grecs, afin d'augmenter leurs profits, n'auraient pas hésité à mêler à leur production des morceaux de figue, fruit de moindre valeur.

Quoi qu'il en soit, les définitions de ces deux fruits sont très belles : la *figue* est "un réceptacle dont la surface interne est tapissée d'une multitude de fleurs qui laissent place aux fruits gorgés d'une matière sucrée". Le *raisin* est le fruit de la vigne, "arbuste sarmenteux de la famille des ampélidées, aux fleurs nombreuses disposées en grappe". Les variétés innombrables ont des noms qui font rêver : Pinot de Bourgogne, Rouget du Jura, Chasselas de Thomery, Muscat de Hambourg ou d'Alexandrie... Pour en revenir à l'évocation du Carême avec les figues et les raisins, on en trouve encore trace au XIXe siècle dans un proverbe repris dans *L'Annuaire de la Société de l'Histoire de France* : "Depuis la Pasque de Résurrection / Figues, raisins en prédication."

Cousue de fil blanc

Le contresens est usuel dans l'utilisation de l'expression *cousu de fil blanc*. À ce propos, je ne résiste pas au plaisir de mentionner une citation extraite de *La Foire aux cancres* de Jean-Charles : "Jules César… très méfiant, refusa d'entrer dans la combinaison de Cléopâtre, car elle était cousue de fil blanc." La définition précise est : "Extrêmement grossier et visible, en parlant d'un procédé qui devait passer inaperçu." Dans *La Satire ménippée,* à la fin du XVIe siècle, on trouve déjà cette locution. Le *fil* est d'une part une métaphore utilisée pour "ficelle", dans le sens de "truc (de métier)" et d'autre part le *fil* très visible pour faufiler un vêtement. Dans *La Rabouilleuse* de Balzac, on peut lire : "Oui, jouez l'étonné, pour me faire croire que vous ne leur avez pas écrit de venir ? C'te malice cousue de fil blanc !" On peut donc analyser l'interaction des deux sens. C'est également le cas dans l'expression *de fil en aiguille,* c'est-à-dire "en passant progressivement d'une chose à la suivante dans les propos". Cette expression évoque bien sûr le mouvement de la couturière, mais elle a subi aussi l'influence de *fil*, "courant d'eau", comme dans la fable de Jean de La Fontaine : "Mais cherchez-la plus bas : suivez le fil de la rivière." Enfin, pour en revenir à l'aiguille et au fil, voici un autre exemple : "De fil en aiguille, j'apprends d'eux qu'on cherchait justement un Pacha pour la figuration de l'intermède", écrit Céline dans *Voyage au bout de la nuit.*

Fin de siècle

Nous ne reviendrons pas sur la problématique de la fin du millénaire, mais seulement sur des expressions qui mettent en scène le siècle dans lequel l'homme évolue. Paul-Louis Courier, à lui seul, en propose deux célèbres : *Il faut être de son siècle* et *Il ne faut pas devancer son siècle*. Cet auteur, dont le nom complet est Courier de Méré, fut assassiné par son garde-chasse et le frère de son valet de chambre, amant de sa femme ! On lui doit des pamphlets et des lettres. La jeunesse romantique au XIXe inventa le *mal du siècle*, ce "malaise existentiel". En général, il est rare de traverser entièrement un siècle, même si nous vivons de plus en plus longtemps. Notons le cas de Jean Theurel qui est né en 1699 et mourut en 1807. Il a donc vécu dans trois siècles. L'expression latine, qui fait partie du vocabulaire religieux, *In* (ou *per*) *sæcula sæculorum* soit "dans les siècles des siècles", c'est-à-dire "à tout jamais", a bien un sens exceptionnel. Quant à l'expression *être fin de siècle*, soit "être décadent, déliquescent", elle nous vient aussi de la fin du XIXe, décidément très porté sur ce mot. Une pièce de Jouvenot de Ricard, créée en 1888, porte ce titre *Fin de siècle*, ce qui contribua grandement à la diffusion du terme. Ensuite, Henri Lavedan, dans ses pièces de théâtre, et Gyp (soit Sibylle Riqueti de Mirabeau, comtesse de Martel et descendante de Mirabeau !) reprirent l'expression à leur tour et contribuèrent à son succès. Mais *être décadent,* est-ce une attitude uniquement *fin de siècle* ?

Comme deux ronds de flan

En rester comme deux ronds de flan veut dire "être stupéfait, ébahi". C'est une expression récente, puisqu'elle ne date que de 1901. Quelle en est l'explication ? Nous avons une première piste, mais qui ne semble pas sûre : elle joue sur la polysémie du verbe *frapper*, et sur *flan*, signifiant "monnaie" du XIVe au XVIIe siècle. On traduirait dès lors par "être frappé (d'étonnement au sens abstrait) comme deux monnaies". Mais les spécialistes pensent plutôt que *flan* désigne "la pièce servant au clichage" et qui justifie *les deux ronds de flan*. Les spécialistes gourmands avancent une autre explication : on trouve chez les pâtissiers des parts de flan. Ce gâteau mou fait songer aux personnes sans réaction face à l'adversité. *Deux ronds* signifiant "deux sous", le prix d'un pari à l'ancienne, l'explication leur semble évidente. Le gâteau, à base de lait, d'œufs et de sucre, a un rapport avec *au flan*. On dit *je te paierai au flan* pour dire "je te donnerai deux fois rien". *Faire du flan,* c'est "raconter des blagues, mentir". Le mot *flan* utilisé en pâtisserie est également un synonyme argotique de "coup, coup de poing (un peu comme *pain*)". Un *coup de flan* était un "succès non mérité, dû au hasard", dans le langage des cyclistes. *Au flan,* c'est "par hasard, au petit bonheur". Dans *Nostalgie de Paris*, Francis Carco écrit : "Il dut gagner sa vie ainsi que la gagnent de nos jours les mauvais sujets, depuis le vol à l'étalage, à la roulotte, au flan...", c'est-à-dire au hasard. Enfin un proverbe flamand dit : *Il a des flans sur son toit*, ce qui veut dire de quelqu'un "qu'il est très riche".

Faire la foire

À Liège, en octobre, on *fait la foire*. Au sens figuré et au sens propre, puisque la foire annuelle s'y ouvre et qu'on y fait la fête. Dans la langue latine classique, les *feriae* étaient les "jours consacrés au repos" et donc sont devenus les "jours de fête" puisque; naturellement, les foires avaient lieu les jours de fête religieuse. *Feria* devient alors "marché, foire". Notons en passant que la *féria* est un emprunt récent à la langue espagnole, mais que le mot qui désigne la fête taurine ou l'ensemble des corridas, a la même origine. La *foire* désignera tout d'abord "un grand marché annuel se déroulant à date fixe, le plus souvent en milieu rural (la foire de Libramont perpétue cette tradition médiévale) et qui concerne aussi des articles divers". La *foire aux puces,* par exemple, qui naît à la fin du xixe siècle. Avec l'industrie, on parlera de *foire-exposition*. Mais l'idée de fête a été maintenue dans *foire* pour des événements locaux ; ce qui est le cas à Liège. Cela dit, dès 1922, *foire* désigne un "lieu bruyant" ou "le désordre" et, par une métaphore voisine, "cirque" ou "cinéma". Quelle *foire* !

La folle du logis

En voilà une surprise ! Même Voltaire pouvait être approximatif ! Lorsque sous l'article "Apparition" dans son *Dictionnaire philosophique* de 1770, il écrit : "Défions-nous des écarts de l'imagination, que Malebranche appelait la folle du logis", en réalité personne n'a jamais pu retrouver la trace de cette affirmation dans l'œuvre de Nicolas Malebranche. Malebranche est ce philosophe (1638-1715) qui remodela la pensée cartésienne dans un sens profondément religieux. Sa métaphysique résoud le problème de la communication de l'âme et du corps par la théorie de la vision en Dieu. Normalement, nous aurions dû découvrir la *folle du logis* dans le second livre *L'Imagination* de *La Recherche de la vérité*, où on la situe habituellement ! Quoi qu'il en soit, la citation est bien dans son style. On trouve d'ailleurs ceci : "C'est une folle qui se plaît à faire la folle." Selon Malebranche, l'imagination est source d'erreur lorsqu'elle domine l'âme, sans attendre les ordres de la volonté. C'est elle qui enfante les cauchemars et les superstitions. Mais outre l'imagination, on a, depuis 1983, désigné une autre *folle du logis* : la télévision ! Elle fut baptisée ainsi par Jean-Louis Missika et Dominique Wolton. Et si on applique la phrase complète extraite de la *Recherche de la vérité* de Nicolas Malebranche à la télévision (soit presque trois siècles plus tard), on est étonné du résultat : " Ce n'est pas un défaut pourvu que l'âme reste toujours maîtresse de l'imagination (de la télévision), que ces images s'impriment par ses ordres, et qu'elles s'effacent quand il lui plaît !"

En son for intérieur

"Les refoulés, les complexés, les inhibés, les "bloqués", tous ceux qu'intoxiquent les poisons que chacun secrète en son for intérieur…", écrit Jean-Louis Bory dans *Ma Moitié d'orange*. Qu'est-ce donc que ce for que nous utilisons dans la formule *en son for intérieur*, soit "dans le secret de sa pensée" ? *For* trouve son origine dans le mot *forum* qui signifiait chez les Romains tout d'abord "l'enclos qui entoure une maison", ensuite "marché, place publique". C'est à cet endroit qu'on rendait la justice. En latin ecclésiastique, le *forum* désigna aussi la "juridiction de l'Église, l'ensemble des pouvoirs de l'Église". On distingua alors le *for intérieur*, "l'Église qui condamnait les fautes après les confessions et les pénitences", et le *for extérieur*, "ce qui touchait à la religion et donc dépendait des tribunaux ecclésiastiques". En ancien provençal, *for* désignait d'ailleurs la "loi, la juridiction", comme *fuera* en espagnol. Mais à partir du XVIIIe siècle, le sens évolua. Le *for extérieur* qualifiait alors "les institutions civiles, juges et tribunaux, ou le jugement de la société". "La conscience, le for intérieur (comme l'appelle l'université de Salamanque) est d'une autre espèce ; elle n'a rien de commun avec les lois de l'État", précise Voltaire dans son *Dictionnaire philosophique*. Le *for intérieur* qualifiait le "jugement de sa conscience à propos des choses morales". Par extension, *for intérieur* désigna la "conscience". "Attentif autant qu'un prêteur à la petite semaine, ses yeux quittaient ses livres et ses renseignements pour pénétrer jusqu'au for intérieur des individus qu'il examinait avec la rapidité de vision par laquelle les avares expriment leurs inquiétudes." C'est un extrait de *L'Interdiction* et c'est signé Balzac.

À la bonne franquette

Recevoir quelqu'un *à la bonne franquette* signifie que nous l'accueillons "sans cérémonie". À l'époque classique, vers le milieu du XVIIe siècle, on disait *à la franquette* et cela voulait dire "franchement". Molière l'utilise dans *Le Médecin malgré lui* au premier acte : "Confessez à la franquette que vous êtes médecin." La locution adverbiale que nous connaissons aujourd'hui est attestée depuis le milieu du XVIIIe siècle. Dans *Les Beaux Quartiers,* Louis Aragon écrit : "En redingote, une cravate montante et un col cassé – c'était un peu ridicule par cette chaleur – le laisser-aller du docteur, à la bonne franquette, était autrement sympathique." L'expression est une variante, née dans le Nord de la France, de *à la bonne franchette* qui tire son origine de *franchement*. Cela signifie à peu près la même chose que *à la fortune du pot*. La *bonne franquette* insiste sur la simplicité du style de la réception tandis que *la fortune du pot* met l'accent sur les aliments servis : autrefois, on servait ce qu'il y avait dans le pot, celui-ci étant "la marmite posée en permanence ou presque dans l'âtre". Le mot *fortune* dans cette expression désigne le "hasard". "On le forçait à manger sans cérémonie, à la fortune du pot", dit Balzac dans *Les Petits Bourgeois*. On a aussi dit : *à l'infortune du pot* de manière ironique. Curnonsky (Pseudonyme du journaliste Maurice Sailland mort en 1956 et qui, grand défenseur de la cuisine du terroir, fut élu en 1927 *prince des gastronomes*) a qualifié toute une cuisine simple de cette façon. "C'est, dit-il, la cuisine des honnêtes gens qui se fait avec les moyens du bord : l'écrevisse du ruisseau ou le poisson de la rivière proche."

Sortir de ses gonds

Un quincaillier raconte ceci : “Un client se présente et demande des pitons. On lui propose des pitons, bien entendu, qui sont une sorte de vis avec un grand œil. – Non, ce n’est pas cela, dit le client. Ce que je veux c’est... et il tente de s’expliquer. Je comprends ce qu’il souhaite et lui dis : – Mais ça, c’est un gond. Le client qui ne connaissait pas le mot prend cela pour une insulte en trois lettres bien connue, et se met dans une colère noire. Après bien des efforts, j’ai réussi à l’apaiser et à dissiper le malentendu.” Il est certain que ce genre de charnière est moins usité de nos jours ; il reste encore l’expression *sortir de ses gonds,* ce qui est arrivé à ce client irascible. Le mot *gond* vient du grec *gomphos* et du latin impérial *gomphus*, signifiant : “large cheville en forme de coin”. En 1175, le mot s’orthographiait *gon* ! Le terme désignant cette pièce de métal servant de pivot s’emploie au figuré dans l’expression *faire sortir*, *mettre quelqu’un hors de ses gonds* dès le XVIe siècle. Avant cela, une autre expression, *se tenir sur ses gonds,* voulait dire le contraire : “rester raisonnable”. Savez-vous que le verbe *engoncer* a la même origine ? On y fait la comparaison entre une personne gênée dans un vêtement (avec le cou rentré dans le col) et une porte dont les pivots sont enfoncés dans les gonds. Le mot s’emploie surtout au passif et au participe passé. *Avoir l’air engoncé*, au figuré, dit bien ce qu’il veut dire.

Graisser la patte

Alors qu'on nous entretient de façon quotidienne des *affaires* de corruption, de pots-de-vin, de dessous-de-table, dans des domaines aussi variés que ceux du monde olympique, politique, commercial, il est intéressant de s'interroger sur l'origine de l'expression *graisser la patte*. Son origine remonte aux vendeurs de jambons, qui tenaient leur foire sur le parvis de Notre-Dame de Paris. Et l'Église touchait d'ailleurs une dîme sur les ventes. Les marchands tentaient de se concilier les bonnes grâces des inspecteurs qui surveillaient ces opérations en leur glissant dans la main un morceau de lard plus ou moins gros. On peut donc parler de sens propre au départ : *graisser la patte*. *Patte* signifie bien sûr "main". On trouve cette expression écrite et attestée en 1656. Le mot *graisse* dans le sens de "gain illicite" a été utilisé dans d'autres occasions : *ne faire les choses qu'à graisse d'argent*, par exemple, qu'on trouve chez d'Aubigné ou *engraisser les mains à quelqu'un*, en 1700. Une autre expression, aujourd'hui vieillie, était synonyme : *graisser le marteau*. La métaphore se traduit par "soudoyer le portier d'une maison pour s'en faciliter l'accès" et date du milieu du XVIIe siècle. *Marteau* désignait le "heurtoir d'une porte" et donc symbolisait l'entrée elle-même.

Savoir le grec

"Monsieur sait le grec !" Cette citation de Molière répond en écho à l'article consacré à la langue latine. En effet, le *Dictionnaire historique* de Robert nous signale plus de 4 500 exemples de mots d'origine grecque, souvent dans les domaines littéraire, technique et scientifique. Les mots écourtés, par exemple : *photo*, *kilo*, *télé*, *micro*, *zoo*, *sténo*, *stylo*, *pneu* ou *ciné*. Les mots du domaine musical : *rythme*, *métronomie*, *polyphonie*, *acoustique*, *esthétique*, *discothèque* ; du domaine scolaire : *alphabet*, *géographie*, *économie*, *arithmétique*, *hexagone* ; du domaine médical : *épiderme*, *homéopathie*, *oxygène*, *échographie*, *thermomètre*, *microbe*, *iode*, *antibiotique* ; du domaine sportif : *apnée*, *hippodrome* ; du domaine politique : *monarchie*, *démocratie*. Certains mots proviennent d'un collage artificiel entre latin et grec. Ce sont les hybrides *dysfonctionnement*, *parastatal*, *polyvalent*, *parapluie* et *francophone*. J'ajouterai que bien des mots usuels ont également des racines grecques, comme *boîte*, *chaise*, *écureuil* ou *église*. Et à propos d'Église, on peut aussi rappeler que le christianisme a été pendant deux siècles entièrement lié à la langue grecque, dont il garde la trace. Les premiers chrétiens ont donc pris des mots grecs déjà existants et leur ont donné une signification particulière, qui s'est transmise jusqu'à nous, tandis que le sens profane est la plupart du temps oublié. *Diable* vient de *diabolos*, "calomniateur". *Martyr* vient de *martur*, "témoin". *Évêque* vient de *episkopos*, "surveillant"…

Je n'entends point le grec

En réaction au texte consacré aux mots d'origine grecque, Jean Deronne, qui fut mon professeur de grec au collège de Tournai, m'écrit (bien que "la seule vue d'une page blanche me harasse l'âme", commence-t-il sa lettre, en citant Georges Bernanos) et me propose l'extrait des *Femmes savantes* de Molière : "– Ah ! Permettez, de grâce, que pour l'amour du grec, Monsieur, on vous embrasse ! – Je n'entends point le grec." Mon professeur, aujourd'hui directeur d'ailleurs, me rappelle bien à propos ce curieux palindrome grec gravé au-dessus du bénitier de l'église de la Howardries – et je suis obligé d'être approximatif dans l'écriture : *Niphon anomhmata mh monan ophin*, qui peut se traduire littéralement par "Lave tes fautes et pas seulement ton visage". Toujours au sujet des expressions grecques, il en existait une fort vivante au XVIIe siècle : *être grec (en quelque chose)*, c'est-à-dire "exceller à, être habile". En effet, à l'époque classique *grec* avait le sens de "savant". Auparavant, le sens plus restrictif de *savant en grec*, "helléniste". Le mot s'est appliqué un peu à la fois à n'importe quelle preuve de compétence, même pratique. L'expression fut remplacée par *être grand clerc*, "être très savant", par référence à l'état religieux et au savoir. Pour conclure avec la langue grecque, savez-vous que sa longévité est surprenante : plus de trente-cinq siècles séparent les premières attestations en notre possession, le mycénien, du grec moderne, qui descend directement du grec ancien ! Le mycénien a été déchiffré en 1952 à partir de documents découverts en Crète, à Cnossos, et dans le Péloponnèse. Ce sont des listes de personnes, l'inventaire d'objets et des relevés de comptabilité…

Courir le guilledou

Courir le guilledou ! Voilà bien une expression bizarre mais qui résonne comme billet doux, flirt, amourette... Et elle signifie en effet "rechercher des aventures galantes". Agrippa d'Aubigné utilise l'expression *courir le guildron* lorsqu'il veut dire "courir l'aventure" et, d'autre part, *courir le guildrou* lorsqu'il veut dire "fréquenter les mauvais lieux". Agrippa d'Aubigné (1552-1630) est ce poète et historien protestant, officier du roi Henri IV, qui dut se réfugier à Genève après la publication de son *Histoire universelle*. Il s'y remaria avec une riche veuve. Mais c'est le poète et humoriste Scarron (1610-1660), auteur du *Roman comique* qui, en 1644, utilise le mot *guilledou* en voulant parler du "loup-garou". Pourtant on s'accorde aujourd'hui sur l'origine suivante : *guiller*, verbe qui se traduit par "tromper", de *guile*, "ruse, tromperie" (qui a donné *guilleret*) et *doux* dans le sens "d'agréable et de tendre". Les deux mots donnent les sens d'une attirance physique et d'une idée de tromperie, de ruse. Mais attention, alors cela signifie, peut-être par voie de conséquence, que les prénoms Guillaume, Guglielmo, Guillermo, William, Guy, Guido, Gilles, etc. ont été donnés aux trompeurs et aux trompés.

Ceci est une autre histoire

Alors que dans la plupart des commentaires journalistiques on entend plus qu'il ne faudrait des *tout autre chose* ou *seulement voilà !*, l'expression *ceci est une autre histoire*, paraît-il, aurait grandement irrité son auteur, Rudyard Kipling. Celui-ci aurait pris l'habitude de finir ainsi ses contes prépubliés dans la *Civil and Military Gazette* de Lahore, afin de relancer l'intérêt du lecteur. "But that is another story" est une autre façon de dire "à suivre". Il n'en est rien : Kipling n'a jamais noté en fin d'histoire cette formule, mais plutôt au milieu de l'intrigue, lorsque les souvenirs ou les explications semblaient difficiles à maîtriser. Ainsi trouve-t-on dans *L'Amendement Todd* : "Il y avait une fois un village Naga, où les morts continuaient à vivre et où l'on enterrait les mules du ministère…mais ceci est une autre histoire". Irrité Kipling ? Oui ! Au point de supprimer la formule dans *Simples Contes des collines* en 1893. Mais rien n'y fit : on continua longtemps à dire, par exemple : "Ceci est une autre histoire, comme disait Kipling…" Parfois on la modifie quelque peu, comme Jean Giono qui écrit dans, *Solitude de la pitié* : "Du temps que j'étais au Mexique…il commence…car il est allé au Mexique au temps où il était jeunot. Il a fait son voyage dans sa veste de première communion. Là-bas on devait le faire entrer dans une maison de confection. Mais c'est tout une histoire, une autre." Quant à moi, je vous parlerais bien de "alors tu seras un homme, mon fils", mais c'est une tout autre histoire !

Impossible n'est pas français

Il est des phrases qui demeurent dans l'inconscient collectif, même si elles ne furent pas toujours prononcées telles qu'on les redonne. Je pense à André Malraux et à son XXIe siècle religieux, mais aussi à *Impossible n'est pas français* qui fut écrite, mais pas exactement de cette façon, par Napoléon. Il s'agit d'un échange de correspondances entre ce dernier et un de ses généraux. En l'occurrence : Jean Léonard, comte Le Marois, qui naquit en 1776 à Bricquebec, en Normandie. Il participa aux guerres du Consulat et de l'Empire. On raconte qu'un jour il ne put résoudre un problème et s'en ouvrit par écrit à l'Empereur, qui lui répondit dans une lettre, textuellement : "Ce n'est pas possible, m'écrivez-vous : cela n'est pas français." On ne retiendra que l'effet positif de la phrase. Cependant Georges Courteline, de son côté, dans *Les Gaietés de l'escadron*, écrira ce dialogue : "– L'homme de chambre, un coup de torchon ! – Pas de serviette. – Je m'en fous ! La table est mouillée, vous aurez deux jours de salle de police. Et voilà comme, au régiment, plus qu'en nul autre lieu au monde, "impossible" n'est pas français." D'autres locutions adverbiales utilisent *impossible* : *par impossible* se traduit par "en supposant que se réalise une chose que l'on considère comme irréalisable". *À l'impossible nul n'est tenu* signifie "on ne peut exiger de personne des choses infaisables." Mais nous avons aussi et heureusement retenu la devise de Jacques Cœur : "À vaillant cœur, rien d'impossible".

L'été indien

Lorsqu'en 1975, Joe Dassin nous chante *L'Été indien*, savait-on qu'il s'agissait de l'été de la Saint-Martin en version canadienne ? À savoir : "la période des quelques beaux jours ensoleillés et chauds en automne, précisément en novembre, et qui doivent leur nom à la proximité de la Saint Martin, le 11 novembre". Au départ, au Canada, il s'agit de la traduction de *Indian Summer*, qui était traduite par "l'été des Sauvages", qui fut bien sûr jugée trop dure et péjorative et devint "l'été des Indiens". Dans *Johnny Bungalow*, P. Villeneuve écrit : "Milieu d'octobre, journée splendide, l'été des Indiens : presque plus de feuilles aux arbres ; une lumière douceâtre et une chaleur qui traverse vos lainages". On utilisait aussi cette expression dans un sens métaphorique pour désigner un regain de vigueur, de jeunesse, chez un vieillard. Mais aujourd'hui, c'est tout simplement l'été. Issu d'un mot indoeuropéen *aidh*, "brûler", il aboutit en latin à *aestas* et était du genre féminin. Lorsqu'il passe en français au XIe siècle, dans *La Chanson de Roland,* il s'orthographie *ested,* et un siècle plus tard *esté* ; il est du genre masculin, sans doute à cause des autres noms des saisons, tous de ce genre. Pour la météorologie populaire, nous disait Jules Metz, l'été est la saison pendant laquelle on récolte de quoi subsister pendant l'hiver. Pour les agriculteurs, l'été doit être ensoleillé : "Été brûlant fait lourd froment !" Les dictons mentent aussi très souvent. Ainsi tous ceux qui prévoient le temps qui suit, celui de l'automne ou celui de l'hiver, en se basant sur le temps qu'il fait en été, sont inexacts, tel celui-ci : "D'été bien chaud vient un automne, pendant lequel souvent il tonne !"…

Faire le Jacques

Certains pensent que l'origine de l'expression *faire le Jacques* se situerait au Moyen Âge : ceux qui revenaient de leur pèlerinage à Saint-Jacques de Compostelle racontaient des choses énormes à leur retour… Est-elle exacte ? Peut-être ? Mais celle que je vous propose semble recueillir un plus grand consensus, la voici : tout d'abord, il faut rappeler que *Jacques* est un surnom fréquemment donné dans les siècles passés aux paysans. On les trouvait niais et stupides, mais dangereux. Dès lors la peur de leurs réactions violentes donna naissance au terme *jacquerie*, comme celle de mai 1358, qui fut courte mais intense. Les paysans du Beauvaisis se soulevèrent contre la noblesse, en profitant de la captivité de Jean le Bon en Angleterre et de la rébellion d'Étienne Marcel contre le Dauphin… Ils attaquèrent et pillèrent les châteaux des nantis durant un bon mois. Charles le Mauvais les extermina finalement devant la ville de Meaux. Plus tard, au XVIIe siècle, lorsque les paysans ne firent plus peur, on se moqua d'eux. Et *faire le Jacques* devint "faire l'idiot" à la fin du XIXe siècle. Notons que l'expression bruxelloise *faire de son Jan* n'a rien à voir, puisqu'elle se traduit par "faire l'important, faire des embarras". Tant mieux !

Le jour J

Cette expression date du débarquement en Normandie de 1944, où l'on parlait surtout, faut-il le redire, de *D-Day* en américain. Elle répondait d'une certaine façon à l'expression *heure H*, qui elle fut lancée par les Allemands au moment de leur offensive. La presse allemande se fit l'écho de la formule, mais les alliés, et les Français en particulier, paraissent avoir mal compris le sens et on crut à un *coup de hache*, "une offensive-éclair"... Depuis lors, *Heure H* désigne "le moment prévu pour une opération quelconque". Dans *Au suivant de ces messieurs* de San-Antonio, on peut lire : "Au fond, le plus simple est de préparer l'opération en accumulant les précautions et d'attendre l'heure H pour improviser."

Une autre expression est voisine : *L'heure de vérité*, qui se traduit par "le moment où la vérité ne peut plus être esquivée". Cela s'applique, par calque de l'espagnol, au moment où le torero affronte le taureau dans l'arène. "Savoir mourir, écrit Michel Leiris dans *Fourbis*, était la pierre de touche du grand acteur. Aujourd'hui je suis tout prêt à croire qu'il trouve là son "heure de vérité" : quelque chose qui, toutes proportions gardées, rappelle ce qu'est l'estocade pour le torero." Mais on pourrait conclure de manière moins alarmiste avec *À la bonne heure !* qui veut dire : "Très bien ! Parfait !" en exprimant l'assentiment, l'approbation. Froissard utilisait déjà cette formule au XIVe siècle, et on la retrouve sous la plume de Stendhal dans *Le Rouge et le Noir* : " – Tout cela ne te fût pas arrivé sous Bonaparte, dit Falcoz avec des yeux brillants de courroux et de regret. – À la bonne heure, mais pourquoi n'a-t-il pas su se tenir en place, ton Bonaparte ?"

Une mauvaise langue

Il semble que parmi les expressions formées avec le mot *langue*, une *mauvaise langue* soit la plus ancienne ! On la trouve en 1260 avec le sens de "mauvais propos", et trois siècles plus tard dans le sens de "personne médisante". Dans un sens plus intensif, on aura plus tard, en 1690 : *une langue de vipère*. Mais bien d'autres expressions existent à partir de ce mot latin *lingua* : dans un sens propre, on trouve *tirer la langue* et *tenir sa langue* au XVIIe siècle ; dans un sens figuré, on connaît *avoir une langue bien pendue* ou *n'avoir pas sa langue dans sa poche*, c'est-à-dire "être bavard" ; on connaît aussi *donner sa langue au chat*, qui signifie "avouer son ignorance". Cette phrase naît au XIXe siècle, mais savez-vous qu'à l'époque de Madame de Sévigné, au XVIIe siècle, on disait *jeter sa langue aux chiens ?* On la rapproche de *n'être pas bon à jeter aux chiens*, soit "ne rien valoir". L'expression *jeter aux chiens*, d'après la coutume de donner les restes du repas aux chiens, s'est utilisée diversement, comme dans *jeter son lard aux chiens*, chez Rabelais, c'est-à-dire "dilapider son bien", comme dans *jeter la teste aux chiens,* qui se traduirait par "jeter en pâture aux médisances". *Jeter sa langue aux chiens* serait donc "abandonner l'organe de la parole comme inutile". Mais pourquoi donc *jeter* est-il devenu "donner"et les *chiens* un "chat" ? On dit que le chat est un gardien des secrets. On aurait donc abandonné la parole, et on l'aurait confiée à cet animal plein de connaissances.

Sur ses lauriers

Peut-on se reposer sur ses lauriers ou sous ses lauriers ? "Dans la Rome antique", explique-t-on dans les livres d'histoire, "César lors de son triomphe portait une couronne de lauriers, ou son char était orné d'une guirlandes de lauriers. On peut en voir une reproduction sur la colonne de Trajan..." Et cependant, la bonne expression est bien *se reposer sur ses lauriers*, qui veut dire "se contenter d'un premier succès". Notons qu'au XVIIe siècle, l'expression *se reposer à l'ombre de ses lauriers* signifiait, et donc sans valeur restrictive, "jouir d'un repos mérité après une victoire". Le laurier est un arbre au parfum puissant et qui peut être brûlé vert avec un grand crépitement ; on le considérait dans l'Antiquité comme l'allié des forces de lumière et de feu et il était consacré à l'Apollon solaire. Il fut donc un emblème de gloire et ne pouvait servir qu'à un usage sacré, comme celui de couronner un général triomphant. Plus prosaïquement, le laurier est employé aujourd'hui dans le contexte culinaire comme assaisonnement. On le nomme alors le *laurier-sauce*. Il existe également le *laurier-cerise*, un arbrisseau aux fruits toxiques, un *laurier-rose*, arbuste ornemental et un *laurier-tin*, dont les feuilles rappellent celles du laurier original. Dans *Le Cid*, Corneille écrit ces vers : "Et ne suis-je blanchi dans les travaux guerriers, / Que pour voir en un jour flétrir tant de lauriers ?"

À livre ouvert

Lire *à livre ouvert* signifie lire “couramment”. On trouve l’expression chez Molière, au XVIIe siècle. Elle est bizarre, cette tournure de phrase, si l’on pense qu’il faut bien ouvrir le livre pour le lire. Mais en s’y arrêtant, elle veut dire que pour lire le texte on n’a besoin que de l’ouvrir et de le lire, sans l’aide de dictionnaires, de lexiques, de glossaires ou que sais-je ! Flaubert écrivait dans sa correspondance : “Je fais toujours de l’anglais. Dans dix mois, si je continue, je lirai Shakespeare à livre ouvert”. *Comme dans les livres*, autre expression, signifie “merveilleux, paré de tous les charmes”. On oppose donc le monde irréel et de fiction des écrits à celui, prosaïque, du quotidien. C’est une des fonctions de la lecture, mais ce n’est pas la seule. On dit aussi parler *comme un livre*, c’est-à-dire “en termes choisis”. Au départ, cela signifiait “parler savamment de quelque chose”. Mais très vite, ce fut “parler trop savamment de quelque chose”, avec une nuance péjorative. Aujourd’hui, c’est “parler avec une perfection qu’on ne trouve que dans la langue écrite, par rapport à la langue orale plus négligée ou plus familière”. “La langue des grands écrivains”, dit L. Mercier dans *La Néologie*, “est précieuse, qui en doute ? Mais elle ne se prête pas à tout ce que la conversation commande quelquefois. Parler comme un livre, c’est mal parler ; il faut rompre la convention générale, pour le charme, l’agrément, le plaisir des conversations particulières.”

Belle lurette

Quelle jolie expression ! Une expression qui sonne bien. Il y a *belle lurette* que nous utilisons dans notre langue cette expression qui signifie : "il y a longtemps". Mais qu'est-ce que ce mot *lurette* ? *Lurette* vient-il de *luron*, "joyeux compère" et de *lurettes*, qui signifie en picard "sornettes" ? Nenni ! C'est un mot fictif, qui n'existe pas en soi. *Lurette* ne prend vie que dans cette expression attestée depuis 1877, donc récemment. À l'origine, on trouve une expression dialectale : *il y a belle heurette* (ou *hurette*), qui, par altération de la consonne initiale, a donné celle d'aujourd'hui. Elle s'est transmise oralement et on ne possède donc aucun témoignage intermédiaire. En Bourgogne, on dit encore *y ê belle hure que… Belle heurette* est donc la combinaison de beau et du diminutif *-ette*, soit "il y a une belle petite heure, il y a un sacré bout de temps". Le mot *heure* au début du XIe siècle s'écrivait encore *ure*, ensuite *ore*, enfin *heure*, avec le *h* initial en 1150, ce qui n'est somme toute que normal, puisque le mot découle du latin *hora*, et du grec *hôra*, qui désignait "une période cyclique, un moment propice à une action", comme l'heure du repas, l'heure du coucher. Parfois, on entend ou on lit également *depuis belle lurette*, comme dans *Un singe en hiver* d'Antoine Blondin : "On avait fini par admettre que c'était là ses plates-bandes personnelles où nul ne se hasardait plus à bêcher depuis belle lurette."

Avoir maille à partir

Bien sûr, il ne faut surtout pas dire : *Avoir maille à partie* ! Cela dit, il est plus facile de le retenir si l'on connaît l'origine de cette expression qui signifie : "avoir un différend avec, être en conflit avec". Si vous êtes l'objet de poursuites judiciaires, vous pouvez dire que vous avez *maille à partir* avec la justice. La *maille* était une "petite monnaie médiévale qui valait la moitié d'un denier". C'était une monnaie de *billon* (du sens ancien de *bille*, "lingot"), qui contenait très peu de métal précieux. Et nous en avons d'ailleurs conservé la composition : 95 % de cuivre pour 4 % d'étain et 1 % de zinc. La moitié d'un denier ! Le denier valait la douzième partie d'un sou *tournois* ("monnaie frappée à Tours jusqu'au XIIIe siècle", puis "monnaie royale française frappée sur le même étalon"), ou le tiers d'un *liard* (de l'ancien français *liart*, "grisâtre", et qui valait "le quart d'un sou"), autant dire que sa valeur était dérisoire. La maille se retrouve d'ailleurs dans une autre expression *n'avoir ni sou ni maille*. Et *partir* ? J'y viens. Le verbe a ici le sens ancien de "partager", qu'on trouve encore dans le mot *partition*. Il était donc impossible d'encore partir une maille sans risquer de faire naître une querelle…

Le maillot jaune

Le vainqueur du Tour de France endosse le *maillot jaune*, qui est donné au premier du classement général de l'épreuve cycliste annuelle. *Maillot* vient de *maille*. Ce mot *maille* a comme origine le mot latin *macula*, "tache", parce que le dessin et la disposition des mailles dans un filet évoquent la fourrure de certains animaux. En ancien français *mailloel*, ou *maillol*, signifiait "pièce de toile, bande de linge enveloppant le corps des nouveau-nés". Les bandes lacées du maillot faisaient en effet penser aux bandes entrelacées, mailles d'un filet. Dans ce sens, *maillot* a vécu trois siècles. C'est Jean-Jacques Rousseau qui fut un des artisans de son déclin en critiquant cette technique d'emmaillotement des bébés. Au début du XIXᵉ siècle, un nouveau sens lui est donné, celui de "caleçon ou pantalon que les danseurs mettent pour jouer au théâtre". Certains linguistes pensent que le nom du célèbre bonnetier de l'Opéra de Paris y est pour quelque chose. C'est peu probable. Les *maillotins*, ces "insurgés parisiens" qui protestèrent en 1382 contre un nouvel impôt indirect, n'ont rien à voir non plus : on les qualifie ainsi parce qu'ils étaient armés de *maillets* (et non de maillots). Le *maillot de corps* est né en 1892 et le chandail sportif, dont il est question ici, est né officiellement dans la langue française en 1919. Ce siècle a aussi donné le *maillot de bain* ou le *maillot* tout court pour aller se baigner. Avant cela, on parlait de *costume de bain*.

Une autre paire de manches

Nous trouvons deux origines à cette expression *une autre paire de manches* qui signifie : “Une chose entièrement différente ; un sujet, une affaire qu’il ne faut pas comparer avec autre chose”. La première est romantique à souhait. Elle remonte à une coutume de tournois. Comme on ne fixait pas les manches aux vêtements de manière définitive, les dames d’atour pouvaient remettre leur manche au chevalier qui l’accrochait, en guise de déférence, à sa lance ou sur son écu, pendant le tournoi. C’était un gage d’amour, qui prit peu à peu un tour plus particulier : on changeait sans doute fréquemment de manches, au rythme des choix amoureux. *Une autre paire de manches* aurait donc été synonyme “d’un autre amour”. La seconde est ressentie comme vulgaire à l’époque classique. Buffon qui l’utilisa ainsi : “Oh ! diable, quand il est question de clarifier son style, c’est une autre paire de manches”, aurait troublé Mlle de l’Espinasse qui se serait étonnée de cette comparaison *des rues*. L’expression viendrait du milieu artisanal ou commerçant, et voudrait dire “c’est un autre article (qu’il faut fabriquer, orner, coudre, etc.)”. Nous avons donc le choix. À propos des manches, savez-vous qu’elles étaient pratiquement inconnues dans l’Antiquité, où l’on portait une *manica*, sorte de “chaussette destinée à couvrir le bras ou la main”, d’où son nom, du latin *manus*, “main”. Les manches ont ensuite varié en longueur et en forme selon les modes : manches ballon, bouffantes, gigot (des manches bouffantes se terminant vers le poignet par une partie resserrée comme l’os d’un gigot !), raglan (du nom de Lord Raglan, maréchal britannique qui mit cette forme à l’honneur : des manches dont le dessus se prolonge jusqu’à l’encolure).

Le manteau d'Arlequin

Le mot *manteau* désigne "l'encadrement d'une scène de théâtre à l'italienne figurant des rideaux relevés", notamment dans *manteau d'Arlequin*, une expression attestée en 1834. D'autre part, l'*habit d'Arlequin* désigne "une chose formée d'éléments disparates". Au XIXe siècle, on appelait aussi un *arlequin* "un plat composé des restes". Dans toutes ces expressions, on fait allusion à l'habit du personnage fait de triangles de couleurs différentes. Arlecchino fait partie de la tradition de la comédie italienne. On le trouve dans la Commedia dell'arte avec Scapin, Polichinelle, Pierrot et Colombine. Ce mouvement influencera par exemple les comédies de Carlo Goldoni, au XVIIIe siècle. Arlequin n'est passé au français qu'au XVIe siècle. Pendant deux siècles d'ailleurs cohabiteront les deux graphies *Harlequin* (sous l'influence de *Hellequin*, "démon malfaisant") et *Arlequin*. On le trouve cependant déjà dans *Le Jeu de la feuillée* d'Adam de la Halle (ou Adam le Bossu), qui vécut sans doute entre 1240 et 1285, et à qui on doit aussi *Le Jeu de Robin et de Marion*. Certains ont pensé, pour être complet, que *Hellequin* venait de Herle King, le roi Harilo, un des surnoms de Wotan (Odin), dieu de la guerre dans le panthéon nord-germanique…

J'en passe et des meilleurs

Voilà le type même d'une phrase qu'on écrit mal. Elle se trouve dans *Hernani* de Victor Hugo, en 1830, et on l'utilisa d'abondance à l'époque de Hugo, mais il est vraisemblable qu'on puisse aussi la trouver plus tôt. Roger Alexandre semble l'avoir découverte au sens figuré dans un journal intime d'Arnold Van Buchel, un citoyen d'Utrecht, en 1585. Quel est le sens de cette allusion littéraire passée dans le langage courant ? Elle possède une nuance ironique et interrompt une énumération de catastrophes, comme les faux pas ou les gaffes d'un enfant. Dans *Hernani*, elle est la preuve du très grand talent de l'auteur. On pense même que la célèbre bataille d'Hernani fut gagnée grâce à ce stratagème. L'auteur mène son public aux bornes de l'exaspération et puis s'en sort par cette pirouette. Dans la pièce, dom Ruy montre les portraits de ses ancêtres et, dans un monologue qui semble interminable, il en raconte les hauts faits. Adèle Hugo raconte : "Aucun bruit jusqu'au cinquième et sixième. Au septième commence une sourde rumeur. La rumeur va grossissante. Alors arriva cette houle précurseur du sifflet. Mais l'ennemi avait mal calculé. Il avait compté sur un ou deux portraits de plus, il croyait à une longue lignée." Au neuvième portrait, alors que le public est prêt à réagir, qu'on voit qu'il en reste encore, dom Ruy dit : "J'en passe et des meilleurs".

Payer en monnaie de singe

L'origine de cette expression est savoureuse. Elle date du règne du roi de France Louis IX, Saint Louis. C'est-à-dire du XIIIe siècle. Une ordonnance édicta à Paris l'établissement d'un péage à l'entrée du Petit-Pont qui reliait la rue Saint-Jacques et l'île de la Cité. Il n'y avait qu'une exception, et on peut le lire dans *Le Livre des métiers*, qui concernait les bateleurs, les forains, les jongleurs… qui possédaient des singes ! L'exemption était assortie d'une condition : le saltimbanque était obligé de faire son numéro devant le percepteur de la taxe. Autrement dit, les grimaces et les tours de singe tenaient lieu de paiement. On payait donc en *monnaie de singe*. Aujourd'hui l'expression signifie “payer en fausse monnaie ou en paroles ironiques vis-à-vis du débiteur”. Mais cela me fait songer à cette réduction délivrée en son temps par une société de transports en commun, qui accordait la gratuité d'un des deux billets au couple. Pour éviter les abus, ils étaient obligés de s'embrasser pour prouver leurs liens si le contrôleur le leur demandait. *Payer en bisous* sera peut-être une nouvelle expression ?

Le nez de Cléopâtre

Ainsi donc, il semble que la reine d'Égypte Cléopâtre avait un physique assez quelconque ! C'est ce que m'apprennent Dion Cassius et Plutarque. Ce dernier ajoute qu'elle le faisait oublier par une grâce naturelle, sa luxueuse coquetterie et le charme de sa conversation... La description de sa beauté n'est donc qu'une suite de malentendus : celle qu'on dit célèbre par sa beauté et par sa mort, celle que Goscinny et Uderzo nous présentent mutine et agréable, compensait son manque de beauté par un "je-ne-sais-quoi", est-il écrit dans *Discours des Agrémens* (*sic*) de Méré. D'ailleurs, le seul portrait certain que nous ayons de Cléopâtre se trouve au revers d'un denier d'Antoine. Il est la preuve qu'en effet l'amour rend aveugle ! Dommage ! Mais qui donc a parlé de son nez ? C'est Pascal dans ses *Pensées*, en 1669, qui écrit : "Le nez de Cléopâtre : s'il eût été plus court, toute la face de la terre aurait changé." Mais on n'y parle pas de la taille de l'appendice nasal ! On pense généralement que l'intérêt s'est porté sur un grand nez au moment du règne français des Bourbons, qui se reconnaissaient la même singularité. Il était sûrement agréable à celui, un roi par exemple, qui était affecté d'une même disgrâce, d'apprendre qu'elle pouvait, bien portée, agrémenter la beauté. Mais les malentendus ne s'arrêtent pas là, ils se poursuivent avec le sens même de cette pensée de Pascal. Il voulait illustrer la vanité de l'homme, en opposant les causes et les effets de l'amour. Or, on cite généralement cette phrase célèbre pour parler d'événements anodins dont le retentissement est disproportionné à leur taille. De ce *nez de Cléopâtre*, on n'a certes pas fini d'entendre parler !

Faire la nique

Faire la nique à quelqu'un, serait-il grossier ? L'expression aurait-elle quelque chose à voir avec *Dominique nique nique* de Sœur Sourire, qui demeure encore aujourd'hui une des plus grandes réussites de la chanson belge dans le domaine de l'exportation ? La chanson était sortie en 1962 et, après s'être classée première des palmarès internationaux, a suscité un film, *The Singing Nun* avec Debbie Reynolds.

L'expression signifie "se moquer de quelqu'un, le narguer, lui montrer qu'on se soucie fort peu de lui". Une *nique* était un "objet suscitant le dédain, la moquerie, l'indifférence". En portugais, *nica* se traduit par "choses insignifiantes, bagatelles". Le mot s'est tout d'abord écrit en français *nic*. *Dire nic* voulait alors dire "ne pas se soucier de". *Faire la nique* date de 1370. Le verbe *niquer* avait le sens de "amener au premier jet le point que l'on avait annoncé" au cours du jeu de dé. Ce verbe est sorti de l'usage, dit-on pudiquement, d'autant plus qu'un autre sens existe, plus vulgaire, et dont je ne parlerai pas ici. Disons pour faire court qu'il signifie "attraper" et vient de l'arabe *nàka*, qui s'est transmis par le vocabulaire de l'armée d'Afrique.

Quant au *nic-nac*, c'est un belgicisme qui désigne, comme vous le savez tous, "une petite friandise de pâte dure, parfois représentant des lettres, parfois couronnée d'une petite torsade de couleur, et que généralement nous offrons à la Saint-Nicolas".

Noblesse oblige

L'expression est beaucoup utilisée. Elle sert également à des effets de phrases, dont les journalistes abusent dans leurs titres ou leurs commentaires. Ainsi, on lira "Politique oblige, la loi a été amendée..." Mais d'où nous viennent ces deux mots, qui peuvent se traduire par "Un noble, par extension, tout personnage en vue, doit se conduire conformément à son rang" ? Il s'agit de la 51ᵉ maxime du duc de Lévis, extraite de l'œuvre *Maximes et Préceptes* parue en 1808. Elle est donc passée à l'état de proverbe. Alain Rey nous explique : "Elle s'est imposée à la fois par sa forme (allitération du groupe consonantique "bl") et son contenu : tout privilège est compensé et fondé sur un devoir moral." Stendhal écrit dans *Armance* : "Mon père, lui dit-il d'une voix ferme, noblesse oblige ! J'ai vingt ans passés, je me suis assez occupé de livres." À propos du mot *noblesse*, savez-vous qu'il signifiait aussi au XIIᵉ siècle "fête, réjouissance pompeuse" ? À la fin du siècle suivant, il prit surtout le sens de "qualité d'être noble par la naissance". Si au XVᵉ siècle *noblesse* prend le sens collectif de "ensemble des nobles", le terme fait son entrée dans une série de syntagmes au XVIIᵉ siècle. Ainsi trouve-t-on : la *noblesse de robe longue* (formée de bourgeois anoblis grâce aux fonctions ou aux charges qu'ils avaient exercées), la *petite noblesse*, la *noblesse d'épée* (acquise au Moyen Âge par des services militaires, et par extension, "l'ensemble des familles de noblesse ancienne"), etc. Mais évidemment le plus important, c'est, vous le savez bien, la *noblesse de cœur*, "caractère de ce qui est grand, élevé et généreux".

Œil pour œil

Le mot *œil* est un mot qui s'applique à une grande quantité d'objets, ayant plus ou moins la forme de l'organe de la vue. Dans le *Dictionnaire des mots rares et précieux* nous découvrons qu'en architecture, c'est "le centre d'une volute qui se taille en petite rose", que chez les fondeurs, l'*œil* désigne "l'ouverture située au bas d'un fourneau et par laquelle s'écoule la matière en fusion", qu'en horticulture, c'est un "bourgeon", qu'en horlogerie, c'est "l'échancrure ménagée à chaque extrémité du grand ressort d'une montre ou d'une horloge pour le faire tenir aux crochets du barillet et de son arbre", qu'en imprimerie, c'est "le relief de la lettre, la partie du caractère qui laisse son empreinte sur le papier", qu'en joaillerie, c'est la "petite ouverture de la perle", qu'en langage maritime, c'est "le trou dans une voile pour y passer un cordage"… et on pourrait continuer ainsi à longueur de lignes. De plus, il faudrait aussi citer tous les noms composés avec *œil*, tous ceux que nous connaissons, tels l'*œil-de-perdrix*, qui désigne aujourd'hui "un cor entre deux orteils", l'*œil-de-bœuf*, qui désigne aujourd'hui "la lucarne de forme ovale" ou l'*œil-de-chat*, qui désigne "une pierre, variété de quartz chatoyant", mais aussi "la fermeture réglable d'un objectif dans le domaine du cinéma"… Quant aux expressions, elles vont de *œil pour œil*, allusion biblique, à *avoir bon pied bon œil*, jusqu'au récent *se mettre le doigt dans l'œil*. Cet *œil* qui vient du latin *oculus*, "organe de la vue", est un des plus utilisés dans notre langue. C'est promis, nous dirons un mot bientôt de son pluriel *yeux* et de la manière de le prononcer correctement… si vous voyez ça *d'un bon œil* !

En rang d'oignons

Deux origines sont données à cette expression *en rang d'oignons*, qui se traduit par "sur une seule ligne, à la suite". Jules Vallès dans *L'Insurgé* écrit : " Si j'ai pu me faire quelques idées et les aligner en rang d'oignons, c'est que j'ai toujours gagné assez pour boire mon litre, et prendre mon café avec la consolation !" La première origine paraît la plus simple, mais ne l'est-elle pas trop ? Elle fait évidemment allusion à la manière dont les gens de la campagne assemblent les oignons avec des liens de paille, en plaçant les plus gros les premiers, et ensuite les autres. C'est ce que nous dit Leroux de Lincy. L'abbé Tuet en donne une autre origine. La locution serait née du baron d'Oignon, Artus de La Fontaine-Solaro, maître de cérémonies aux états généraux de Blois en 1576 (dans cette belle salle, qui date du XIIIe siècle et est toujours visible aujourd'hui au pays de Jack Lang, des états généraux eurent encore lieu en 1588 ; année de l'assassinat du duc de guise… à Blois !) et qui assignait à chaque seigneur et député son rang et sa place. C'était un homme d'expérience puisqu'il exerça ses talents sous pas moins de quatre rois de France : Henri II et ses trois fils, François II, Charles IX et Henri III. Ce seraient sa science et sa renommée dans ce domaine qui firent naître l'expression *placer en rang d'Oignon*. Pendant un temps, au début du XVIIe siècle, l'expression signifia aussi : "Prendre place dans une réunion où l'on n'est pas invité, où l'on n'a pas sa place". Ce qui est certain, c'est que les expressions familières *aux petits oignons*, "très bien" et *ce n'est pas mes oignons*, "cela ne me regarde pas", sont familières et ne viennent pas du baron…

Manger comme un ogre

Depuis 1300 déjà, le mot *ogre* désigne "un géant de contes de fées se nourrissant de chair humaine". La locution *manger comme un ogre* est beaucoup plus récente : elle date de la moitié du XVIIIe siècle. Chateaubriand l'utilise, tandis que Flaubert écrit "avoir un appétit d'ogre". Le féminin *ogresse* apparaît dans le *Petit Poucet* de Charles Perrault en 1697, et a donc supplanté une forme antérieure *ogrine*. (*Ogresse* désigna aussi la "tenancière d'une maison close".) Le mot désigne aussi, et en même temps, "un personnage cruel". Ainsi a-t-on surnommé Napoléon Ier *l'Ogre de Corse*. L'origine du mot est incertaine. Il viendrait de *Orcus*, nom d'une divinité infernale, probablement un avatar du dieu préhellénique Chronos (Saturne), qui dévorait, aussitôt née, sa propre progéniture. *Orcus* désignait "l'ensemble des enfers et finalement la mort elle-même". Le mot pourrait être emprunté à l'étrusque. On connaît un sermon de saint Éloi dirigé contre les superstitions païennes, qui interdisait d'évoquer les noms des quatre dieux romains : Neptune, Orcus, Diane et Minerve. *Orcus* a des correspondances dans d'autres langues : *orco*, en italien, signifie "croque-mitaine" ; *orc*, en catalan, signifie "personne gênante".

Rubis sur l'ongle

L'origine de l'expression *payer rubis sur l'ongle* est à découvrir dans le vocabulaire de l'ivresse, du vin et de la boisson. Au départ, cela signifie "vider son verre jusqu'à la toute dernière goutte". En 1680, Richelet l'explique clairement : "C'est après avoir bu un grand verre de vin à la santé de quelque personne, prendre le verre par la patte et le renverser en le tenant suspendu sur l'ongle du pouce afin d'y faire tomber une goutte de vin qu'on appelle rubis". Une superstition voulait aussi qu'en buvant cette dernière goutte nos pensées s'envolent vers la bien-aimée absente. Par métaphore, le sens est devenu presque à la même époque : "payer jusqu'au dernier sou". Aujourd'hui, on traduit cette expression plutôt par "payer comptant" car, oubliant le sens premier, on pense qu'il s'agit d'un troc où la monnaie d'échange serait une pierre précieuse. Louis-Ferdinand Céline, dans *Le Pont de Londres*, écrit : "Nous eûmes tout cela illico !... Tout l'assortiment... Achats soldés rubis sur l'ongle bien entendu... mais quel barda !" Le mot *rubis* est la forme du pluriel, pris pour un singulier, de *rubi*, réfection, sous l'influence de l'ancien provençal *robi* qui avait perdu normalement son *n* final, de l'ancien français *robin*, *rubin*. Ce mot est emprunté au latin médiéval *rubinus*, "pierre précieuse rouge". Le rubis – comme je l'ai appris en rédigeant le livre *Le Diamant* – est une variété de corindon (c'est le minéral le plus dur après le diamant, mais avec le saphir il est toutefois considéré comme une pierre précieuse) transparente et d'un rouge vif nuancé de rose ou de pourpre. C'est aussi le symbole du quarantième anniversaire de mariage.

Dormir sur ses deux oreilles

C'est une expression dont l'action est impossible à réaliser et pourtant *dormir sur ses deux oreilles* est tellement explicite. En effet ! Cette expression qui veut dire "dormir profondément et tranquillement" s'oppose à *ne dormir que d'un œil*, c'est-à-dire "légèrement, en étant prêt à se réveiller". Cela concerne les organes de perception doubles : l'ouïe et la vue. On ne dort pas d'une oreille ni des deux yeux ! Dans *Histoires*, Jacques Prévert poétise : "Vous dormez sur vos deux oreilles / Comme on dit / Moi je me promène et je veille dans la nuit / Je vois des ombres j'entends des cris." En revanche, on trouve *n'écouter que d'une oreille* qui veut dire qu'on "écoute distraitement". On trouve dans le *Capitaine Fracasse* (quel bonheur !) de Théophile Gautier : "Les murailles qu'on dit avoir des oreilles ont aussi des yeux : elles voient pour le moins aussi bien qu'elles entendent." Mais le mot *oreille* a inspiré bien d'autres phrases : *dans le tuyau de l'oreille*, *la puce à l'oreille*, *avoir l'oreille basse*, *rebattre les oreilles* (oui ! c'est bien *rebattre*), *dresser l'oreille*, *être tout oreilles, être tout yeux tout oreilles*, *frotter les oreilles* devenue entre-temps *tirer les oreilles*, *tendre l'oreille* ou *ce n'est pas tombé dans l'oreille d'un sourd*, on ne peut plus lumineux ! En latin populaire, *auricula*, "oreille", signifiait aussi "anse de cruche" et on comprend pourquoi. Et évidemment l'*auriculaire* est dérivé d'*oreille*. Il désigne le doigt auriculaire, le "petit doigt", le plus extérieur de la main, et fut utilisé par Rabelais au XVIe siècle. Colette raconte qu'elle avait "l'auriculaire droit un peu arqué, parce que la main droite, en écrivant, prenait appui sur lui, comme fait le kangourou sur sa queue."

Pas de panique

Cette expression vient-elle de la langue anglaise, française, latine ou grecque ? Le mot *panique* vient du grec *panikos*, "de Pan". Dans la mythologie grecque, Pan est le dieu des bergers et des troupeaux, et plus généralement de la nature. Georges Brassens l'a bien chanté. Le terme désigne la peur, parce qu'elle naissait lors de l'apparition subite du dieu. Rabelais parle de "terreur panice". Ce n'était donc au départ qu'un adjectif. Et il est toujours utilisé ainsi, même s'il peut alors apparaître comme plus précieux ou littéraire, comme dans *Le Déluge* de J.-M. G. Le Clézio : "La contre-lame rebondissait sur la muraille du large, essayant de défoncer, formant dans sa fuite panique une houppe bruyante où deux forces liquides s'écrasaient l'une contre l'autre". De même André Gide : "Hugo trouve satisfaction de son délire verbal à se perdre dans une confusion panique, Goethe, même dans ses effusions les plus lyriques, tend à nous ramener au pratique." Il s'est substantivé au XIXe siècle dans l'argot (et dans l'expression *avoir la panique*), mais fut vite accepté par l'Académie française. Cependant, pour être de bon compte, s'il est revenu en force aujourd'hui, c'est aussi par l'influence du mot anglais *panic*. Et l'emploi du verbe *paniquer,* me demandez-vous ? Le verbe est intransitif : "J'ai paniqué en le voyant". Le verbe pronominal *se paniquer* est familier et est synonyme de "s'affoler". Et, bien entendu, est aussi familière l'utilisation transitive : "Les bruits de la rue paniquent ma chienne Maya" (ce qui est vrai, par ailleurs !)

Être en panne

Cette expression, contrairement à ce que l'on pense d'habitude, n'est pas née avec l'automobile et donc avec le XXe siècle, mais date du temps de la marine à voile. Et la grande différence entre les deux, c'est que celle de l'automobiliste est imprévisible (le plus souvent, sauf dans certains cas que la morale réprouvait, et je mets l'imparfait car j'espère pour les jeunes filles que le *coup de la panne* est aujourd'hui éventé), tandis que celle du bateau est volontaire. Au départ, la *panne* est "la situation où la voilure et le gouvernail neutralisent les effets du vent et stoppent le navire". En 1573, on disait *bouter vent en penne*. En effet, *panne* vient de *penne*, "plume", qui désignait depuis 1515 "l'extrémité de la pièce la plus longue d'une vergue latine". Au XVIIe siècle, mettre un bateau *en panne* consistait à "placer certaines voiles dans un sens et d'autres dans le sens contraire afin d'obtenir l'immobilisation du bâtiment". Ainsi, le navire ne change-t-il que très lentement de place, en dérivant sur le flanc. Mais mieux encore, la *panne sèche*, syntagme qu'on croit fait sur mesure pour un réservoir de voiture qui ne contient plus une goutte d'essence, donc *à sec*, est aussi une expression de la marine. La *panne sèche*, opposée à la *panne courante*, caractérise la façon de tenir en panne (donc "immobiliser en mer") uniquement par le gouvernail, sans qu'on agisse sur les voiles. Bien sûr, on utilise abondamment les métaphores et *être en panne sèche* désigne aussi "l'arrêt d'une activité, d'un processus faute de moyens". Pour *être en panne*, il semble que les emplois modernes, depuis 1900, viennent cette fois de l'automobile, comme *rester en panne* ou *être en panne* de quelque chose.

Mener une vie de patachon

Parfois, certains croient que dans l'expression *mener une vie de patachon*, ce dernier mot est un nom propre comique. Il n'en est rien. Le *patachon* était le "conducteur de la *patache*", "une mauvaise diligence bringuebalante", qui menait une vie de nomade, allant de relais de poste en haltes improvisées. Ses voyages et les plaisirs faciles des auberges composaient sa vie un peu dissolue et dont l'exemple n'était pas à suivre. Mais la patache n'a pas toujours désigné une mauvaise voiture, sens qu'on lui donna en 1862. C'est au départ un mot espagnol, *pataje*, "navire, bateau de guerre léger" en 1573. (Le mot est probablement lui-même emprunté à l'arabe *batas*, "bateau à deux mâts", qui serait un emploi substantivé d'un adjectif signifiant "rapide".) Il s'est transformé sous l'influence du français (eh oui !) en *patache* en 1591. Ce fut donc à l'origine un terme qui désignait "un petit bateau employé au service des grands navires pour aller à la découverte ou pour arraisonner les navires qui entraient dans les ports". À la fin du XVIIIe siècle, il est devenu plus précisément "une barque du service des douanes", et puis les *pataches* désignèrent "divers bateaux légers". C'est par analogie que le terme s'utilisa alors, à la même époque, par une mauvaise diligence à deux roues et mal suspendue, mais dont le tarif était très abordable. Quant à *patachon*, ce conducteur de la patache, il est apparu en 1832 et a disparu avec son siècle, sauf dans notre expression.

Être dans les patates

Au Québec, *être dans les patates*, c'est "être dans l'erreur". D'où vient ce mot *patate* ? Sa traduction en "pomme de terre" a d'abord été relevée au Canada en 1765, et quelques années plus tard en Europe. Cette chronologie s'explique par l'introduction, favorisée par la conquête anglaise, de la pomme de terre au Canada et donc de l'influence du mot anglais *potato*, qui concerne cette plante désignée en France par la métaphore "pomme de terre". Avant cela, *la patate* c'était la "patate douce", une plante sucrée de la famille des convolvulacées de la zone caraïbe. Le cheminement du mot commence par l'arawak de Haïti, *batata*, puis se poursuit par l'espagnol *patata*, et enfin se termine en français, en 1525, sous la forme *battate*. Sous sa forme moderne, le mot a été vulgarisé par une langue mixte parlée entre les indigènes et les marins européens, surtout espagnols, qui commerçaient dans la mer des Caraïbes. C'est au début du XVIIe siècle que la graphie actuelle s'établit.

Et *en avoir gros sur la patate* ? C'est une expression des années 1910 qui est la transcription d'en "avoir gros sur le cœur", soit "être désillusionné, être déçu". Avant de désigner le cœur, la patate – à cause de la forme et de la consistance de la pomme de terre – a défini le nez et la tête…

Pavé de bonnes intentions

La locution proverbiale *L'enfer est pavé de bonnes intentions* semble avoir une origine anglaise. Cette expression, qui signifie "les bonnes intentions peuvent déboucher sur des résultats désastreux", est également citée dans les textes religieux chrétiens comme "Les bonnes intentions ne suffisent pas, sans leur réalisation, à éviter le mal et la damnation". Ce que Montaigne, dans ses *Essais*, traduisait par : "Il est ordinaire de voir les bonnes intentions, si elles sont conduites sans modération, pousser les hommes à des effets très vicieux." On en a retrouvé diverses traces en langue latine, par exemple dans saint François de Sales. Au XVIIe siècle, on entend en Angleterre : *Hell is paved with good intentions* (dans les *Sermons* de Wesley en 1775). L'évolution a sans doute été réalisée par le voisinage d'une autre expression courante : *To pave the way for something*, "préparer (paver) la voie à" (l'emploi métaphorique plus ancien traduisait également *paver* par "recouvrir entièrement"). Dans la langue française, l'expression telle quelle n'apparaît qu'au XIXe siècle. On trouve (mais finalement, on trouve bien des choses dans ce livre) dans *À la recherche du temps perdu* cette phrase de Marcel Proust : "Que même certains protecteurs plus ou moins désintéressés de votre client puissent avoir de bonnes intentions, je ne prétends pas le contraire ! mais vous savez que l'enfer en est pavé, ajouta-t-il avec un regard fin."

Avoir du peps

D'où vient l'expression *avoir du peps* ? L'expression exacte, aujourd'hui un peu dépassée semble-t-il, est *avoir du pep*. Elle signifie "être enjoué, plein d'entrain et de vitalité". La déformation de *pep* en *peps* nous est probablement arrivée par l'influence d'une marque internationale de boisson gazeuse. Le mot *pep* vient de l'anglais *pepper*, "poivre", mais signifie aussi dans cette langue : "entrain, allant, dynamisme", de manière aussi familière que chez nous. C'est en 1926 que le mot nous vient des États-Unis, mais il ne se répand vraiment partout que dans les années 1960. On aurait pu d'ailleurs le croire issu de *pepsine* (du grec *pepsis*, "cuisson, digestion") qui désigne une enzyme du suc gastrique, et qui est considérée comme tonique, mais il n'en est rien. Aujourd'hui, on dira plus volontiers *avoir la pêche*, surtout depuis que Maurane a fort joliment chanté cette expression dans son titre *T'as pas la pêche*. On ne sait pas trop pourquoi *avoir la frite* est devenu "avoir la pêche" dans les années 1960. Le mot *pêche* (en latin, *persica*) est d'origine perse : *malum persicum*, "pomme de Perse". *Fendre la pêche* est une expression qui date d'avant la guerre de 1940 et où le fruit est utilisé pour désigner la tête. Dans le célèbre roman noir *Touchez pas au grisbi*, son auteur Albert Simonin écrit : "Ça ressemblait si bien à ses feintes habituelles, que j'ai cru qu'il chiquait. Je me suis mis à me fendre la pêche." Nous pourrions aussi parler du *teint de pêche* ou de la *peau de pêche* !

Faire un pied de nez

Les expressions qui contiennent les mots *pied* et *nez* sont très nombreuses. Plus d'une cinquantaine pour *nez* ! Mais c'est *faire un pied de nez* qui nous intéresse. Une ancienne locution *avoir un pied de nez* se traduisait par : "être honteux, déconfit". Dans *Georges Dandin*, Molière écrit : "Le mari ne se doutera point de la manigance, voilà ce qui est de bon ; et il aura un pied de nez avec sa jalousie : est-ce pas ?" (Ce dernier "est-ce pas ?" fait bien référence à cette époque classique.) Le *pied de nez* était à l'origine "un nez qui mesurait un pied de long", *pied* étant calqué sur l'anglais *foot*, soit aujourd'hui encore "12 pouces, ou 30,48 cm". L'expression a la même valeur que *faire un long nez*, *faire un nez* et même *son nez s'allonge*. Il s'agit donc dans l'expression qui nous occupe, *faire un pied de nez*, de "contrefaire un nez allongé", qu'on attribue à celui dont on se moque. Ce sens ancien s'est perdu et, de nos jours, nous désignons ainsi le geste de dérision qui consiste à mettre le pouce sur le nez et à écarter les doigts. Parcourons, puisque l'occasion nous en est donnée, quelques autres expressions avec *nez* : *au nez de quelqu'un* c'est "en échappant à sa vigilance, en le bravant" ; *à plein nez*, c'est "très fort"; *à vue de nez*, c'est "approximativement" ; *le nez au vent*, c'est "en flânant" ; *nez à nez*, c'est comme "face à face" ; *le nez en trompette*, c'est le "nez retroussé"… et dans le temps, on disait également : *nez en betterave* pour un "gros nez couperosé, vermeil" ; *nez à boire au baril*, pour un "nez plat et écrasé", et *nez en pompettes* pour un "nez rouge d'ivrogne".

Se lever du pied gauche

On sait que l'expression *Se lever du pied gauche* signifie "être de mauvaise humeur dès le petit matin". Mais d'où vient-elle, cette expression ? Peu d'explications historiques ou superstitieuses : *le pied gauche* correspond au "mauvais pied" et métaphoriquement à "une action mal engagée". Plus compliqué est le cheminement du sens de l'expression *Passer l'arme à gauche*, "mourir". C'est une locution qui vient du langage militaire des maîtres d'armes. Le fleuret est d'ordinaire dans la main droite du duelliste. Quand on le fait passer à gauche, on le lui arrache des mains, euphémisme de tuer. Bien entendu, il faut ajouter, autant pour l'explication du pied gauche que de l'arme à gauche, une valeur maléfique dont on dote le côté gauche. En latin, la main gauche se disait *sinistra*... Depuis le XIXe siècle, *à gauche* signifiait d'ailleurs "mal, de travers" dans plusieurs expressions. Léo Ferré chante : "Avant de passer l'arme à gauche/Avant que la faux ne me fauche... Et de la main gauche ?" C'est, pour un mariage ou un enfant, ne pas être reconnu par la loi. La main symbolise dans ce cas le lien matrimonial, comme dans *demander la main*, et la main droite, le lien légal. À titre d'exemple, voici un extrait d'une des *Lettres* de Madame de Sévigné (écrite en mai 1680) : "La princesse de la Trémouille épouse un comte d'Ochtensilbourg, qui est le plus riche et le plus honnête homme du monde : vous connaissez ce nom-là ; sa naissance est un peu équivoque ; sa mère était de la main gauche ; toute l'Allemagne soupire de l'outrage qu'on fait à l'écusson de la bonne Tarente."

Le colosse aux pieds d'argile

Récemment, j'ai entendu parler, pour les gouvernements mis en place, de *colosses aux pieds d'argile*. Cette expression est-elle adéquate ? À vous de juger. Elle trouve son origine dans la Bible. Daniel, de la tribu de Juda, est ce prophète hébreu du VIIe siècle avant J.-C. capturé et emmené à Babylone. Nabuchodonosor lui demande d'expliquer ses rêves. Entre parenthèses, deux rois portèrent le nom de Nabuchodonosor : le premier régnait sur Ninive, le second battit un pharaon, mais ne put prendre l'Egypte. Dans *Le Livre de Daniel*, un des rêves du roi est interprété de cette manière : "Voici ce que vous avez vu. Une grande statue, d'une hauteur extraordinaire, tête d'or pur, poitrine et bras d'argent, ventre et cuisse d'airain, une partie des pieds en fer, l'autre d'argile." L'expression *colosse aux pieds d'argile* se rapporte donc à "une gloire ou une puissance peu solide et peu durable, fondée sur des bases fragiles".

Pour équilibrer notre jugement, nous pouvons trouver bien des expressions positives comprenant le mot *pied*. *Bon pied bon œil*, c'est "avoir une allure vive et alerte". *D'arrache-pied*, c'est "en fournissant un effort intense". *De pied ferme*, c'est "sans céder, sans reculer". *Avoir le pied à l'étrier*, c'est "être dans une bonne position pour réussir". *Mettre sur pied*, c'est "organiser". *Partir du bon pied*, c'est "bien commencer". *Trouver chaussure à son pied*, c'est "trouver ce qui convient". Évidemment existent aussi *ne plus savoir sur quel pied danser*, *vivre sur un trop grand pied* et surtout *perdre pied*. Vous avez le choix !

Le poil de la bête

Reprendre du poil de la bête est une expression vedette de la phraséologie. Même si tous semblent d'accord sur une origine, elle n'est pas confirmée par l'ensemble des spécialistes et laisse la porte ouverte à bien d'autres explications. Selon la croyance populaire, le poil d'un animal qui avait mordu, que l'on appliquait sur la morsure qu'il avait faite, la guérirait. C'est donc une forme d'homéopathie très ancienne, déjà citée par Pline. En 1531, on trouve chez Bovelles : "du poil de la beste qui te mordit, ou de son sang seras guery". Dans deux langues au moins, elle est explicitée de cette manière : en anglais, *To take a hair of the same dog that bit you*, et en italien, *Del can che morde el pelo sane*. Cependant cela n'explique aucunement les mots *du* poil au lieu de *un* poil, ni surtout *reprendre* au lieu de *prendre*, et encore moins le sens actuel de "se ressaisir, reprendre le dessus" ! Michèle Lenoble-Pinson l'explique pourtant. "Le sens originel, écrit-elle, "guérir par le mal" a été compris comme "prendre de la vigueur", image renforcée par le verbe "reprendre", qui signifie à la fois "prendre de nouveau" et "se rétablir"." Les autres explications sur l'origine de l'expression ? En voici : *refaire le poil à quelqu'un*, qu'on trouve chez Balzac, signifiait "l'emporter sur quelqu'un". *Aller au poil de chien*, autre expression, se traduisait par "faire de nouveau ce qui a causé certaines incommodités". On trouve chez Jules Vallès : "J'avais vécu, pendant dix ans, tel l'ivrogne qui a peur de l'affaissement, au lendemain de l'ivresse, et qui reprend du poil de la bête, saute sur le vin blanc dès son lever, et garde toujours une bouteille à portée de sa main qui tremble."

La pomme de discorde

Non, la *pomme de discorde* n'est pas celle proposée par Ève à Adam et qui provoqua leur rejet du jardin d'Éden ! La *pomme de discorde*, c'est-à-dire "le sujet de dispute, de discussion, la cause d'une dissension", a comme origine le nom d'une divinité malfaisante dans l'Antiquité : Discorde. On la représente les yeux rouges de colère, les cheveux hérissés de serpents et tenant caché dans son vêtement un poignard... Discorde faisait partie d'une bien belle famille ! Jugez-en : elle est née de la Nuit ; ses sœurs sont les Parques et la Mort ; ses enfants sont la Misère, la Famine, les Guerres, le Meurtre et le Mensonge... On peut difficilement faire pis. Le poète Virgile en fait mention dans ses *Chants*. La mythologie raconte que Discorde fut chassée du ciel par Zeus (d'accord, c'est semblable au paradis terrestre...), qu'elle entra alors dans une grande fureur. Elle fut encore plus furieuse quand on ne l'invita pas au mariage de Thétis et de Pélée. Thétis, la mère d'Achille, était d'une rare beauté, et Pélée fit partie de l'expédition des Argonautes. Discorde se présenta à la noce et jeta une pomme d'or aux pieds des convives en disant : "À la plus belle !" C'est Pâris qu'on choisit comme juge et il désigna Aphrodite, déesse de la Beauté et de l'Amour. Les autres déesses se fâchèrent... et finalement, on en arriva à la guerre de Troie !

À la queue leu leu

Une chansonnette a popularisé, il y a quelques années, cette expression ancienne et elle fait toujours partie, je pense, des classiques farandoles de festivités, de communion ou de mariage, avec *La Bamba* ou *C'est bon pour le moral*. L'expression *à la queue leu leu*, qui peut se traduire par "en file indienne", "l'un derrière l'autre" a comme origine le loup. Cet animal autrefois redouté a engendré nombre d'expressions populaires : *avoir une faim de loup, marcher à pas de loup, hurler avec les loups, un froid de loup, la faim fait sortir le loup du bois*... Et justement, lorsque les loups étaient affamés, ils formaient une bande autour de leur chef de meute et attaquaient les hommes et les animaux. Dans ce cas, ils couraient les uns derrière les autres. Or *loup* en vieux français se dit *leu*. Ils couraient donc la tête de l'un derrière la queue de l'autre. L'expression première fut donc : *à la queue du loup le loup*. L'usage et la transmission orale, sans doute, de l'expression, la firent évoluer en *à la queue leu leu*. On l'utilise toujours aujourd'hui, même si, comme on l'entend chanter dans la cour de récréation de nos petits enfants : "Le loup n'y est plus", mais on sait que les hommes peuvent être plus dangereux que les loups...

L'esprit de repartie

La *repartie* est une "réponse vive et spirituelle", dit le dictionnaire. Pour la prononciation de ce mot, il vaut mieux dire *re* que *ré*. En effet, l'origine du mot se situe dans le verbe *repartir* et cela devient logique. C'est avec Montaigne que le verbe *repartir* existe vraiment dans le sens de "répliquer, répondre vivement". Et c'est en 1606 qu'on acte le mot dérivé *repartie*, défini alors comme "une riposte, une réplique", et l'expression dérivée : *un esprit de repartie*, qui se traduit par "une aptitude à la riposte". Dans *Le Misanthrope* de Molière on trouve ces vers : "Je ne m'attendais pas à cette repartie, / Madame, et je vois bien, par ce qu'elle a d'aigreur, / Que mon sincère avis vous a blessé au cœur." Théophile Gautier, dans *Sophie Gray*, un de ses *Portraits contemporains*, écrit : "Aussi personne n'eut la repartie plus heureuse et plus prompte, le bon mot plus spontané."

Pour le roi de Prusse

À propos de l'origine de l'expression *travailler pour le roi de Prusse*, les historiens ne s'accordent pas. Une chanson de 1757 se moque de la défaite du prince de Soubise à Rossbach et le dit en ces termes : "Il a travaillé pour le roi de Prusse." L'expression pourrait aussi provenir du fait suivant : à la paix d'Aix-la-Chapelle, en 1748, qui termine la guerre de succession d'Autriche, la France, qui était l'alliée de la Prusse, dut restituer les Pays-Bas autrichiens qu'elle avait conquis. De son côté, Frédéric, roi de Prusse, se vit confirmer la possession de la Silésie, qu'il avait gagnée et qui lui fut abandonnée par l'impératrice Marie-Thérèse aux traités de Breslau en 1742 et de Dresde en 1745. Bien qu'étant dans le camp des vainqueurs grâce à plusieurs victoires, dont celle de Fontenoy, que nous connaissons bien, la France de Louis XV ne tira aucun avantage de ce traité. Ce qui fit dire aux chroniqueurs de l'époque qu'elle avait *travaillé pour le roi de Prusse*. Notons qu'on disait le plus souvent *roi en Prusse*, et non Frédéric II. En 1871, l'empire allemand, le IIe Reich, est proclamé le jour anniversaire du couronnement du 1er roi de Prusse en 1701 dans la galerie des glaces à Versailles. Il comprend les 25 États allemands (sans l'Autriche) : les royaumes, les principautés, les grands-duchés, les villes libres, etc. C'est Guillaume Ier, roi de Prusse, qui devient empereur d'Allemagne.

On n'est jamais si bien servi

La phrase *On n'est jamais si bien servi que par soi-même* nous vient de loin. Elle est extraite de la pièce de théâtre *Brueis et Palaprat*, écrite en 1807 par Charles-Guillaume Étienne. Voilà un auteur bien oublié aujourd'hui ! Il fit pourtant partie de l'Académie française à 33 ans, poussé il est vrai par la protection des ministres de l'Empire. Il fut surtout un brillant journaliste et rédacteur en chef du *Journal de l'Empire*. La pièce dont il est question raconte l'amitié entre deux auteurs dramatiques, qui aiment la même femme. "Non, nous nous sommes fait là-dessus un système : / On n'est jamais servi si bien que par soi-même. / J'ai chassé le valet que nous avions jadis ; / Il servait à lui seul presque aussi mal que dix." Ces deux auteurs ont réellement existé un siècle plus tôt, et on leur doit même une phrase passée elle aussi à la postérité (anonymement en ce qui les concerne) : "Il faut qu'une porte soit ouverte ou fermée" dans *Le Grondeur*, pièce écrite en 1691. C'est Alfred de Musset qui la prendra comme titre célèbre d'une de ses comédies en 1845 et lui donnera le retentissement qu'on connaît. Elle veut dire : "il faut choisir, prendre clairement parti, il faut que la situation soit claire". Avec *porte*, on trouve aussi *Chassez-le par la porte, il rentrera par la fenêtre*, qui est explicite. *Entrer par une porte et sortir par l'autre* date de 1619 et signifie : "passer rapidement avant de s'esquiver". Marcel Proust écrit dans *À la recherche du temps perdu* : "S'ils dînaient en ville, ils escamotaient leur café en disant qu'ils allaient revenir, comptant en effet entrer par une porte et sortir par l'autre."

Sur la sellette

Être sur la sellette, c'est "se trouver dans une position délicate", que vous soyez étudiant en période d'examen oral ou homme politique mis en cause par diverses questions. Mais qu'est donc cette *sellette* ? Il s'agit d'un "petit siège bas sans dossier". Au XIVe siècle, on a désigné plus particulièrement "un petit siège bas sur lequel on faisait asseoir les accusés lors des interrogatoires". On disait alors *mettre quelqu'un sur la sellette* au sens propre. La personne interrogée dans ces conditions se sentait en situation inférieure et l'avantage psychologique des juges était incontestable. On m'a appris un jour que dans les bureaux, les directeurs se plaçaient toujours dans une telle situation – et souvent à contre-jour, ce qui incommodait encore plus la personne convoquée – afin d'en imposer, d'asseoir leur autorité... À la fin du XVIe siècle, *être sur la sellette* se traduisait par "être exposé aux critiques". Mais le mot *sellette*, par analogie de forme, a désigné bien d'autres objets : dans le domaine de l'agriculture, par exemple, c'était "la partie de la charrue sur laquelle s'appuie le timon" ; c'était aussi une "boîte" où le décrotteur plaçait les objets nécessaires à son métier (voilà un joli métier qui a disparu !) et sur laquelle ses clients posaient leurs pieds ; c'était aussi "l'établi" du vannier pour tourner les paniers ; c'était enfin un "petit siège suspendu" à l'usage du badigeonneur ou des autres ouvriers en bâtiment... C'est merveilleux de retrouver le suc d'un mot assez courant, non ?

Sésame ouvre-toi !

Cette formule magique, cabalistique, qui date de 1850, fait allusion au conte arabe des *Mille et Une Nuits* : *Ali Baba et les quarante voleurs*, dans lequel le héros et son frère Cassim prononcent ces mots pour ouvrir les parois de la caverne remplie de trésors entassés par les voleurs. Nous en lisons généralement le texte dans une fort bonne traduction française de A. Galland. Dans *Melmoth réconcilié*, Balzac y fait une allusion directe : "Cette porte ne s'ouvrait qu'à la volonté de celui qui savait écrire le mot d'ordre dont les lettres de la serrure gardent le secret sans se laisser corrompre, belle réalisation du Sésame ouvre-toi ! des *Mille et Une nuits."* André Maurois, lui, dans *Un Art de vivre*, nous propose la transition avec un sens figuré : "Dans les *Mille et Une nuits*, "Sésame" ouvrait une porte. C'était une légende, mais une légende vraie. Il y a, en toute société, des mots qui ouvrent les portes." Le *sésame* est devenu "un mot de passe ou un passe-partout". Pierre Desproges, dans *Chronique de la haine ordinaire*, écrit : "Au fil des décennies, le mot "jeunes" s'est imposé comme le sésame qui ouvre les voies de la bonne conscience universelle." Le *sésame* est une "plante annuelle cultivée pour ses graines comestibles riches en huile". On parle en effet de *graine* ou d'*huile de sésame*. Cette plante semble originaire de l'Inde, en tout cas c'est ce qu'affirme Pline. C'est aussi ce que A. Galland reprend comme explication dans son texte : "Le sésame oriental est originaire de l'Inde ; mais de temps immémorial on le cultive dans tout l'Orient. On mange ces semences cuites dans du lait, on les mange aussi grillées et on tire aussi de ces semences une huile presque aussi bonne que celle de l'olive."

La chasse aux sorcières

Allez savoir pourquoi, je m'imaginais, comme vous peut-être, que l'expression *faire la chasse aux sorcières* nous venait en droite ligne d'un lointain Moyen Âge… avec une odeur de soufre, des balais à enfourcher et des cérémonies nocturnes de sabbat, le samedi à minuit. Celles dont parle Louis Aragon dans *Les Beaux Quartiers* : "La grande pluie des étoiles au début d'août, est propice aux sorcières de Provence qui préparent les philtres d'amour". L'expression est empruntée en 1955 à l'auteur dramatique américain Arthur Miller (en son temps mari de Marilyn Monroe) dans *Les Sorcières de Salem*, œuvre écrite en 1953. Cette locution faisait allusion aux femmes pourchassées et condamnées au bûcher comme sorcières dans l'Angleterre et l'Amérique puritaine du XVIIe siècle. Elle a désigné aux États-Unis, à l'époque de la guerre de Corée, la violente campagne anticommuniste, pensée par le sénateur Joseph McCarthy, dans l'administration, les milieux du spectacle, etc. Dans le dictionnaire, nous trouvons à ce propos le mot *maccartisme*, ou *maccarthysme*, pour définir "une politique de persécution"… Par extension, la locution s'applique à la "poursuite systématique et la mise à l'écart des opposants politiques par le pouvoir en place". Puis, par analogie, naît le sens d'"élimination des membres jugés indésirables dans un corps social". Dans son mythique *Bloc-notes*, François Mauriac écrivait à la fin des années 1950 : "Il faut s'attendre qu'alors, bien des gens qui manœuvrent encore maintenant dans l'obscurité avec prudence jetteront le masque. Il serait erroné de commencer maintenant une chasse aux sorcières et de voir partout des fantômes."

Ôte-toi de mon soleil

Cette locution proverbiale serait la réponse de Diogène à Alexandre qui lui offrait sa protection. On s'en sert pour marquer l'importunité d'une présence. Un nombre important de locutions utilisent le mot *soleil*. *Avoir des biens au soleil*, *rien de nouveau sous le soleil*, *en plein soleil*, *le soleil brille pour tout le monde*, *coup de soleil*... Mais il est intéressant aussi de retrouver quelques expressions désuètes. Par exemple, *déjeuner de soleil*, qui se disait autrefois, à la fin du XIXe siècle, à propos "d'une chose qui s'abîme facilement ou d'une chose éphémère". *Partir le soleil* s'est dit pour "placer des adversaires de sorte que le soleil n'incommode pas plus l'un que l'autre". À l'époque classique, on a dit plus clairement *partager le soleil entre les combattants*, mais cette expression est sortie de l'usage. Jusqu'au XIXe siècle, on disait aussi *entre deux soleils* quand on évoquait "une journée", soit entre le soleil levant et le soleil couchant. *Piquer un soleil*, attesté en 1844, signifie "piquer un fard, rougir violemment" et s'est donc traduit par "tomber amoureux". Mais le soleil est aussi, sur le plan métaphorique et allégorique, le symbole de la puissance. Louis XIV fut donc le *Roi-Soleil*. Il est aussi entré dans l'expression de la puissance divine : *Soleil de justice* désignait "Dieu, Jésus-Christ" au XVIe siècle ; *le divin Soleil* voulait dire "la grâce de Dieu" au XVIIIe siècle. On connaît aussi pour le Japon la métaphore de l'*empire du soleil levant*, et l'expression toujours vivante de *se trouver près du soleil*, soit "près du pouvoir".

Espèces sonnantes et trébuchantes

Pourquoi qualifie-t-on l'argent d'espèces *sonnantes et trébuchantes* ? L'explication est simple. Pour cela, il me faut vous donner le sens de deux mots : *aloi* et *trébuchet*. Et, comme souvent, se référer aux deux principes de la quantité et de la qualité. *Aloi* est au XIIIe siècle le dérivé de l'ancien verbe *aloier*, variante de *allier*. Il signifie "alliage" notamment à propos de la monnaie métallique, d'où, au figuré, *de bon ou de mauvais aloi*, "de bonne ou de mauvaise qualité". Le *bon aloi* correspondait donc jadis au "titre légal des matières d'or et d'argent que contenait la monnaie". On possédait un argent *de bon aloi*. On le constatait en faisant résonner les pièces métalliques sur une surface dure. Posséder des *espèces sonnantes* était donc un signe rassurant. Voilà pour la qualité et pour *aloi*. Quant au *trébuchet*, c'est une "petite balance très sensible conçue pour les corps légers et sur laquelle on vérifiait la quantité de métal". Les espèces *trébuchantes* étaient les "monnaies qui répondaient au poids légal". Les espèces *sonnantes et trébuchantes* correspondaient donc à des espèces "qui permettaient un paiement légal et authentique". Aujourd'hui que les billets de banques existent, et que l'euro naît, nous pouvons toujours parler néanmoins d'espèces *sonnantes et trébuchantes* quand il s'agit "d'argent en espèces ou d'argent liquide".

Souffler le chaud et le froid

Lorsque nous utilisons l'expression "souffler le chaud et le froid", nous stigmatisons l'hypocrisie. Ainsi, lorsque s'éternisait la libération des petites Valente en décembre 1988, nous pouvions lire dans la presse quotidienne : "Le groupe Abou Nidal n'en finit pas de souffler le chaud et le froid. Après avoir annoncé la libération des fillettes, il affirmait hier qu'elles étaient encore au Liban". Plus proches de nous, à propos des événements irakiens ou serbes, on emploie également cette expression pour dénoncer le oui qui cache le non et l'inverse. Mais sait-on d'où vient l'expression ? D'une fable de Jean de La Fontaine, comme dans bien des cas. Dans *Le Satyre et le Passant* en 1668, on trouve : "Arrière", s'exclame le satyre qui a recueilli un passant, "ceux dont la bouche / Souffle le chaud et le froid." Car comme la langue d'Ésope (inspirateur de La Fontaine), qui peut être alternativement la meilleure et la pire des choses, le souffle du passant peut tour à tour être chaud (sur ses doigts gourds) ou froid (pour refroidir le potage). Dans la fable, c'est autant la bêtise du Satyre que la duplicité du Passant qui est en cause. Une nuance qui n'existe plus aujourd'hui dans l'expression. Car outre l'hypocrisie, on peut aussi mettre en avant l'indécision de celui dont on parle. *Souffler le chaud et le froid,* c'est aussi "changer d'opinion ou de ton, en faisant alterner les contraires, ou l'amabilité ou la froideur".

Un coup de téléphone

J'entendis un jour quelqu'un raconter que l'expression *coup de téléphone* vient de la lourdeur des premiers appareils et du risque d'accident qui en résultait. J'admire l'imagination de cette personne, mais il me semble que le mot *coup*, un des plus employés dans les expressions courantes, met simplement en jeu l'idée d'un mouvement rapide. Ainsi, *coup d'aile* signifie, comme pour l'un des mouvements successifs de l'aile, "avec rapidité". Un *coup d'œil* est un "regard rapide" ou même un "examen superficiel". Le *coup de vieux* qu'on peut prendre, c'est aussi l'idée d'un "vieillissement brusque". Le merveilleux *coup de foudre* explique la "rapidité du passage normal à l'état amoureux". Dans bien d'autres cas, il s'agit bien sûr d'un coup concret ou du choc qui en résulte : *coup de balai*, *coup d'envoi*, *coup de torchon*, *coup de poing*, etc. Ce mot *coup* a donc une grande importance dans la langue française. On se l'explique par son caractère monosyllabique (ici, pas besoin d'apocope !) et par ses nombreuses applications concrètes ou abstraites. Il nous vient du bas latin *colpus* et de *colaphus*, "coup de poing ou taloche". Outre tout ce qui précède, dès le XIVe siècle, *coup* a pris le sens de "quantité de liquide qu'on boit en une fois." Comme dans *boire un petit coup c'est agréable* ou dans *Je vous offre un coup de rouge ?* Et à partir de cette idée sont nées quelques locutions adverbiales : *d'un seul coup*, *tout à coup* (sans traits d'union), ou *après coup*. Vous l'avez aussi deviné, j'en suis certain : le *coup*, qui peut être un choc qui sépare, a donné le verbe *couper.*

Tel qu'en lui-même…

L'expression *tel qu'en lui-même* fait florès dans le journalisme. (*Faire florès* est une locution un peu vieillie et littéraire, mais je l'aime bien, parce qu'elle vient de la langue provençale. Elle signifie "obtenir des succès, réussir d'une manière éclatante".) *Tel qu'en lui-même* est employée par exemple lorsqu'on rend hommage – en particulier à sa mort ou lors d'une commémoration – à un artiste. Ce fut le cas le jour de l'enterrement de Salvador Dali, en janvier 1989, où l'on entendit dans le cours du commentaire de la télévision française : "Tel qu'en lui-même, provocateur et scandaleux". On oppose ainsi, par une formule abrégée, la vie intérieure d'une personnalité à l'image qu'il a donnée de son vivant. L'origine de l'expression est littéraire. C'est Stéphane Mallarmé qui l'utilise dans *Le Tombeau d'Edgar Poe* en 1883 : "Tel qu'en Lui-même enfin l'éternité le change – le Poète suscite avec un glaive nu – Son siècle épouvanté de n'avoir pas connu – Que la mort triomphait dans cette voix étrange !" (*Poète* à cette époque s'écrivait *poëte*). Si la mort seule pouvait donner sa vraie dimension à Poe, Mallarmé explique que c'est parce que sa poésie la chantait, la montrait aux hommes, qui ne la comprenaient pas. Le poème, en réalité, a été composé quelques années plus tôt, en 1876, à la demande de Mrs. Sara Sigourney Rice, qui avait suggéré lors de l'érection d'un monument à la mémoire de Poe, de publier un volume d'hommage au poète. C'est Mallarmé qui traduit lui-même son poème en anglais. Il fut d'abord publié dans cette langue en 1877, six ans avant de l'être en français.

À tire-larigot

Le *larigot* est une "flûte". Le mot nous vient d'une chanson du XVIe siècle, dont le refrain disait : "Larigot, va, Larigot Mare, et ne m'aimes mie". Cette utilisation est encore de mise dans *Antonin*, par exemple, l'œuvre de Henri Bosco : "Car, à mesure que les prêtres s'éloignaient du chœur vers la sacristie, on entendait d'abord chanter la cornemuse, puis la doublette, puis le larigot, enfin, après un trait de hautbois, fort champêtre, la "Voix céleste"". On peut faire la comparaison entre le verbe *flûter*, "vider des verres, boire plus que de raison", et l'expression *boire à tyre Larigault*, "boire d'un trait en vidant une bouteille l'une après l'autre". Nous trouvons, et cela n'étonnera personne, l'utilisation de cette formule dans *Gargantua* de François Rabelais : "Le bonhomme Grandgousier, buvant et se rigolant avec les autres, entendit le cri horrible que son fils avait fait entrant en lumière de ce monde, quand il bramait, demandant : "à boire ! à boire ! à boire !" Dont il dit : "Que grand tu as !" (sous-entendu, le gosier). Ce que oyant, les assistants dirent que vraiment il devait avoir par ce le nom Gargantua… Et, pour l'apaiser, lui donnèrent à boire à tire-larigot". L'orthographe d'origine *larigault* n'est devenue *larigot* qu'à la fin du XVIe siècle. Aujourd'hui, *à tire-larigot* signifie "en grande quantité".

Dans sa tour d'ivoire

On trouve dans les bien nommées *Pensées d'août* de Sainte-Beuve, en 1837, l'expression *en sa tour d'ivoire*. Charles-Augustin Sainte-Beuve était surtout critique littéraire, mais il écrivit aussi des poésies. Il fit partie de l'Académie. La *tour d'ivoire* est une image de la Bible. On la trouve à propos de la Vierge dans des litanies qui s'inspirent du *Cantique des cantiques* : "Ton cou est comme une tour d'ivoire". Mais on a poussé plus loin la comparaison avec l'ivoire en imaginant le travail minutieux de l'artisan qui travaillait l'ivoire (aujourd'hui interdit). Cet art est semblable à celui du poète qui cisèle et taille les vers de son poème. On a longtemps pensé que cela devait se faire dans la solitude. Sainte-Beuve utilise l'expression à propos d'Alfred de Vigny, à qui il rend hommage dans un poème : "(...) et Vigny, plus secret, / Comme en sa tour d'ivoire, avant midi, rentrait." Après l'élection de Vigny à l'Académie française, Sainte-Beuve expliqua sa comparaison dans la *Revue des Deux Mondes* (en février 1846). Il parla du refuge du poète "dans le culte persévérant et le commerce solitaire de l'idéal". La définition aujourd'hui de *tour d'ivoire* est "position indépendante de celui qui se tient à l'écart de l'action et de l'agitation du monde". On trouve dans la correspondance de Gustave Flaubert un passage qui fait à la fois allusion à la solitude et à la religion : "Quand le peuple ne croira plus à l'Immaculée Conception, il croira aux tables tournantes. Il faut se consoler de cela et vivre dans une tour d'ivoire. Ce n'est pas gai, je le sais : mais avec cette méthode, on n'est ni dupe ni charlatan."

Aller aux urnes

Régulièrement, nous *allons aux urnes*. Ce qui signifie que nous "allons voter". Beaucoup utilisent le nouveau système électronique, puisque le veut le progrès. Dès lors, cette expression perdra peu à peu son sens descriptif : on ne mettra plus de bulletin de vote dans une urne, mais c'est un crayon électronique qui sera utilisé pour la même opération. Si nous l'abandonnons un jour, sachez que *aller aux urnes* est une expression récente ; elle est née au XXe siècle. L'*urne* n'a d'ailleurs pris le sens précis de "boîte dans laquelle les électeurs déposent leur bulletin" qu'en 1845. Il a aussi un sens nouveau, acquis en 1967, et qui se traduit par "en statistique, un échantillon sur lequel se fait un tirage". Mais le mot *urne* lui-même est un emprunt, on s'en doute, au latin *urna*, "grand récipient pour puiser de l'eau". Du sens de "grand vase", le mot français *urne* passe en 1487 à celui de "récipient dans lequel on conserve les cendres d'un mort." Le sens latin d'origine ne revient dans notre langue qu'en 1500 et signifie donc "vase à flancs arrondis servant à puiser de l'eau", mais en parlant de l'Antiquité. Dans la langue italienne, le mot *orcio*, qui vient de *urceus*, "vase à anses", et qui est de la même famille que *urna*, veut dire "jarre". Une cinquantaine d'années plus tard, c'est un autre sens de l'Antiquité qui lui revient : "mesure de capacité". Une *urna* équivaut à "un demi quadrantal" (ou *amphora*), soit 13,132 litres.

Évidemment, on peut trouver, comme souvent, des plantes qui ont une analogie de forme et qu'on a désignées dès 1797 en botanique par *urne* : il s'agit d'une partie du sporange des mousses. Ce sporange est recouvert d'un opercule (couvercle) et d'une coiffe.

Mort aux vaches

Peut-être cette insulte *Mort aux vaches !* à l'adresse des forces de l'ordre fut-elle moins utilisée en cette fin de siècle, mais elle le fut durant tout le XXe. D'ailleurs, en général, on ne souhaite pas la mort, c'est une façon de parler, bien heureusement, et il ne s'agit pas de ruminants, mais bien des policiers ou des gendarmes. On sait que beaucoup de quidams, pour avoir prononcé imprudemment cette invective, se sont retrouvés pénalisés, voire emmenés au "poste"… L'expression n'a bizarrement rien à voir avec nos vaches. Elle est née d'une confusion linguistique et date de peu avant la première guerre mondiale, à l'époque de Guillaume II. Des guérites étaient disposées le long de la frontière qui délimitait la France et l'Allemagne. Comme on le sait, l'entente n'y était pas cordiale. Les Français qui vivaient dans ces régions frontalières observaient avec rancœur ces gardes-frontières teutons postés dans leurs guérites. Et que lisait-on sur celles-ci : *Wache*, qui se traduit par "garde". On apostropha bientôt ces gardes allemands par des *Mort aux waches !* qui, la confusion orale naissant, devint très vite *Mort aux vaches !* Pour le reste, laissons donc tranquilles ces braves vaches qui regardent passer les trains, sans doute un peu moins à l'aube du nouveau millénaire, qui leur propose des trains à grande vitesse…

Jouer sur le velours

Jouer sur le velours c'est "agir sans risques et avec la plus grande facilité". Cette locution trouve son origine dans l'univers des jeux d'argent. En effet, au XVIIIe siècle, cela signifiait "jouer avec de l'argent déjà gagné, sans entamer la mise initiale". Et donc, le *velours* est le "tissu du tapis de jeu". On le désigne ainsi depuis la moitié du XIXe siècle. Cette étoffe à deux chaînes superposées a des poils dressés. Le mot lui-même vient du latin *villosus*, "couvert de poils" et de *villus*, "touffe de poils". On trouve évidemment *velu* dans les mots dérivés. La lettre *r* a été ajoutée, dit Alain Rey, au moment où la prononciation était hésitante à propos des mots à *r* final. Le cheminement fut donc : *velos* (vers 1155), *velous* (1190), *veloux* (fin du XIIIe siècle) et *velours* (1377). (Je rappelle que les dates données entre parenthèses sont celles où l'on atteste officiellement pour la première fois l'orthographe, le sens, etc. du mot. Cela ne veut donc pas dire qu'il n'était pas utilisé avant ce moment-là.) D'anciennes locutions utilisent aussi le mot : *Robbe de veloux, ventre de foin* trouve-t-on au XVIIe siècle, qui signifiait : "Beaux habits, pauvre chère", expression qui s'est modernisée au XIXe siècle en "Habits de velours, ventre de son". Toujours à propos de *velours*, bizarrement, ce mot désigna au XIXe siècle la "faute de langage consistant à remplacer le son t par le son z, plus doux dans une liaison". *Velours* intervient aussi dans le domaine gastronomique. *C'est du velours (pour l'estomac)* désigne un "mets très délicat". Et pour la boisson, *velours* se retrouve dans l'expression plus familière et argotique : *C'est le petit Jésus en culotte de velours*.

Un vieux de la vieille

"Un vieux de la vieille", c'est quelqu'un d'expérience dans sa profession ou dans un domaine particulier où il excelle. D'où vient cette expression ? Est-ce une sorte de généalogie, de référence à une grand-mère qui aurait beaucoup d'enfants ? Pas du tout. Elle a une origine militaire. En réalité, il faudrait poursuivre : *un vieux de la vieille garde*. Dans notre pays, nous avons connu une *garde civique*. En France, on a connu bien des gardes : *les gardes du corps*, *les gardes suisses*... En 1563, existaient les *gardes françaises*. Avant la Révolution, on trouva aussi la *garde nationale*, qu'on appelait aussi la *milice bourgeoise*, et après cela la *garde constitutionnelle* de 1791. Enfin, il y eut la *garde consulaire* formée par Bonaparte, et la *garde impériale* créée en 1804 par le même, devenu Napoléon Ier. Cette *garde impériale*, troupe d'élite, était composée d'environ cent mille hommes. Elle se divisait en *Vieille Garde* et *Jeune Garde*. Bien sûr, elle fut de toutes les batailles napoléoniennes, couverte d'honneurs et... de blessures. On la trouve à la bataille de Waterloo, où l'on entendit à son propos la phrase historique : "La garde meurt, mais ne se rend pas !" Après la chute de l'Empereur, cette garde demeurait pour les nostalgiques le dernier espoir, et ses anciens racontèrent avec force détails leurs exploits aux plus jeunes. Ceux-ci écoutaient les *vieux de la vieille Garde*, dont nous avons gardé le début...

II.

Les soi-disant belgicismes

Faut-il ou non être fier des belgicismes ? Que nous les utilisions en Belgique francophone, cela va presque de soi, mais faut-il les exporter, les brandir comme des signes de reconnaissance ? Certains proposent de faire la distinction entre les belgicismes qui valent la peine et ceux qui ne méritent pas l'exportation. Autrement dit, les belgicismes doivent avoir une raison d'être ailleurs que chez nous. Par exemple, par la concision du terme. Syllabus *est plus court et plus spécifique que "notes de cours, cours condensé destiné aux étudiants" ;* Kot *est vraiment plus ramassé que "chambre d'étudiant" et peut-être même sonne mieux, comme le verbe* cokoter, *les noms et adjectifs* cokoteur, cokoteuse, *qui partage un kot ou loue un kot dans le même immeuble ; une* amusette *(ou une* jouette*) est plus parlant que "une personne dissipée qui s'amuse à des bagatelles" ;* Bambinette *est superbe au lieu de "couche pour bébé" ; une* bisbrouille *qui mêle brouille et bisbille est concis et éloquent ; de même* septante *et* nonante *ont toutes les raisons de remplacer les "soixante-dix" et "quatre-vingt-dix"… Les mots* drève, dringuelle, gosette *et* arboré *sont très jolis ! Mais par ailleurs tous les mots qui n'apportent rien en regard d'un synonyme déjà présent au dictionnaire doivent-ils être proposés dans d'autres régions francophones :* Trémie *au lieu de "tunnel" ?* Aubette *au lieu de "abribus" ?*

Les flamandismes

Sur le modèle des mots belgicismes *ou* anglicismes, *pourquoi ne parlerait-on pas de* flamandismes *à propos des mots d'origine flamande qui ont donné naissance à ces mots germaniques qui émaillent notre langue française. Bien sûr, ils se retrouvent soit dans le nord de la France et dans l'extrême ouest de la Wallonie, soit en Picardie : Mouscron, Comines, Tournai… Une petite phrase composée avec ces mots-là ? "Sous la drache, il me cherchait misère parce que, par la drève, je suis allé acheter des knuches et des couquebaques sans lui remettre de dringuelle, et surtout que j'ai sali sa wassingue…" Vous connaissez l'origine et la traduction de ces mots, peut-être moins celles de la* knuche, *qui est un "sucre d'orge". Bien des localités françaises du nord possèdent également des noms flamands. Ainsi* Steenvoorde *"gué aux pierres",* Esquelbeck *"ruisseau des frênes",* Hazebrouck *"marécage aux lièvres" ou* Dunkerque *"église des dunes". Dans les noms de famille, on retrouve la même particularité. Un seul exemple : les familles* Desouter. *Ce nom est latino-flamand : il s'agit de l'article flamand* de *placé devant le mot d'origine latine* sutor, *"cordonnier". La Picardie n'a jamais eu de frontières féodales ou administratives. Seule la langue définit son territoire : pour la France, la Somme, un peu de l'Oise, de l'Aisne et du Pas-de-Calais ; pour la Belgique, le Hainaut occidental. Quant au* chtimi *(littéralement : "celui qui est moi"), Henriette Walter nous explique : "Il s'agit d'un sobriquet sans signification linguistique précise. Il s'applique à des gens des départements du Nord et du Pas-de-Calais, par opposition à "flamand" et à "franc picard"…"*

Amener ou apporter

Tâchons donc de mettre bon ordre dans l'utilisation de ces quelques verbes à l'utilisation difficile. Quelle est la différence entre *amener* et *emmener* ? Dans *amener*, on considère le mouvement qui aboutit : "Je vous amène mon meilleur ami" ; dans *emmener*, on considère que le mouvement éloigne : "Je vous emmène à la campagne". Quelle est la différence entre *emmener* et *emporter* ? *Emmener* signifie qu'on conduit une personne ou un animal ailleurs, en s'éloignant : "Le berger emmène ses moutons dans la montagne." *Emmener* veut aussi dire conduire ou éloigner d'un endroit une chose qui se déplace d'elle-même ou un véhicule, une machine qui roule : "Le chauffeur emmène son autocar au garage pour un entretien". *Emmener* veut enfin dire transporter des personnes en les éloignant : "Le car emmène les anciens professeurs vers leur seigneurie." *Emporter*, en revanche, signifie porter avec soi : "Ce livre ? Mais bien sûr, vous pouvez l'emporter !", et transporter des choses : "Le camion emporte les sacs de terreau". Je continue ? Allons-y ! Quelle est la différence entre *amener* et *apporter* ? *Amener* c'est faire venir une ou des personnes avec soi : "J'ai amené des amis pour cette réunion", c'est transporter des personnes : "C'est la voiture d'un ami qui nous a amenés", c'est aussi faire venir, conduire ce qui peut être déplacé sans être porté : "On amène l'échelle tout contre la maison". *Apporter* c'est porter en venant, transporter avec soi : "J'apporterai le dessert..." En conclusion, s'il faut retenir une seule chose, c'est celle-ci : pour les êtres vivants, seuls les verbes *amener* et *emmener* conviennent. "J'emmène toujours ma jeune et jolie femme avec moi en voyage..."

L'amigo

Ce mot espagnol signifie "ami". Par quelle bizarrerie de l'histoire ce mot bruxellois désigne-t-il le dépôt communal, prison de la ville ? Il servait pour les délits bénins, surtout ceux d'ivrognerie, précise Louis Quiévreux, grand spécialiste du bruxellois. Ainsi passait-on une nuit à l'amigo, comme on dit passer une nuit au violon. (Dans le cas du violon, il semble que l'origine soit argotique et métaphorique, compte tenu de l'exiguïté de l'étui à violon ; mais on dit aussi que des violonistes venaient agrémenter la solitude des prisonniers). Pour notre expression, l'explication la plus répandue est la confusion des Espagnols, au temps de leur occupation, entre le mot flamand *vrunte*, "espace clos, fermé", et *vriend*, "ami", mot qu'ils auraient traduit en *amigo* dans leur langue. D'autres, tel H. Van Vreckhom, pensent qu'on a abrégé *ir al local amigo*, "aller dans une maison amie" en *ir al amigo*, "dans ce lieu où des amis sont réunis par hasard". Un professeur de Gand, M. J. Cuyle avançait dans un article une explication plus culturelle : "Dans *Don Quichotte* de Cervantès, on trouve "guarda-amigo" et "pieda amigo", comme dénominations de différentes espèces de fers, soigneusement décrits. C'étaient des colliers d'acier et, par extension, on a pu désigner les endroits mêmes où l'on s'en servait. Un texte espagnol non daté, mais selon toute probabilité d'avant le XVIIe siècle, donne simplement "amigo" comme des fers assujettis aux pieds. Mais je ne connais pas d'exemple où "amigo" désigne une prison en Espagne". Un dicton bruxellois dit que nul n'est un vrai Bruxellois s'il n'a pas passé une nuit à l'amigo ! La rumeur raconte que certains ont cru qu'on parlait de l'hôtel voisin !

Le Bethléem verviétois

Si un dictionnaire verviétois existait on y trouverait cette définition à *Bethléem* : "N.m. Théâtre de marionnettes typique de la région verviétoise consacré, à l'origine, à la représentation de la Nativité". Ce théâtre miniature est composé de figurines animées, en papier mâché, bois sculpté ou porcelaine, le tout égayé par des chants de Noël et des textes en wallon. Mais si l'on parle de Verviers, il faut aussi signaler qu'on trouve des traces d'animations semblables en Espagne et en Italie. Peu à peu, au XIXe siècle, la représentation religieuse s'est accompagnée de scènes de la vie courante à Verviers : des costumes, des intérieurs, des personnages emblématiques de la ville. Aujourd'hui encore la tradition reste bien vivante. On sait, par exemple, que l'école Sainte-Élisabeth de Goé a réalisé son propre Bethléem… Tous les ans en décembre, on peut visiter dans les combles du musée d'Archéologie et de Folklore de Verviers ce témoignage des traditions populaires. Je note au passage, dans ce dictionnaire virtuel, un mot comme la *nopette*, un "ancien instrument de travail servant dans l'histoire lainière à ôter les défauts d'un tissu", mot qui a été maintenu dans le langage de la région et désigne aujourd'hui… une "pince à épiler" !

Le Bétième montois

Après le *Bethléem* verviétois, parlons du *Bétième* montois. Le *Bétième* est la contraction du nom Bethléem et désigne un théâtre de marionnettes, qui débute en interprétant la naissance du Christ et d'autres scènes religieuses, sans doute au Moyen Âge. À côté des scènes religieuses, on propose des emprunts aux contes et légendes profanes à partir du XVIIe siècle. Jusqu'au siècle dernier, chaque quartier de Mons possédait son (ou ses) *Bétième*. À une époque, on en recensait 43 localisés dans l'enceinte de la ville : Nivlet, dont le *Bétième* était situé sur Borgne Agache, etc. Trois *Bétièmes* sont toujours vivants à Mons : le *Bétième* montois de Jean Langue, qui joue dans le cadre de la Ducasse de Mons avec des marionnettes à fils ; le *Bétième* "Nos Bolomes" (Bolome signifie "marionnette") de René Lemur qui donne ses représentations en patois ; le *Bétième* montois de Messines qui propose en français des marionnettes traditionnelles de Mons.

Carottiers et carotteurs

Un matin, j'entendis parler de *carottiers* que l'on dénonçait dans certaines professions, et l'après-midi je lus pour le même sujet le mot *carotteurs*. Les deux mots conviennent, semble-t-il, et désignent "des personnes qui commettent de petites escroqueries". Le sens de "tire-au-flanc" est surtout connu chez nous (et le terme *carottier* est repris dans les belgicismes) ainsi que dans l'argot des casernes françaises, où il a le sens de "tirer une carotte", soit "simuler pour obtenir une exemption de service". C'est de là que provient l'utilisation, depuis 1966 officiellement, du terme *carotte* pour désigner un "avantage accordé afin d'obtenir la confiance de subordonnés". Claude Courchay, dans une analyse politique, écrit : "Donc, de Gaulle dissout la chambre, garde Pompidou, annonce les élections, et si ça ne suffit pas, il prendra d'autres mesures. La carotte ou le bâton". Certains pensent que le mot *carotte* ne désigne pas le légume mais la *carotte* de tabac transportée par les fraudeurs. Ce qui le rapprocherait de son sens belge, cependant rien ne le prouve. En revanche, dans *poil de carotte*, il s'agit bien d'une allusion à la couleur du légume, et *poil* a le sens de "cheveu" de l'ancien français. L'expression est évidemment popularisée dès 1894 par le titre de l'œuvre de Jules Renard, où Poil de carotte est un souffre-douleur. Même pour sa mère, comme le prouve cet extrait du chef-d'œuvre : "Poil de Carotte, va fermer les poules ! Elle donne ce petit nom d'amour à son dernier né, parce qu'il a les cheveux roux et la peau tachée."

De la caricole au waterzooi

Souvent, le grand chef Pierre Fonteyne propose, avec le grand talent qui est le sien, des recettes belges. La liste est longue des mots gourmands typiquement belges. Commençons par les grands classiques. On sait que l'*endive* chez nous désigne ce que d'autres appellent la "chicorée frisée". On sait que le *chicon* est l'"endive", cette pousse blanche de la chicorée de Bruxelles obtenue par étoilement et forçage. La légende nous raconte que le chicon fut découvert dans les caves du Jardin botanique l'année de notre indépendance, en 1831. On sait aussi que la fameuse *caricole* de Bruxelles est un "bigorneau" (en Gaume, l'escargot se dit *djargogo* !) et, à l'époque de la Foire du Midi, on vend aussi sur le boulevard des *croustillons* qui sont des "beignets". L'*escavèche* est une "préparation de poisson en gelée vinaigrée". Le *filet d'Anvers* est une "viande de bœuf ou de cheval fumée", et le *filet américain* un "steak tartare". Le *cannibale* est d'autre part un "toast au steak tartare". Mais sait-on que la *cassette* dans la région de Namur est une "sorte de fromage blanc" ? Connaît-on la *condeuvre*, qui désigne à Nivelles et aussi dans le Hainaut occidental une "garniture de tarte", plus spécialement celle composée de marmelade de confiture ? Une *cornue* est dans l'ouest de la Wallonie un "chausson aux fruits ou à la crème". En passant, rappelons que le chausson (aux fruits, mais aussi parfois à la crème) s'appelle chez nous la *gosette*. Mais il faudra que j'y revienne pour parler aussi des *pistolets*, des desserts... du *waterzooi* (parfois orthographié : *waterzoei*).

Le cartable

Les écoliers à la rentrée des classes ont-ils toujours eu un *cartable*, ce "sac en cuir (au mieux !) dans lequel ils mettent leurs affaires" ? *Cartable* est un mot entré tardivement dans les dictionnaires : il n'y entre que vers 1900 ! Il vient du latin *charta*, "charte" ou "carte". Il a sans doute rencontré au cours du Moyen Âge le mot *cartabulum*, dont le suffixe indique la contenance. À l'origine, c'est donc un registre, puis un portefeuille, un sous-main et, avant d'être le cartable des écoliers, il sera encore vers 1810 un carton à dessin. Un autre mot, *portefeuille*, a également désigné en 1544 le "carton à serrer des papiers". Il est utilisé plus précisément, chez les peintres et les dessinateurs en 1796. Et puis… en 1885, il désigne aussi le cartable d'un écolier. Mais cet emploi s'éteint au profit de *cartable* en 1900. Quant au mot *serviette*, il est, en 1840, d'usage dans l'argot des avocats pour désigner le "sac pliant qui sert à porter les livres, les dossiers, les papiers". Il continue à vivre en parallèle à *sac* et *cartable*…

Tout un chacun

La tournure *tout un chacun* est-elle correcte ? On dit généralement que *tout un chacun* est un archaïsme passé dans la langue familière. Jacques Prévert, dans *Paroles*, écrit : "...devant le monument du Jeune et veau marin qui périt à la guerre comme tout un chacun". On l'utilise en effet plus souvent avec *comme*. L'origine est latine : c'est *unum cata unum*, "un par un", qui a créé *chacun*, *cadhun*, et puis *cata unum*. En français, la première orthographe était *cascune*. Il fut employé comme adjectif jusqu'au XVIIe siècle. "À voir chacun se joindre à sa chacune ici, J'ai des démangeaisons de mariage aussi", écrit Molière dans *L'Étourdi*. Et Corneille d'écrire lui aussi : "Un chacun à soi-même est son meilleur ami." Ensuite, Vaugelas l'a condamné et il fut remplacé par *chaque*. Vaugelas (Claude Favre, mort en 1650) fut le grammairien français, de l'Académie cela va de soi, qui régla et unifia la langue en se référant au *bon usage* de l'époque, à savoir celui de la Cour. Mais il lui conserva sa fonction de pronom. *Chacun sa chacune* est aussi une expression ancienne, qui évoque les réjouissances villageoises et familières, et elle veut dire que chaque garçon est avec une fille. Et puis existe aussi *Chacun pour soi et Dieu pour tous*, attesté depuis le XVIe siècle, qui semble avoir une origine anglaise. Peut-être un peu égoïste, comme divers textes de publicité qui fleurissent ces temps-ci ? Je pense à *tellement bon qu'on le garde pour soi* ou *à ne pas partager*... Quelle responsabilité et quelle honte pour ces *communicateurs* !

Dans le chef de

Dans le chef de est usuel chez nous dans les langages judiciaire, administratif et surtout journalistique. Cependant c'est une approximation. On entend dire : "Les revenus professionnels envisagés séparément dans le chef du déclarant", ou "C'est une opinion largement répandue dans le chef de l'opinion publique". Il suffit de traduire l'expression par "chez", "pour", "de la part de", "s'agissant de", etc. Autant vous le signaler, pour être compris d'autres francophones. Cela dit, bien d'autres expressions utilisent ce mot *chef*, qui s'écrivait *chieef* en l'an 880 déjà ! Juridiquement, le *chef d'accusation* et *au premier chef* apparaissent en 1614 pour "élément ou point principal". Une autre locution reprend de façon abstraite l'idée d'autorité : c'est *de son chef* en 1643, devenue *de son propre chef* plus tard. Notons que le féminin proposé en 1867 à *chef*, "*cheffesse*", n'a pas eu de succès. Quant au mot *chef-d'œuvre*, qui s'écrivait logiquement *chief d'œuvre* en 1268, il désignait "l'œuvre capitale d'un compagnon afin d'obtenir dans sa corporation la maîtrise". Depuis le XVIe siècle, il s'emploie couramment au figuré, dans le sens de "la plus belle œuvre d'un écrivain, d'un artiste", ou "œuvre d'art particulièrement accomplie, parfaite dans son genre". Romain Rolland écrit dans la *Vie de Tolstoï* : "Alors il put, sous l'aile de l'amour, rêver et réaliser à loisir les chefs-d'œuvre de sa pensée."

La communauté

Au lieu de discourir sur le bien-fondé de la *Communauté française de Belgique*, laissez-moi vous entretenir du mot *communauté*, qui désigne fort justement "l'ensemble des habitants d'un même lieu et le groupe social qui a des caractères, des intérêts en commun". Le nom *commun* est très ancien en français, il date de 842, des *Serments de Strasbourg*. Il continue le mot latin *communis*, "qui appartient à plusieurs". Le mot a désigné très vite ce qui était accessible à tous, et puis ce qui était médiocre ou vulgaire. Le premier sens passé en français, "relatif au plus grand nombre", se retrouve dans bien des expressions : *le droit commun*, le *commun des mortels*, *d'un commun accord*, *hors du commun*... Au XIe siècle, le sens collectif apparaît dans la *vie commune*. Le mot *communauté* apparaît au XIIIe siècle, "groupe qui a un lien commun". Il prend aussi le sens religieux, une *communauté religieuse*, au XVIe siècle. L'adjectif et le nom *communiste* désigne au XVIIIe siècle "celui qui a le souci du bien commun". La *commune* vient du latin populaire *communia*, "communauté de gens". C'est par métonymie que le mot désigna ensuite le "territoire de cette communauté". Evidemment, le mot anglais *commons* vient de commune, ainsi que la *House of Commons*, la "Chambre des communes". Et puis, on le sait aussi, la *Commune* a désigné en 1792 le "gouvernement insurrectionnel français installé à Paris".

La coucoune

À l'origine de l'anglicisme *cocoon* nous trouvons un joli mot provençal, qui résonne bien : *coucoun*, "coque d'un œuf" ou également "enveloppe où une chenille, notamment de ver à soie magnan, se transforme en chrysalide". Le mot est dérivé de *coco*, "coque, coquille", lui-même d'origine mal définie. On pense même que le mot *coque* pourrait être né de l'onomatopée enfantine pour désigner la volaille. Le mot s'écrit *coucon* en 1600. Par métaphore, il est pris avec une idée de "douceur protectrice" dans l'expression : *se retirer dans son cocon.* Les mots anglais *cocooners* et *cocooning* sont en vogue aux États-Unis en 1987 et en Europe en 1989, par suite de l'apparition du sida. On désigne ainsi les adeptes du loisir paisible et cette manière de vivre : "Je me dorlote donc j'existe". C'est un repli sur soi et son entourage, pour ne pas affronter l'aventure extérieure et les autres. On traduit donc le double *o* anglais en forme francisée *ou*. Nous *cocounons* donc, avec un plateau-repas devant le feu de bois, entre ses proches et son chien ! Entre *cocouneurs* et *cocouneuses*, on se voit peu puisqu'on reste chez soi ! En Belgique, à propos de *coque*, on utilise le mot féminin *cocogne* pour désigner "l'œuf de Pâques", et par extension "le cadeau de Pâques". Et, mais cela n'a plus rien à voir, le verbe *cokoter* pour exprimer le fait de "partager un *kot*" entre étudiants. Une survivance sans doute de l'époque bilingue de l'université de Louvain-Leuven, où les étudiants flamands partageaient leur *kot*, soit en flamand : "taudis, enclos". Une phrase belge pour conclure : "Aujourd'hui on rencontre des cokoteurs et des cokoteuses, des navetteurs de week-end, souvent des students doubleurs qui préparent leur licence dans les auditoires."

Le cumulet

Comme le dictionnaire usuel évolue, des mots apparaissent ou disparaissent au gré des éditions. C'est le cas de *cumulet*, qui y a fait son entrée récemment. Le sens de l'histoire francophone allant vers une plus large reconnaissance, le mot est aujourd'hui repris comme "utilisé en Belgique" et signifiant : "culbute, galipette". C'est un belgicisme. Norge l'utilise dans *Bal masqué parmi les comètes*, en 1972 : "Le monde redevint ludique. On tint en grande révérence le cumulet et le saute-mouton." Si vous voulez absolument utiliser un terme de chez nous, qui demeurera peut-être encore un certain temps incompréhensible ailleurs, je vous signale *le coupérou*, qui en wallon oriental veut dire la même chose ! Vous cherchez également à savoir si le terme *roulé-boulé*, utilisé il y a un demi-siècle par votre professeur de gymnastique français, était correct ? Oui ! Un *roulé-boulé* (avec deux *s* au pluriel) est bien "l'action de se rouler en boule au cours d'une chute, afin d'amortir le choc". Son synonyme est"roulade". Mais sans doute pas dans le sens que lui donne Alfred de Musset dans *Poésies nouvelles* : "Et que tu nous lançais avec la Rosina / La roulade amoureuse et l'œillade espagnole ?"

Dialecte ou patois ?

Quand Julos Beaucarne dit : “Mon patois est le latin venu à pied du fond des âges”, il semble avoir la bonne définition, d'après les plus éminents de nos spécialistes de la langue. Ceux-ci, en effet, dans *Le Français en Belgique* préconisent de garder la distinction entre les termes *langue*, *dialecte* et *patois*. Notre *langue* française l'emporte dans nos régions comme langue de culture à partir du XIVe siècle. Nos *patois* sont “les produits les plus directs de la segmentation d'une langue autrefois homogène pour nous, le latin. Les patois romans sont les réalités premières sur lesquelles ceux-ci se sont constitués”. Les *dialectes* couvrent l'aire de plusieurs patois. Dans notre cas, nous disons par commodité que le wallon est un dialecte (d'oïl), même si les contours de cette réalité sont flous. Les langues romanes (français, italien, espagnol, etc.) “ont poussé plus loin encore que les dialectes proprement dits ou réels le mouvement de réunification postérieur à la segmentation latine”. Elles ne sont pas sorties toutes faites du latin, mais se sont formées lentement et avec difficulté sur le terreau des patois et des dialectes auxquels elles se sont superposées sans les supprimer. Quant à la carte des dialectes en Belgique, on peut la situer ainsi : à l'ouest le picard (auquel on rattache maintenant presque tout l'arrondissement de Thuin) et à l'est le lorrain, ainsi que le wallon, dont les noyaux sont liégeois et namurois. Entre ces deux régions linguistiques : de larges zones hybrides, wallo-picarde et wallo-lorraine. Évidemment, sur le terrain tout est bien plus compliqué, et des variétés, de village en village, peuvent apparaître. Cette diversité qui fait sans doute notre richesse… à condition de bien s'entendre sur les mots !

La drache nationale

Dans *Belgicismes, inventaire des particularités lexicales du français en Belgique*, on trouve *drache nationale* : "averse (assez fréquente) du 21 juillet, fête nationale". La *drache* est une "pluie drue, une forte averse". D'où vient ce terme ? Il est intéressant d'observer, aujourd'hui précisément, que c'est un mot flamand *dretsen*, "pleuvoir", qui est à l'origine de cette drache nationale. En effet, dans le langage bruxellois, *ets* devient *ache*, comme dans *klets*, *klache*, "donner des coups de fouet, jeter avec violence, faire jaillir l'eau", qu'on orthographie aussi, pour sa forme verbale, *clacher*, *claquer* : "J'ai claché la porte sur son nez" et *metser*, *macher*, "maçon". D'autres termes nous sont arrivés par l'intermédiaire de ce métissage bruxellois : *drève* par *dreef*, "allée plantée d'arbres", autrefois surtout à l'entrée des châteaux, ou *dringuelle* par *drinkgeld*, "pourboire". Quelques belgismes sont à souligner : comme *bicommunautaire*, *bipartite*, *tripartite*, *communautariser*, *exécutif*, *facilités*, *incivique*, *prestation*, *signataire*, *subsidier*, *vacature*... Mais pour en revenir au verbe *dracher*, le synonyme *doucher* existe aussi. Christian Delcourt dans son remarquable *Dictionnaire du français de Belgique* relève pour chaque mot des exemples. Ainsi, André Georges écrit : "Il a plu toute la nuit et il va encore doucher d'ici une demi-heure". De même, William Cliff écrit dans *Fête nationale* : "Viens hiver nous gifler de tes dures averses, que nos draps soient percés, que tes draches nous percent..."

Endéans

Pour être franc, j'adore ce belgicisme *endéans*. Car cela en est un ! Cette préposition signifie : "dans le délai de". Par exemple, on dit qu'il faut répondre à cette question *endéans* les huit jours. André Goosse précise que cette préposition ancienne, demeurée en usage en Belgique, n'est pas un archaïsme français qui aurait survécu chez nous, mais un mot d'origine belge. Il renforce *dans*. Mais le mot n'a pu s'imposer en France. Pour être bien compris, il faut donc utiliser la préposition *dans*. Mais si j'ai un faible pour le mot, c'est qu'il me paraît plus explicite, plus compréhensible, et pour communiquer entre nous, il est bien expressif. Alors, pourquoi ne pas l'utiliser, en sachant que c'est un mot national ? D'ailleurs, nous le trouvons, par exemple dans *Le Manuel du soldat* des Forces armées belges : "Pour recouvrer ses droits, le mutualiste démobilisé reprendra le travail, ou affirmera en chercher ou se fera déclarer inapte au travail endéans les trente jours qui suivent sa démobilisation."

Mathilde m'épastrouille

C'est l'oncle de la princesse Mathilde qui s'est exclamé, lors des premières interviews accordées à la presse, que sa nièce *l'épastrouillait*. Ce joli mot est peu utilisé en France, pour ne pas dire inconnu aujourd'hui, alors que chez nous il continue son bonhomme de chemin et c'est tant mieux ! *Épastrouiller* est un verbe transitif qui signifie "étonner fortement". L'adjectif *épastrouillant*, "qui étonne fortement", existe aussi et est repris dans *Belgicismes*. Marcel Proust l'utilise dans *Le Temps retrouvé* : "Tonnerre de Dieu, ce que j'entends là c'est exaspérant, c'est mal écrit, mais c'est épastrouillant, ce n'est pas l'œuvre de tout le monde." Ce mot a sans nul doute un rapport avec *épater*, un mot également à connotation belge, puisque c'est chez nous qu'il fut attesté d'abord, avant la France, au XIIIe siècle (*spateis*) ! Son sens était celui qu'on donne aujourd'hui à un nez épaté, soit aplati par élargissement de la base. Le sens figuré et familier de *faire des esbroufes*, date du XIXe siècle. *Épater le bourgeois* est une expression de 1848 qui voulait dire "choquer, scandaliser, faire impression". À la même époque, on trouve le mot *épate*, utilisé principalement dans les expressions : *faire de l'épate*, *le faire à l'épate*... Quant à l'adjectif *épatant*, il est passé de mode, dit-on, depuis les années 1950. "Elle est épatante, et je dirai plus, charmante", écrivait pourtant encore Albert Camus dans *L'Étranger*...

Le forum de Liège

On le sait, la vie musicale à Liège est variée et intense. Parmi les lieux prestigieux, le *Forum* tient une place particulière dans le cœur des habitants de la ville. Ce lieu superbe a été sauvegardé de maîtresse façon. Le mot *forum* lui-même est un latinisme emprunté au XVIIIe siècle. Au départ, le *forum* est "tout lieu où l'on discute des affaires publiques". Et tout naturellement, le sens s'est étendu à une "place publique", du point de vue architectural et urbanistique. À Paris, encore tout récemment, le *Forum des Halles* a repris ce sens ancien, tout de même plus joli que "centre d'achats" ! Dans ses *Impressions d'Afrique*, Raymond Roussel écrit : "Un jour, Phéior parut sur la place publique (...) à cette époque deux assemblées distinctes, celle des jeunes gens et celle de vieillards, se réunissaient à jour fixe sur cette espèce de forum." Dans les années 1960 – avec sans doute l'esprit nouveau et rafraîchissant des dialogues, des contestations, des ouvertures au monde – *forum* prit la valeur de "réunion, colloque, débat public". "Tu portes la question du cheveu sur le forum", écrit Paul Guth dans une *Lettre ouverte aux idoles* (à propos ici du chanteur chevelu Antoine). Mais l'emploi le plus récent du mot est un américanisme lié à l'informatique. Le *forum* est un "lieu d'échange de messages sur un système télématique". Un emploi attesté depuis 1997...

Le franc et l'euro…

On nous annonce que le mot *euro* sera invariable sur les billets : nous lirons 50 *euro* ou 10 *euro*. Même pratique pour le *cent*. Cependant, l'usage quotidien est laissé à la langue du pays. Autrement dit, nous dirons des *cents* (à prononcer comme *sang* et non comme le *cent* anglais !) et des *euros*. *Euro* peut être considéré comme un mot étranger assimilé, et prendre la marque du pluriel, telle qu'elle est prise dans des spaghettis ou des scénarios. Dans le cas de *cent*, on propose même de continuer à dire *centime*, ce qui simplifie la chose, et même *eurocentime*. Quant à l'*Euroland*, qui a fait son apparition dans les journaux écrits, parlés ou télévisés, une petite polémique s'est élevée à son sujet. Car *Euroland*, cette "zone où l'euro s'installe" un peu à la fois, est un anglicisme. On a donc suggéré de franciser le mot et d'en faire *Eurolande*, sur le modèle de Hollande ou d'Irlande. Mais le mot *lande* en français désigne une "terre sauvage et désertique", ce qui fait bien rire les partisans du mot anglais… et les Anglais eux-mêmes, qui se souviennent encore de la bataille autour du mot *Concord* pour l'avion supersonique, où la France exigea le *e* final, et qui fut ressenti comme une défaite. Et pour rester dans le sujet, savez-vous que le mot *franc* voulait dire "affranchi, libéré". La pièce de monnaie, qui fut battue pour libérer Jean le Bon, prisonnier des Anglais en 1356, s'est appelée *franc*, pour dire que le Roi était *franc* des Anglais et qu'il pouvait rentrer libre chez lui… Rien de nouveau ?

Le gé

L'autre soir, un de mes invités est reparti à Paris en emportant avec lui le mot *gé*, qu'il a entendu chez nous et qu'il ignorait complètement. Le *gé* est donc la troncation du sigle *GSM*, qui lui-même signifie *Global System of Mobile communication*. On dit *g* ou *gé*. Mais pourquoi pas "téléphone portable" ou "téléphone mobile". Deux réponses : la première est que le *GSM* de langue anglaise s'est répandu chez nous dans tout le pays, au nord, au centre et au sud (même si la prononciation nous différencie. Au nord, on dit "géhèzem" !), la seconde est que le raccourci est pratique. Nous verrons ce que l'usage en retiendra, puisque décidément c'est bien nous qui faisons la langue, comme le répète le Service de la langue française qui fait sa fête à la langue française. Mais à propos de *portable* et de *portatif*, les questions sont nombreuses : faut-il distinguer les deux adjectifs ou sont-ils synonymes ? On explique en général que *portable* qualifie "ce qui peut être transporté, d'une seule main, en un déplacement", tandis que *portatif* conviendrait à "des choses plus lourdes", mais je ne suis pas sûr que ces nuances soient correctes. Le dictionnaire usuel précise même le contraire. Le téléphone dans ce cas serait un téléphone portatif et le gros ordinateur, portable. À vous de réagir.

La guindaille

Le *Dictionnaire des belgicismes* propose au mot *guindaille* : "Sortie joyeuse d'étudiants, surtout beuverie, parfois festin". À Louvain, "texte satirique dans une réunion d'étudiants". Existent aussi le verbe *guindailler* et le nom *guindailleur*. Ces termes semblent officialisés dans les années 1910. *Guindaille* est un mot wallon d'argot estudiantin qui a fait son apparition en 1880. On pense généralement qu'il s'agit d'une altération du mot *godaille*, qui désignait au XIIIe siècle une "sorte de bière", et au XVIe siècle "une mauvaise bière". Au siècle suivant, on trouve la locution *faire godaille*, qui veut dire "se livrer à une débauche de table". Le mot *godaille* semble provenir du moyen néerlandais *goed ale*, soit "une bonne bière", mots auxquels le suffixe *aille* donna un sens péjoratif (comme fer et ferraille, etc). Le mot *godaille* aurait subi une altération sous la double influence du picard et du wallon *guinse*, signifiant "beuverie". Ce peut être aussi un dérivé de *guindal*, qui, à la moitié du XIXe siècle, est un "verre à boire". *Faire guindal* se traduisait par "trinquer" dans l'argot des étudiants de la fin du XIXe. En 1888, G. Rosnel écrit dans *Histoires estudiantines* : "Sur sa tête, il portait sa vieille casquette d'étudiant aux insignes vert-de-gris. Le vernis de la visière s'était craquelé et, sur la coiffe, la bière des guindailles passées avait tracé des ronds concentriques d'une couleur indécise."

Jusqu'à demain

Jusqu'à demain et non pas *jusque demain* ! Voilà encore une faute que l'on entend très régulièrement dans les émissions de radio et de télévision. Or, la règle est claire, comme le répète la nouvelle version de l'ouvrage *Le Français correct* de Grevisse : "*Jusque* se construit habituellement avec une préposition (*à* le plus souvent ; *chez*, *vers*, *dans*, *sur*, *sous*, etc.) – Même si, dans l'usage familier, il arrive que l'on omette la préposition *à,* il est conseillé de veiller à sa présence dans l'usage courant." Il faudrait donc que les présentateurs disent que leur émission se déroulera *jusqu'à neuf heures*, par exemple. Quand utilise-t-on *jusque* ? Lorsque la préposition est suivie des adverbes *ici*, *là*, *où*, *alors* et avec certains adverbes de degrés complétés d'un adverbe de temps ou de lieu. On dira : "Vous m'avez lu jusqu'ici, je vous en remercie", ou "Cette émission vous entraînera jusqu'assez tard dans la soirée". Deux trois choses encore : on dira plutôt *jusqu'à aujourd'hui* et *jusqu'à demain* que *jusqu'aujourd'hui*, dans le droit fil de la réflexion notée plus haut. *Au jour d'aujourd'hui* est un pléonasme populaire, même si nous le rencontrons parfois chez certains grands auteurs. Parfois on écrit *jusques*, surtout dans *jusques et y compris*. Cela dit, vous avez *jusqu'à demain* pour réfléchir à la bonne utilisation de *jusque*.

Il fait laid...

Cela vous aura frappé, comme moi : dans un de nos journaux télévisés, à l'occasion de la journée de transports gratuits à la SNCB pour la Noël, un reporter demandait à un voyageur : " Vous allez à la mer, même s'il fait laid ?" Bien sûr, cela peut affirmer notre belgitude, mais tout de même il existe un danger : celui de ne pas être compris par tous. Or c'est bien le but d'un média aussi utilisé que la télévision. En effet, si *faire laid* s'utilise très familièrement pour dire que "le temps est maussade", comme d'autres expressions telles que *faire cru* ou *faire caillant*, dans une bonne moitié de la Wallonie, *faire laid* se traduit par "Manifester vivement son mécontentement". On entendra : "Il fait laid parce qu'il n'a pas reçu de belles étrennes !" Dans le centre, on peut également entendre *se faire laid*. Exemple : "L'agent de la circulation, quand Bernard a soufflé dans l'Alcotest, s'est fait laid." Tout cela pour en revenir au but premier de la langue : bien se faire comprendre. Si, en dehors de sa région, on tient à se faire entendre, il faut donc bien utiliser des termes qui sont plus larges qu'une simple expression locale, sujette à discussion. La proximité, ce mot d'ordre auquel les journalistes de terrain semblent être soumis, n'excuse pas tout. À ce train-là (sans jeu de mot) on demandera bientôt : "Avez-vous eu bon en regardant l'émission ?" ou "Avez-vous mal les yeux en suivant trop longtemps nos émissions télévisées ?"

Un manche-à-balles

Quelle est l'origine du terme *manche-à-balles* ? Le mot désigne dans le langage étudiant : "l'élève zélé à l'excès, le fayot". (Ce dernier terme nous vient du provençal *faïou* et a donné le verbe *fayoter* dans le même sens : "faire du zèle auprès de ses supérieurs".) On pense généralement que ce belgicisme a comme origine *manche à balai*, mot apparu dans ce sens en 1842 : "une personne longue et sèche", comme l'est d'ailleurs le haricot sec, le fayot. Peut-être quelqu'un a-t-il une autre explication de l'utilisation du terme ? L'autre belgicisme, *frotter la manche* ou *frotte-manche*, est de traduction plus lumineuse. C'est tout simplement parallèle à *lèche-bottes,* moins joli, et signifie flatter et flatteur. Il faut noter que le verbe frotter se retrouve en italien *frettare*, et signifie : "nettoyer avec un balai la partie submergée d'une barque". Voici quelques mots d'argot étudiant : notre *journal de classe* se dit en France : "agenda scolaire" ou "cahier de textes". La *fourche* est le "temps libre dans un horaire entre deux périodes de cours" ; la *fancy-fair* est une fête de bienséance, parfois organisée pour récolter des budgets complémentaires dans une école ; le *copion*, que le Français appelle "l'antisèche" ; la *carnassière* qui désigne, en Hainaut occidental, le "cartable d'écolier" et, pour en revenir au balai, *brosser un cours*, qui est "ne pas y assister"...

Faire son ménage

Faire son ménage existe depuis 1659 dans le sens que nous lui connaissons aujourd'hui, celui de "nettoyer sa maison" ! Le mot *ménage* s'écrivait en vieux français *maisnage* et il vient de l'ancien verbe *manoir*, qui signifiait "demeurer". Il s'est transformé sous l'influence de *mesnie*, qui voulait dire "famille" et avant cela "maison". À partir du premier sens, "demeure, logis, maison", il a évolué au XIIIe siècle dans deux directions. D'une part, l'administration des biens, et, d'autre part, ceux qui vivent sous le même toit. Pour le premier sens, on avait au XVIe siècle le sens de bonne gestion. *Faire son ménage* alors signifiait "faire ses affaires". À partir de cette notion de biens et d'objets, on a parlé de *monter son ménage* et d'un *ménage de poupée*, qui désigne un "ensemble de petits meubles". Pour le second sens, le *ménage* comportait au XIIIe siècle non seulement le mari, la femme et les enfants, mais également les serviteurs. À nouveau, au XVIe siècle, le mot se restreint au couple seul, qui constitue une communauté domestique. Mais le sens large de famille subsiste dans un contexte économique, comme lorsque l'on parle de la *consommation des ménages* (et même de la *ménagère de 50 ans*, dont on parle dans les sondages, et qui désigne non pas quelqu'un qui reste à la maison, mais bien quelqu'un qui fait partie d'un ménage…). Par extension, *ménage* exprime enfin une idée de vie commune, dans *faire bon ou mauvais ménage* avec quelqu'un, qu'on trouve sous cette forme dès le début du XVIIe siècle. Et à propos de *ménagère*, c'est également le "service complet de couverts de table dans un coffret spécial" après 1930…

Les mots du Nord

Que la langue néerlandaise ait eu une influence certaine sur la langue française, ce n'est bien sûr pas chez nous que cela étonnera. Par la proximité des Pays-Bas et de la Flandre, les parlers romans du nord et du nord-est de la France ont été souvent, avec le normand, des intermédiaires pour l'introduction du vocabulaire néerlandais en français : le verbe *brader* via le dialecte picard, ou le mot *escarbille* via le dialecte wallon. Mais on trouve environ 300 empruntés directement : *amarrer*, *bière*, *botte*, *boulevard*, *cauchemar*, *échoppe*, *flot*, *goupillon*, *houblon*, *layette*, *matelot*, *pique*, *ripaille*… sont parmi ceux-là. Les foires de Champagne, aux XIIe et XIIIe siècles, étaient des places commerciales importantes, où les gens du Nord se rendaient pour vendre des draps, du cuir, du fromage, du beurre, et acheter du vin, du miel, des épices… Les marchands flamands désignaient leurs produits par leurs noms d'origine. Au XIVe siècle, le trafic se fait aussi par voie maritime. Les pêcheurs et les navigateurs flamands jouent alors pleinement leur rôle de propagateur de la langue. Les poissons *bar*, *cabillaud*, *maquereau*, *éperlan*, *crabe* passent au français. Au cours du XVIIe siècle, Colbert fait venir de Flandre en France des artisans dans les domaines du tissage, de la construction navale, de l'industrie hydraulique. On retient, par exemple, les mots : *brique*, *ruban*, *stopper* (le tissu), *vilebrequin*, *potasse*, *étai*, *dock*… Plus tard, au XIXe siècle, ce sont les diamantaires d'Amsterdam et d'Anvers qui viennent en France : *graver*, *cliver*, *bague* sont des mots de cette origine néerlandaise.

Le navetteur

Navetteur est un belgicisme, dont nous pouvons être fiers. Avant tout, parce qu'il dit bien ce qu'il veut dire : il s'agit d'une "personne qui fait la navette par un moyen de transport collectif ou personnel entre son domicile et son lieu de travail". (On essaiera cependant de bien prononcer *na-vè-teur* et pas *nav'teur.*) Ensuite – et c'est toujours un sujet bien légitime de fierté – parce que l'équivalent en France n'existe pas. Les Français sont toujours à la recherche d'un mot. Pierre Merle écrivait ceci, qui fut repris dans *Le Nouvel Observateur*, dans un article intitulé "Les mots pour le dire" : "Voici un exemple de trou linguistique : le mot anglais "commuter", pour désigner une personne qui travaille en ville et qui vit à la campagne. Il correspond à une réalité tout à fait banale chez nous. Les Belges ont inventé le "navetteur", celui qui fait la navette. Mais pour les Français, ça fait un peu "navet". Alors on ne dit rien." *Navette* est cependant un mot au passé fort riche. Il a comme origine latine *navis*, et cette image de bateau a été donnée à l'objet mobile de forme allongée qui fait passer le fil de la trame entre les fils de la chaîne, etc. Je jouais avec ces navettes en bois lors de mon enfance mouscronnoise passée au milieu des usines de filature. Au XVIe siècle, *jouer de la navette* avait un sens amoureux sexuel que l'on devine, et c'est au XVIIIe que *faire la navette* a acquis son sens plus actuel.

Le pain français

On le sait, le *pain français* désigne chez nous ce que les Français appellent la "baguette". Ce mot est emprunté à l'italien *bacchetta*, "petit bâton", et fut influencé par le mot *bague*. La *baguette* est une création récente. Elle a vu le jour à Paris dans les années 1930. Aujourd'hui un pain sur trois consommés en France est une *baguette*. Elle ne fait cependant pas l'unanimité. Lionel Poilâne en dit : "C'est une fantaisie banale, très parisienne, dans le mauvais sens du terme." Jean Giono écrit : "C'est une infâme colle de pâte qui ne tient pas à l'estomac". Jusqu'alors la grosse miche de trois kilos était ce qu'on consommait le plus. C'était le *pain de ménage*, puisqu'on le faisait cuire chez soi. Dans la même famille que la *baguette*, on trouve la *ficelle*, plus fine, moins longue et pesant deux fois moins, ainsi que le *bâtard*, qui, comme son nom l'indique, tient à la fois de la *baguette*, par son poids, et du *pain*, par sa section. Chez nous on a aussi dit : le *pain-baguette*. Ainsi le légendaire Gaston Clément, de l'INR, écrivait-il dans son livre *Gastronomie et Folklore de chez nous*, publié en 1957 : "Coupez un petit pain dit français, appelé aussi pain-baguette, coupez-le en long et enlevez la mie qui vous servira à faire de la chapelure." Pour l'anecdote, sachez que *Bethléem*, où est né le Christ, signifie *maison du pain,* venant des formes de l'hébreu ancien *bêth*, "maison" et *lêhem*, "pain"…

Le patois mouscronnois

Le patois est le parler d'un groupe restreint. C'est la raison de ses particularités. À Mouscron, le patois est identique, à peu de choses près, à celui de Tourcoing et de Roubaix. C'est de l'ancien celtique latinisé ou, pour être précis, un amalgame de vieux français, de picard, de rouchi et de wallon. Voici ce qu'en disent des spécialistes : le dialecte picard est celui qui a le mieux conservé la physionomie de la langue romane et qui a le plus influé sur la formation de la langue française. Un écrivain du XIIIe siècle parle de ce dialecte comme d'un idiome plein d'agrément et d'un "beau langage". Son vocabulaire comprend beaucoup de mots qui n'ont pas d'équivalents en français et sont intraduisibles, sinon par des périphrases plus ou moins longues. On prétend que ce fut en Picardie que virent le jour les plus anciennes poésies du langage français septentrional, et que les habitants de cette province furent les premiers qui apprirent des trouvères l'art de faire des *tensons*, sorte de "dialogues entre amants". Vous ne trouvez pas que c'est en quelque sorte un lieu de naissance privilégié pour quelqu'un qui aime la langue française ? Le rouchi est le patois parlé dans le pays dont Valenciennes peut être considéré comme le centre. Le wallon, quant à lui, est comme on le sait l'un des principaux dialectes de la langue d'oïl. Savez-vous que Jean de La Fontaine possédait parfaitement le patois picard, dont il usait volontiers et avec beaucoup d'aisance ? "Ach'teûre, faut èrlutchi l'tévé !"

Se pencher sur

En ce moment, vous l'aurez remarqué comme moi, tout le monde *se penche sur* tout. Ce n'est pas incorrect, mais c'est abusif, comme toute mode, tout tic, tout effet d'entraînement du langage. *Se pencher sur*, dans le sens actuel de “manifester attention et intérêt pour quelqu'un ou quelque chose”, date de 1843. Auparavant, au XVII[e]siècle, quand *on se penchait sur* quelque chose, c'était “qu'on s'acheminait vers elle”. On se penchait sur son déclin, par exemple. Deux expressions comprennent le verbe *pencher* : *Tomber du côté où l'on se penche*, qui signifie : “s'abandonner à ses penchants” (justement nommés !), et *Il penche du côté qu'il va tomber*, formule ironique qui envisage la position oblique et, au figuré, les tendances, comme un signe certain de chute. Quels autres verbes utiliser pour ne pas abuser du verbe *se pencher sur* ? Car c'est bien le problème : dans le feu de l'action, un journaliste ou un homme public qui répond à une interview, énonce ce qui lui vient à l'esprit, et sans doute ce qu'il a entendu le plus souvent. Les verbes *incliner à* et *être porté à* me semblent parfaits dans un certain nombre de cas. Mais c'est dans le sens d'*étudier* que le verbe est la plupart du temps utilisé. C'est pourquoi je suggère : on étudie un dossier, on le considère, on l'analyse (au lieu de “se pencher sur un dossier”), on étudie le problème, on l'examine, on le creuse, on l'approfondit, on l'épluche, on le tire au clair (au lieu de “se pencher sur le problème”). Et puis, il faudra bien pour faire suite à ces considérations en venir à un autre verbe dont on abuse : *plancher sur…*

Plancher sur

Le verbe intransitif *plancher*, abondamment, pour ne pas dire excessivement utilisé partout, est un verbe qui vient de l'argot étudiant assez récent (1905), dans le sens de : "être interrogé à un examen et faire un exposé". Dans ce cas, il trouve son origine dans le terme *planche*, pris au sens de "tableau". *Plancher*, c'est aussi depuis 1978 "faire de la planche à voile". Mais l'utilisation la plus courante aujourd'hui est familière, et se traduit par "travailler sur un texte". On planche sur un rapport, un texte de loi, une proposition d'accord, etc. C'est au XVIe siècle que le mot *planche* est entré dans le domaine de la gravure. Il désigne alors une "plaque de bois que l'on grave en vue d'une reproduction par impression". Par métonymie, c'est devenu "l'estampe tirée sur une de ces plaques gravées". La *planche à dessin* n'est apparue dans le vocabulaire qu'en 1873. Et gageons qu'il s'agit d'une explication à notre utilisation abondante et récente du verbe *plancher sur*, par comparaison avec le dessinateur ou l'architecte qui se penche sur sa planche à dessin pour y travailler avec attention, voire minutie. On mêle, comme vous le voyez, *se pencher sur* et *plancher sur*. Examinons les synonymes possibles : travailler à, préparer, élaborer, s'appliquer à, examiner, approfondir, rechercher, inspecter, expertiser, explorer, investiguer, etc. Cela dit (en passant, je rappelle que "ceci dit" n'existe pas en français !), nous retiendrons que *plancher sur*, quoi qu'il en soit, est une expression peu classique et qu'il faudrait éviter.

Ne plus postposer ?

C'est fou ce que nous pouvons *postposer* en Belgique ! Normal, me direz-vous, c'est un belgicisme. Voici une série de verbes synonymes pour pallier l'envahissement de nos antennes. (Nous devons toujours dire pallier quelque chose, même si certains dictionnaires usuels nous donnent également *pallier à* comme tour familier !) Nous pourrions donc substituer à *postposer* les verbes : surseoir, ajourner, reporter, remettre, retarder, différer, temporiser… Pourquoi l'utilise-t-on aussi fréquemment chez nous, alors que le verbe *postposer* est, à l'origine, un terme de grammairien, et signifie dans leur jargon : "placer après un autre mot" ? C'est un mystère. Sans doute un peu par analogie à d'autres termes comme *postdater*, "apposer une date postérieure à la date réelle", comme *postface*, "commentaire, explication placés à la fin d'un livre", *postnatal*, "qui suit immédiatement la naissance", *post-production*, "ensemble des opérations techniques intervenant après le tournage d'un film", etc. (*Post* est un élément de préfixation latin qui signifie "après", "depuis", et qui est opposé à *ante*, "avant".) Et le *Post-it* ? Tout d'abord n'oubliez pas la lettre initiale en majuscule puisqu'il s'agit d'une marque déposée. Ensuite, si vous avez la curiosité d'en rechercher la définition au dictionnaire, vous y trouverez une bien jolie phrase : "Becquet partiellement enduit d'une colle qui permet de le décoller et de le repositionner." Et le superbe mot – vous ne trouvez pas ? – *becquet* (ou *béquet*) est un "petit papier collé sur une copie, une épreuve d'imprimerie pour signaler une modification".

En revanche ou par contre ?

Si j'en crois ma mémoire, eut lieu il y a déjà quelques dizaines d'années un combat intellectuel épique mais vain, pour ou contre l'utilisation de *en revanche* et de *par contre*. Roger Peyrefitte applaudissait Giscard d'Estaing utilisant toujours et à tout propos le joli *en revanche*. À une époque, – peut-être la même ? – l'on en a fait un signe honteux de reconnaissance de notre belgitude. Or, il semble qu'il n'en est rien. Joseph Hanse avait très bien défini les deux locutions adverbiales, et leur utilisation. *Par contre* exprime une opposition de façon plus nuancée que *mais* et est entré depuis très longtemps dans le meilleur usage, malgré Voltaire et les puristes, et est d'ailleurs utile et même parfois nécessaire. On le définit mal en le donnant comme synonyme de "en compensation, en revanche", qui expriment aussi une opposition. "En compensation", comme "en contrepartie", doit introduire un avantage. *En revanche* doit aussi logiquement avoir toujours ce sens, lié à celui de revanche ; mais on le substitue parfois à *par contre,* qu'on n'ose employer." Et de citer André Gide : "Trouverez-vous décent qu'une personne vous dise : "Oui, mon frère et mon mari sont revenus sauf de la guerre ; en revanche j'y ai perdu mes deux fils" ? ou "La moisson n'a pas été mauvaise, mais en compensation toutes les pommes de terre ont pourri" ? C'est "par contre" qui s'impose dans ces phrases." Dans *Le Français correct*, on confirme que la locution *par contre* a été admise par l'Académie en 1988, et qu'elle fut utilisée par d'excellents auteurs français, de Stendhal à Montherlant.

Le ring

Le *ring* (autour de Bruxelles, autour de Charleroi...) est bien un terme belge. D'après *Les Difficultés du français moderne*, le mot *rocade* aurait été idéal, ou à la rigueur *périphérique*. Mais ce dernier mot a le tort d'évoquer l'idée d'un boulevard périphérique, comme à Paris. La *rocade*, en termes militaires, désigne une "ligne parallèle au front". Sa définition actuelle est "voie destinée à détourner la circulation d'une région déterminée, soit en la contournant, soit en la longeant, et qui prend son origine et aboutit à une voie principale". Elle semble parfaite pour notre *ring*. Et *ceinture* ? Le mot a l'inconvénient de désigner un tour complet de quelque chose, ce qui n'est pas toujours le cas. Mais bien sûr, la *petite ceinture*, elle, fait bien le tour du cœur de notre capitale. Normalement, le mot *ring* doit être réservé à "l'estrade où se disputent des combats de boxe ou de lutte". Alors, qu'est-ce qui justifie son emploi chez nous ? Vous l'avez deviné : le multilinguisme. En effet, le mot *ring* en flamand, comme en anglais ou en allemand, désigne un "anneau", un "cercle". En anglais, *ring road*, c'est un "boulevard périphérique". Le mot *ring* intervient aussi comme "circuit" dans les compétitions automobiles : le *Hungaroring* de Budapest, le *Osterreichring* de Zeltweg et le célèbre circuit allemand du *Nürburgring*.

Septante et soixante-dix

Septante (et nous pourrions parler de *huitante* et *nonante*) est un adjectif numéral cardinal issu du latin classique *septuaginta*, du latin populaire *septanta*, modifié ensuite en *setante*. C'est Claude Favre, seigneur de Vaugelas, le célèbre grammairien qui condamna cet usage dans ses *Remarques sur la langue française*, édité en 1647, parce qu'il voulut unifier la langue sur l'usage à la Cour du roi de France. Or, *septante* faisait partie du langage commun ! Mais *septante* est resté en usage dans certains coins de la francophonie, comme la Belgique. Christian Delcourt, dans son *Dictionnaire du français de Belgique*, nous dit : "L'usage belge a fait souche au Congo-Kinshasa et au Rwanda. Cet archaïsme, qui distinguait "the lerned men" du "voulgar peaople" (*sic*) à l'époque de Palsgrave, subsiste également dans le Beaujolais, en Lorraine (où il est perçu comme vieilli), etc." Jacques Brel a remis ce mot dans l'oreille française de France avec sa chanson *Les Flamandes* en 1959 : " …Si elles dansent c'est qu'elles ont septante ans – Qu'à septante ans il est bon de montrer – Que tout va bien que poussent les petits-enfants – Et le houblon et le blé dans le pré". Quant à l'emploi de *nonante*, peut-on trouver meilleur exemple que cette phrase extraite du *Conservateur des charges* de Jean Tordeur : "Moi, ce que j'ai compris, c'est la saison physique, l'été de fait, celui qui dure ses trois mois. Nonante jours, de juin à septembre, le poids sur le pays du nord d'un pur soleil statique."

À tantôt !

Peut-on indifféremment dire *à tantôt !* et *à tout à l'heure !* Le problème est que l'adverbe *tantôt* a changé de sens et d'emploi en cours d'existence. Aujourd'hui encore, son utilisation est discutée, d'où cette interrogation bien compréhensible. Au début, *tantôt* voulait dire "aussitôt", puis "il y a peu de temps" ou "dans peu de temps, bientôt", comme dans cette fable de La Fontaine, qui commence par ces mots : "Depuis tantôt six mois que la cause est pendante…". Cependant, *tantôt* ne s'emploie que dans les limites du jour où l'on s'exprime (comme dans la *Vie de Marianne* de Marivaux : "Jeannot est avec sa tante, qui doit le mener tantôt à la foire ; car il faut toujours que cet enfant soit fourré chez elle, surtout les fêtes" ou dans la *Vie errante*, *La Sicile* de Guy de Maupassant : "Et c'est un bonheur délicieux de rechercher, dans ces exquis monuments, la marque spéciale de chaque art, de discerner tantôt le détail venu d'Égypte, comme l'ogive lancéolée qu'apportèrent les Arabes". En principe, "dans peu de temps" est le seul sens officiel français, même s'il est considéré comme populaire. Mais dans certaines régions de France, au Québec et en Belgique, nous avons continué à utiliser l'adverbe dans les sens de "il y a peu de temps". Alors que faire ? Comme toujours dans ce cas, il faut bien savoir qu'on ne se fera pas bien comprendre des personnes qui ne sont pas de notre culture et donc nous proposons l'utilisation de *tout à l'heure* en remplacement. En 1549 on disait : *tout à cette heure !*

Présenter ses vœux

On ne souhaite pas ses meilleurs vœux, mais on les présente, on les adresse, on les forme… C'est l'occasion aussi de rappeler que les formules de politesse, surtout épistolaires, *meilleurs vœux* ou *meilleurs souhaits* sont critiquées. En effet, ce ne sont pas des vœux meilleurs que d'autres que l'on souhaite, mais bien les meilleurs possible, sous la forme superlative. On devrait donc logiquement écrire le souhait avec un article défini ou un possessif : *les meilleurs vœux de…* ou *mes meilleurs vœux*. Mais la langue évolue vers la brièveté ! Finalement, on en arrive à se dire que c'est déjà bien de s'échanger des souhaits ! Soit ! Et la phrase *Je vous réciproque vos meilleurs vœux* est-elle correcte ? Ce verbe transitif direct, qui signifie dans une correspondance de nouvel an : "adresser ses vœux en retour", est un bien beau belgicisme, qui ne s'utilise guère que chez nous. Ce verbe est repris du latin *reciprocare* au XIVe siècle, et signifie : "ramener en arrière de nouveau, faire aller et venir, avoir un mouvement alternatif". Ce verbe était anciennement employé dans les constructions *réciproquer quelqu'un*, soit "lui rendre la pareille", et dans *se réciproquer*, "être dans un rapport de réciprocité". Quoi qu'il en soit, très sincèrement, je vous présente mes meilleurs souhaits pour la nouvelle année !

III.

Au fil de l'année

Au gui l'an neuf

Le gui est une plante symbolique et sacrée. L'expression *au gui l'an neuf* évoque les coutumes religieuses de l'ancienne Gaule, un thème développé par Chateaubriand et les romantiques. Mais, comme nous le savons, aucun texte sacré des Celtes ne nous est parvenu et il faut donc reconstituer ces rituels. "La cueillette du gui se faisait par le druide le sixième jour de la lune, parce que la lune a déjà une force considérable sans être encore au milieu de sa course", nous explique Pline l'Ancien. Il n'est dit nulle part qu'il s'agissait du solstice d'hiver, donc ni Noël ni Jour de l'An n'apparaissent. La vieille coutume de *l'Aguilanée* ou de *l'au-gui-l'an-neuf*, coutume demeurée très vivace, particulièrement en Bretagne, est bien moins vieille qu'on ne le dit, ou alors elle fut déplacée de sa date originelle. Autrefois l'année commençait le 1er avril, tandis que le Nouvel An celtique était la fête de *Samain*, le 1er novembre… Cela dit, la cueillette s'effectuait dans des conditions bien précises : le druide, vêtu d'une robe blanche, coupait lui-même le gui avec une faucille d'or et le recueillait dans un linge blanc. Les historiens pensent que la faucille était plutôt faite de bronze ou de fer, et recouverte d'une pellicule d'or. Elle était brillante comme le soleil, mais en croissant de lune, ce qui était voulu. Le mot *gui* lui-même est issu du latin *viscum*, "gui" ou "glu". Au XIXe siècle est apparu un terme toujours rare : le *guiage*, "l'arrachage du gui". Bonne année, sous le gui !

Les dictons de janvier

Le temps idéal pour le mois de janvier, d'après l'ensemble des croyances populaires et rurales, est un temps sec, avec un peu de neige si possible. L'orage est à éviter à cause du redoux qu'il amène souvent, de même que la pluie. Ainsi en Alsace, où la vigne est une activité importante, on trouve : "Si janvier a plus de boue que de glace / Le pinot fera la grimace." ou "Janvier sec et beau / Remplit cuves et tonneaux." Le jour de la Saint-Vincent alimente également bien des dictons des provinces françaises : "Quand il fait beau le jour de la Saint-Vincent / Il y a du vin dans le sarment." (Anjou), "Le jour de Saint-Vincent clair et serein / Annonce une année de bon vin." (Languedoc), "Si le jour de Saint-Vincent / Le soleil est clairvoyant / Il y aura beaucoup de jus au sarment." (Provence). Et chez nous ? Dans *Proverbes et dictons de Belgique francophone* de Françoise Pirart et Pierre Maury, on trouve à propos de la Saint-Sébastien, en janvier : "Au Saint-Sébastien, l'ivièr s'in va ou skète sès dints", ce qui se traduit du patois de Nivelles en "À la Saint-Sébastien, l'hiver s'en va ou se casse les dents". Pour clore le chapitre de janvier et des dictons, celui-ci est plus précis : "Si le premier janvier tombe un mardi, l'hiver sera neigeux, l'été mouillé et le vin cher". Mais cela veut-il dire que nous aurons un hiver sans neige, un été sec et le vin bon marché, cette année ? À mon avis, c'est une prédiction tout aussi valable que les multiples et fantaisistes horoscopes que nous découvrons comme tous les ans à même époque…

Épiphanie

L'adjectif grec *epiphanios* signifiait "qui apparaît". Et dans un emploi littéraire, il retrouve cet emploi plus précis : "manifestation de ce qui était caché". En français, il naît à la fin du XIIe siècle, sous les formes *épifaine* et *épifanie*, mais il se retrouve plus proche de la racine latine *epiphania* au XVIIe siècle, en devenant *épiphanie*. Ce terme du vocabulaire religieux désigne, comme on le sait, la manifestation de Jésus aux Rois mages et partant la fête de l'Église qui la commémore, qu'on appelle aussi *jour des Rois*. Le *gâteau des Rois*, qui contient la fève désignant le roi de la fête, est différent de région en région. En France, il peut être une galette en pâte feuilletée comme en Picardie ; une brioche dans le Sud, comme la *fougasse* du Languedoc, la *coque* de l'Ariège, le *royaume* garni de fruits confits de Provence, ou le *garfou* agrémenté de grains d'anis au Béarn. La fève était à l'origine un haricot sec et fut remplacé par une fève en faïence, puis par des poupons. Aujourd'hui on peut trouver n'importe quel petit objet dans le gâteau et il n'a souvent plus de rapport avec la célébration de la fête. Dans le Nord, la coutume voulait qu'on découpe le gâteau en parts égales, que l'on fasse tirer les parts sous un torchon par un jeune enfant, à qui on demandait *Phoebe domine ?* "Pour qui cette part ?". L'enfant désignait alors l'un des convives. Littéralement, *phoebe domine* est une invocation au "seigneur soleil", probablement une survivance d'un culte solaire celte. Pour ne pas trop en revenir à cette origine peu catholique, on pense en général que *phoebe* est une déformation de *fève* et *domine*, une référence au maître des lieux.

Les Rois mages

L'Épiphanie est une fête d'origine orientale qui avait trait aux trois premières manifestations du Christ au monde : sa naissance et son adoration par les mages, son baptême, et le miracle de Cana. La date du 6 janvier a sans doute été choisie pour se substituer à la naissance du dieu *Aïon* (peut-être *Hélios*, le soleil ?), enfanté d'une vierge. En Occident, on fête l'Épiphanie comme la *manifestation* du Christ aux nations païennes, symbolisée par la venue de ces Mages à Bethléem. Ils apportent de l'or, symbole de vertu, pour honorer le Christ comme roi. L'encens, une résine blanche qui vient d'Arabie et d'Afrique, correspond à la divinité et est symbole de prière. La myrrhe, une gomme aromatique tirée d'un arbuste, est un signe de souffrance et est le symbole de l'humanité du Christ et donc de sa mort. Qui étaient ces Rois mages ? Il s'agirait d'astrologues venus d'Iran, attirés par le phénomène astronomique (les avis divergent : le passage de la comète de Halley en 12 avant J.-C. est vraisemblable, ou l'apparition de la Nova du Capricorne en 4 avant J.-C.), qui signifiait la naissance d'un personnage illustre. Combien étaient-il ? Ce sont Origène et Saint Léon le Grand qui décidèrent du chiffre 3 vers 450. Le titre de roi leur fut donné par l'influence d'un passage des Psaumes : “Les rois de Tharsis offriront l'encens.” Ce n'est qu'au VIIe siècle qu'on les nomme Melchior, Gaspard et Balthazar (une déformation de Belshatsar, surnom babylonien du prophète Daniel). Au XVe siècle, on leur attribua à chacun une origine différente : blanche pour Melchior, jaune pour Gaspard et noire pour Balthazar. Ils sont devenus populaires depuis que Jean de Hildesheim, une prêtre rhénan, écrivit leur légende, et après que l'on eut déposé des reliques à Cologne.

Sainte Agnès

On dit que les Agnès ont une pureté assez mystérieuse, préservée, tendue vers de très hautes ambitions. Sainte Agnès était une jeune vierge romaine qui, à douze ans, préféra la mort à l'abjuration de sa foi. On connaît aussi l'ingénue touchante de Molière dans *L'École des femmes*, mais sait-on qu'il s'agit d'un prénom d'origine grecque ? *Agnè* signifie "ce qui est peu". D'ailleurs, d'autres prénoms usuels ont cette origine sans que nous nous en doutions. Si l'on imagine aisément que les Christophe, Sophie, Stéphane, Achille ou Alexandre sont des prénoms de cette origine, d'autres apparaissent avec moins d'évidence. Mais avant tout, pourquoi le choix de ces prénoms grecs ? D'une part pour la référence chrétienne, plaçant le baptisé sous le patronage d'un saint des premiers siècles, d'autre part pour la référence humaniste-héroïque, par laquelle on se réclame d'un héros historique ou légendaire. D'autres prénoms de cette origine ? Amélie Nothomb sait certainement que son prénom vient de *amelês*, "insouciante", même si pour elle, qui possède des dizaines de manuscrits de romans d'avance, il semble peu convenir. Angèle vient du grec *angelos*, "ange". Léon vient de *leôn*, "lion". Mélanie Cohl sait-elle que Mélanie vient de *melas*, "noir" ? Et Georges ? On ne s'attend pas à ce que ce prénom vienne aussi du grec. Et pourtant, en grec, *Geôrgos* signifie "celui qui travaille la terre"...

Février

Il semble qu'à l'origine du mot *février*, on trouve dans l'Antiquité l'étymon *feber*. La base du mot est peut-être *febris*, "fièvre", pris dans un sens religieux. En effet, l'adjectif latin *februus*, "purificateur", possède une valeur religieuse. Ce *februarius mensis*, en latin classique, se traduit donc par le "mois des purifications". C'était le dernier de l'ancienne année romaine. *Februarius* a donné en français, au XIIe siècle : *février*. L'apparition du mois de février mérite un mot d'explication. Au départ, l'année romaine est lunaire et comprend 304 jours, répartis en 10 mois. Les noms des mois furent des adjectifs numéraux : *aprilis*, 2e ; *september* (soit *septem ab imbre*), 7e … Ensuite, on en dédia à des divinités : le premier, *martius*, au dieu Mars ; le 4e, *junius*, à Junon, épouse de Jupiter, etc. On ajouta, après le dernier mois, le nombre de jours nécessaires pour égaler l'année solaire. On plaça alors ces jours, qui n'avaient d'ailleurs pas de noms, ensemble, et on en fit les deux mois de la fin de l'année, après décembre. On les changea de place : l'un, avant mars, s'appelait *januarius*, l'autre, *februarius*, demeura d'abord après décembre. Les mois avaient un nombre de jours impairs, car on croyait que cela portait bonheur. On arriva à un total de 354 jours. Pour obtenir un nombre impair, on ajouta un jour à l'année, et le dernier mois, *februarius* passa de 27 à 28 jours. Comme ce mois devenait néfaste, on le consacra aux purifications…

La fête des amoureux

Saint Valentin est un prêtre, martyr romain, qui vécut au IIIe siècle. Mais un autre Valentin, évêque de la ville de Terni, au nord de Rome, martyrisé à la même époque, passe pour le protecteur des amoureux. Pour ne pas provoquer de polémiques, on le fête à la même date que le précédent. À la suite d'une tradition médiévale, la Saint-Valentin, célébrée le 14 février, est devenue la fête des amoureux. Il semble que la raison est que la date coïncidence avec le début de la période des amours chez les oiseaux… *Amoureux* n'a pas toujours eu le sens qu'on lui donne aujourd'hui. Au début, il signifie : "qui inspire l'amour", c'est-à-dire "charmant, aimable, attachant." Vers le XVe siècle, ce sens objectif devient subjectif : *amoureux* désigne "qui éprouve de l'amour pour quelqu'un ou quelque chose ou qui manifeste de l'amour". Un *amoureux* peut avoir un regard *amoureux*, par exemple. "Elle se leva pour partir. Il la saisit au poignet. Elle s'arrêta. Puis, l'ayant considéré quelques minutes d'un œil amoureux et tout humide, elle dit vivement : – Ah ! tenez, n'en parlons plus… Où sont les chevaux ? Retournons", écrit Flaubert dans *Madame Bovary*. *L'amoureux transi* apparaît au cours du même siècle. L'adjectif *transi* désigne, de manière littéraire, "une personne paralysée par un sentiment violent" (et non transpercé par un sentiment de froid !) "Chacun, en valsant, vient sur votre épaule / Réciter son rôle / D'amoureux transi (…)" (Alfred de Musset, *Poésies nouvelles, Conseils à une Parisienne*). N'oubliez donc pas de souhaiter une bonne fête à tous les amoureux et à toutes les amoureuses !

Le carnaval

Ce n'est qu'à la fin du XVe siècle que le mot *carnaval* semble avoir quitté l'Italie pour l'Espagne (1495 : *carnaval*) et les Pays-Bas (1544 : *carnivalia*). En langue italienne, le mot *carnevalo* a comme origine le latin médiéval *carnelevare*. Il est composé de *carne*, "viande" et de *levare*, "lever, ôter". Autrement dit, il veut dire "s'abstenir de viande" et fait allusion à l'entrée en carême, caractérisée par les ripailles, les divertissements. En 1549, on désigne donc par le mot *carnaval* la "fête donnée lors de cette période". Le *carême-prenant*, qui veut dire littéralement "le carême qui commence", désigne les trois jours qui précèdent le jeûne du carême et les réjouissances qui leur correspondent, culminant au Mardi gras. *Carême* vient du latin *quadragesima dies*, le "quarantième jour". L'ancienne expression née au XVIIe siècle, *arriver comme mars en carême*, voulait dire "arriver inévitablement, régulièrement". Plus tard, on lui donnera le sens "d'arriver à propos, de manière propice". De nos jours, on emploie parfois cette expression avec une valeur illogique d'arriver mal à propos, sans doute à cause de la connotation déplaisante du mot carême. Si un peu partout, et chez nous sûrement, nous fêtons le carnaval (avec souvent le *mercredi des Cendres* un bonhomme Carnaval, grotesque, brûlé ou enterré), sachez qu'en Allemagne on célèbre également le *Lundi gras* !

Mars

Bien sûr, mars annonce le retour du printemps… mais à l'origine, comme on le sait, il s'agit bien du *martius mensis*, le "mois du dieu Mars". Ce dieu fut identifié avec le dieu *Arès*, "dieu de la guerre". Au départ, comme l'explique Alain Rey dans son *Dictionnaire historique de la langue française*, le mois de mars était le premier de l'année romaine. Dans notre année grégorienne, il en est évidemment le troisième. Les adjectifs *martial* et *martien* ont la même origine. *Martial* est un adjectif qui qualifie "ce qui concerne la guerre et les armées". Appliqué à une personne, il voulait dire d'abord "généreux et brave", ensuite seulement il signifia "d'un air belliqueux, d'une apparence guerrière". La *Cour martiale* existe en français depuis 1765, et la *Loi martiale* depuis 1789 ; ce sont deux anglicismes. Les mots viennent des expressions *martial court* et *martial law,* dans lesquelles le mot *martial* lui-même est bien entendu un emprunt au français ! Quant à *martien*, il apparaît en 1514 et signifiait, avant d'être éliminé par *martial*, "guerrier". Ensuite, l'adjectif qualifia "ce qui fleurit en mars, ce qui vient en mars". Et puis, en 1839, il se reforme pour exprimer "ce qui concerne la planète Mars". C'est en 1900 que le qualificatif devient un nom et désigne un habitant de la planète. André Gide l'utilise à propos de Herbert George Wells, qui avait publié deux ans plus tôt, en 1898, *La Guerre des mondes*.

Mars aride ou pluvieux…

Les dictons populaires contiennent à la fois des superstitions, des légendes et des croyances, mais aussi des vérités, car ils concrétisent l'expérience de la vie exprimée par la sagesse populaire. Jules Metz en était devenu un expert. Dans son livre *Croyances, légendes et dicton*, notre ami avait répertorié mois par mois, et même jour par jour, une impressionnante collection de citations. En voici un court aperçu pour le mois de mars, le premier mois du printemps météorologique. Grâce au temps de mars, il semblait possible de prévoir le temps d'avril et de mai. Nous en jugerons donc : "Mars embrouillé, gelées en mai !", "Brouillard de mars, bientôt il pleut, on gèle en mai plus qu'on n'en veut !", "Quand il gèle en mars, il gèle autant en mai !", "En mars quand il fait froid, en mai tombe l'eau sur les toits !", "Mars aride, avril humide !", "Mars séché, mai mouillé !", "Mars gris, avril pluvieux !"… Ce n'est pas tout, il peut aussi faire du vent ou neiger… "Neige de mars vaut blé en sac !" est optimiste pour les cultivateurs, tandis que "S'il neige en mars, gare aux vergers !" semble moins agréables aux fruitiers. En revanche : "Mars venteux, vergers pommeux !" On a, en effet, l'impression que tout le monde y trouvera son compte… Au fond, le dicton populaire trouve peut-être son origine en Belgique, s'apparentant à ce qu'on appelle le *compromis à la belge* ?

C'est le printemps !

Depuis 1968, le mot *printemps* a un nouveau sens figuré, qu'on peut définir ainsi : "période pendant laquelle des espoirs de libération, de progrès semblent sur le point de se réaliser." Une définition qui s'applique dans le domaine social et politique, comme ce fut le cas avec le *Printemps de Prague* cette année-là. Raymond Abellio dans *Ma dernière mémoire* écrit : "Ce que l'on appela le "Printemps de Prague" procéda d'une conception réellement libérée, joyeusement intelligente, de l'homme et de la société socialistes, où le bolchevisme russe eût pu trouver l'occasion de se rédimer." Si le mot désigne bien sûr la première des quatre saisons, il a pris par métaphore le sens, au figuré cette fois, du "temps du jeune âge". Les poètes en ont beaucoup usé ; ainsi André Chénier, dans ses *Odes*, écrit : "Je ne suis qu'au printemps, je veux voir la moisson ; Et comme le soleil, de saison en saison, je veux achever mon année." Le mot printemps est une association de deux mots latins à l'origine : *primus*, "prime, premier" et *tempus*, "temps, saison". La soudure entre *prins* et *trans* s'est faite en français au XIIe siècle : *printans*. Un autre terme cohabita durant quelques siècles, c'est *primever*. Il disparut au XVIe siècle. Pour *primevère*, le développement du sens botanique en ancien français est sans doute une métonymie du sens de *printemps* appliqué à une fleur qui pousse au début du printemps. Cette *primevère* s'est d'ailleurs appelée au départ une *primerose*. Ensuite, vous le savez, c'est devenu synonyme de la "rose trémière". Quoi qu'il en soit, c'est réellement le printemps !

L'hirondelle ne fait pas le printemps

Tout le monde connaît le proverbe "Une hirondelle ne fait pas le printemps", qui veut tout simplement dire qu'un élément significatif ne suffit pas pour qu'on puisse en passer à une conclusion générale. Cette réflexion remonte à 1607 ! Certains ajoutent : "...mais cela l'annonce !", ce qui est encore vrai. Les jonquilles également préludent au printemps, ainsi que le forsythia jaune. La caractéristique de cet arbrisseau originaire d'Asie, outre le fait de porter le nom de l'arboriculteur anglais Forsyth qui l'a découvert, est de porter les fleurs avant les feuilles. Pour en revenir à l'hirondelle, ce terme s'est substitué à l'ancien français *aronde* et à son dérivé *arondelle*, apparu au XIIe siècle. D'ailleurs le mot *aronde* survit encore. On l'entend dans certains parlers régionaux et dans des termes techniques comme *queue d'aronde* qui désigne en architecture "un crampon" de cette forme. Rabelais utilise – et c'est sans doute le premier – le mot *hyrondelle* en 1546. Par analogie, l'exocet volant, un poisson, est appelé *hirondelle de mer* ; un petit bateau à vapeur rapide est appelé ainsi au XVIIe siècle ; certaines religieuses qui avaient leurs voiles allongées comme des ailes ont été appelées ainsi au XVIIIe siècle ; les agents cyclistes et les gendarmes ont été appelés hirondelles au XIX et XXe siècles, par allusion à leur vêtement volant. De manière plus pittoresque encore, on a dénommé hirondelle le "marchand de marrons" ou le "ramoneur", parce qu'ils exerçaient des professions saisonnières. Jules Renard a une réflexion superbe dans son *Journal* : "L'accent circonflexe est l'hirondelle de l'écriture."

Poisson d'avril !

Le *poisson d'avril* est une “plaisanterie, une attrape qui se fait, par tradition, le 1er avril”. Lorsque j'étais jeune, on collait encore beaucoup de poissons en papier sur notre dos, et les élèves en cours de récréation riaient sous cape de ceux qui étaient ainsi décorés. On pense que cette coutume date de la fin du XVIIe siècle. Une coutume qui est calquée sur celle des échanges de cadeaux que l'on se faisait pour la nouvelle année, alors qu'elle commençait encore le 25 mars. Marcel Proust dans *À la recherche du temps perdu* écrit : “Nous crûmes prudent, chacun de notre côté, de nous assurer que nous n'étions pas victimes de quelque poisson d'avril.” Cela dit, c'est devenu aussi une tradition journalistique de donner au moins une fausse nouvelle le 1er avril… L'expression elle-même existe depuis 1466 et a d'abord désigné un jeune entremetteur, qui allait porter les lettres de son maître à son amante. Pourquoi en avril ? Parce que le printemps est propice à ce genre de choses. Mais peu après, au début du siècle suivant, cette même locution a désigné également un *souteneur*, jouant sur le double sens de poisson et maquereau, avril étant la saison de sa pêche. Le mot poisson vient du latin *piscis* et, en ancien français, se disait *peis*, “pois”. Ainsi, il suivit le chemin : *pescion*, *peison* jusqu'à *poisson*. Le mot est apparenté à l'irlandais *iasc*, à l'allemand *Fisch*, à l'anglais *fish*. Les autres langues romanes ont gardé le mot simple : en roumain on dit *peste*, en italien *pesce*, en espagnol *pez* et en portugais *peixe*. Le français a étoffé le terme afin de ne pas le confondre avec les homonymes *peis*, “pois” et *poids*…

En avril ne te découvre pas d'un fil

"En avril ne te découvre pas d'un fil, en mai fais ce qu'il te plaît." Ce proverbe n'est répertorié qu'à la fin du XIXe siècle. S'il n'a pas vieilli et n'est pas sorti de l'usage comme la plupart des dictons météorologiques, c'est grâce à sa forme rimée et à ses nombreuses allitérations : avril et fil, mai, fait et plaît, etc. On trouve aussi la version "En avril ne quitte pas un fil…" Le mot *avril* viendrait d'après un auteur du XIIe siècle, Philippe de Thaon, de *aüvrir*, "ouvrir", du latin *aperire*. Mais plus certainement, son origine est grecque : *avril* serait l'apocope de *Aphrodite*, nom de la "déesse de l'amour" (qui donne par exemple *aphrodisiaque*). *Avril* serait alors "le mois d'Aphrodite". La première version du mot en langue française était *avrill*, avec deux *l*, car dérivant de *aprilius*. Guillaume Apollinaire dans *Alcools* (*Chanson du mal-aimé*) nous donne quelques vers d'une grande beauté à propos d'avril : "L'hiver est mort tout enneigé / On a brûlé les ruches blanches / Dans les jardins et les vergers / Les oiseaux chantent sur les branches / Le printemps clair l'avril léger." Ma préférence dans ce domaine me porte pourtant vers Norge et son *Calendrier* : "Vergers d'avril, recevez ces couleurs et ces cris de naissance. Les arbres donnent leurs premiers oiseaux, le ciel des premiers âges retrouve sa prairie. Et les jeunes jardins venus au bord du monde adorer l'horizon écoutent ces jeux d'eau qui vivent de leur songe. Une tulipe solitaire nous répond sans hésiter." Dieu, que la poésie peut être sublime !

La Semaine sainte

La semaine sainte ne demande en principe aucune majuscule. J'y reviendrai. Cette semaine qui se déroule avant la fête de Pâques s'est appelée tout d'abord en français : *semaine peneuse*, soit "semaine de peine", ensuite *grande semaine* au début du XVIIe siècle, et enfin *semaine sainte* vers 1680. Le mot *semaine* lui-même vient du latin ecclésiastique *septimana*, "espace de sept jours", au IVe siècle, et remonte avant cela à *septem*, "sept". Le mot *semaine* définissait "la période de sept jours", du lundi au dimanche, qui règle le déroulement de la vie religieuse, et plus tard, celui de la vie professionnelle et sociale. Quant à la majuscule, dans le domaine religieux, elle est de mise pour les noms propres des êtres surnaturels des religions et mythologies (la Divinité, le Messie), de mise aussi pour le nom des fêtes chrétiennes (Noël, Pâques), pour le nom de sociétés religieuses (l'Église). Cependant pour les membres des ordres religieux, l'usage est indécis, mais la minuscule serait préférable (les jésuites ou les Jésuites). On met une majuscule aux titres honorifiques (Sa Sainteté) et elle est assez fréquente avec père, mère, abbé, sœur, etc. pour marquer la déférence (l'Abbé Peeters). Quant à *saint*, la majuscule et le trait d'union s'imposent pour une église, une abbaye, une rue, une fête, etc. (l'église Saint-Pierre, la ville de Saint-Hubert). Enfin, on écrit : *le bon Dieu* et *la Sainte Vierge*. Nous écrivons donc : "Vendredi saint est le vendredi de la semaine sainte" ou "de la Semaine sainte", presque selon vos convictions religieuses ; puisque l'Académie admet les deux manières d'orthographier "Semaine sainte".

Le vent du Samedi saint

Un proverbe de nos régions et du nord de la France dit : "Le vent du Samedi saint / Souffle jusqu'à la Pentecôte au moins !" et un autre confirme : "Le vent du samedi saint soufflera durant / Les trois quarts de l'an !" Si l'on s'occupe beaucoup de vent en ce samedi, le jour de Pâques est plutôt, dans les dictons populaires d'antan, associé à la pluie et ses conséquences éventuelles. "À Pâques la pluie partout, / Abondance de pain en août !", "Pâques pluvieux, / Blé graineux !" ou encore "Pâques pluvieux, / Saint-Jean farineux !". Pour rester dans l'actualité de ce week-end, on utilisait jadis l'expression : *Long comme d'ici à Pâques* pour dire "très long" en regard de la période de carême qui précède Pâques et qui paraît en effet longue. Nous connaissons l'origine de Pâques, de la Pâque juive, de l'agneau pascal, mais savons-nous que le mot *pâquerette* est dérivé de Pâques ? Ce mot date de la moitié du XVIe siècle, et désigne ainsi cette petite fleur voisine de la marguerite, parce qu'elle fleurit en cette période de l'année. La locution *aller aux pâquerettes* est une expression récente (1932) du monde du football, et qui se dit pour un gardien de but qui ramasse le ballon au fond du filet. Quant à *cueillir des pâquerettes*, elle signifie "musarder", et date de 1952. Mais il y a encore plus récent : en 1966, *aller aux pâquerettes* prend le sens, pour un automobiliste, de sortir de la route.

À Pâques ou à la Trinité ?

L'expression "À Pâques ou à la Trinité" date de 1845, et veut dire : "dans un avenir si lointain que c'est sans doute jamais". On la trouve dans la *Chanson de Malborough* (je sais aujourd'hui qu'on devrait le prononcer correctement "maulbra" !), dont le texte est : "Malborough s'en-va-t-en guerre... Il reviendra-z-à Pâques ou à la Trinité", mais la Trinité se passe et Malborough ne revient pas... Les mots Pâque et Pâques désignent la fête juive et la fête chrétienne. En ancien et moyen français, les deux fêtes étaient désignées indifféremment par *Pasque* ou *Pasques*. La fête chrétienne finit par être désignée le plus souvent au féminin pluriel : *les Pâques*. Par métonymie, le mot a désigné le fait de communier selon les prescriptions de l'Église, dès 1474 : *faire ses Pâques*. Par ailleurs, les sociologues ont formé le terme *pascalisant*, *pascalisante* pour désigner le "fidèle qui n'a gardé que cette pratique religieuse de la confession et la communion annuelles". Quant aux prénommés Pascal, ils ont comme saint patron un franciscain de la province d'Aragon, berger illettré devenu dignitaire de l'ordre, qui disparut en 1592. On dit les Pascal enclins à la méditation, au recueillement, mais aussi vifs, fidèles en amour et en amitié. Leur fête n'est pas le jour de Pâques, comme on aurait pu s'y attendre, mais le 17 mai. Quant aux *œufs de Pâques*, outre l'aspect commercial et gourmand de l'événement, le sens en est évident, puisque l'œuf est le phénomène par excellence de la vie, de la résurrection.

Les Rameaux

Les Rameaux désigne la fête qui commémore l'entrée triomphale du Christ à Jérusalem. Elle est célébrée ce dernier dimanche avant Pâques. Ses disciples, raconte la Bible, jetèrent des branches de palmier sur son passage pour l'honorer. Le mot *rameau* désigne une "petite branche d'arbre qui prend naissance sur la branche principale". En latin, le mot *ramus* désignait la "branche", mais en latin populaire, cela devint *ramellus*, et l'entrée dans la langue française, vers 1165, donna *ramel*. Le mot *rame* fut supplanté par celui de *branche* au XVIe siècle, mais il survit dans *ramure* "ensemble des branches d'un arbre ou bois du cerf, du daim, etc.", *ramée* "ensemble des branches dans un langage plus littéraire" ou *ramage*, au pluriel : "dessins représentant des rameaux, des fleurs, etc." La *feste des Rameaux* fut désignée dans cette orthographe dans la liturgie vers 1550, et devint *le jour des Rameaux* un siècle plus tard. Ce sont des calques de mots latins : *dies ramorum* et *Ramorum festum*. Une locution figurée est née au début du XXe siècle : *Mettre Pâques avant les Rameaux*, qui se traduit par "consommer le mariage avant qu'il ne soit célébré". Par analogie, le mot *rameau* a bien d'autres sens : "la subdivision d'une veine, d'un nerf, d'une artère, d'une branche collatérale". Cela désigne aussi une "petite galerie" dans le langage militaire, ainsi qu'une "subdivision d'une des branches d'une famille", en généalogie. Et le *rameau d'olivier* (*raim d'olivier* au XIIe siècle) ? Par allusion à la Genèse, c'est "le symbole de la paix". De plus, l'olivier était dans l'Antiquité un emblème de fécondité, et un symbole de paix et de gloire.

Le joli mois de mai

Voltaire écrivait dans une lettre au roi de Prusse, qui date du 15 mai 1749 : "… le mois de mai, qui mérite si peu le nom de printemps, et pendant lequel nous avons froid comme dans l'hiver. Il me paraît que ce mois de mai est l'emblème des réputations mal acquises." Peut-être ? Nous en jugerons. Mais l'expression *le joli mois de mai*, utilisée de manière plaisante, date de 1690, et atteste de l'idée de bonheur et de prospérité qu'on donnait à ce mois. "Avoir bon mai", disait-on aux XIIe et XIIIe siècles. À la même époque, *mai* désigne aussi les "branches vertes qui poussent durant ce cinquième mois de l'année", et c'est aussi "l'arbre que l'on plante en signe de fête le premier jour du mois devant la maison d'une personne que l'on désire honorer". Au XVIe siècle : *planter le mai* à quelqu'un, c'était le "fêter", le "gâter". Maia est une des sept filles d'Atlas et de Pléioné, une des Pléiades (comme Électre, Alcynoe ou Astéropé…). Chez les Latins, c'est la fille de Faunus et la femme de Vulcain. Il s'agit donc du mois de Maia. On trouve *Mai* en allemand, *May* en anglais, *Mài* en irlandais. Quoi qu'il en soit, le mois de mai est le dernier mois du printemps météorologique, caractérisé par un temps incertain. J'aime bien ce vieux proverbe qui parle des trois premiers jours du mois et des coings, ces fruits jaunes piriformes (en forme de poire), dont on fait des gelées et des pâtes. "S'il pleut le 1er mai : peu de coings. – S'il pleut le 2 : ils sont véreux. – S'il pleut le 3 : il n'y en a pas !" Ce qui est sûr : le mois de mai est décisif pour la vigne, ainsi que l'atteste un dicton de la région de Huy : "En mai, blé ou vin naît."

Le temps du muguet

Le muguet est une plante herbacée à fleurs blanches en grappes, en forme de clochettes. C'est de cette manière neutre qu'est définie la fleur que nous offrons en général le 1er mai. Nous en offrons un brin, d'ailleurs. Le mot du français du XIIe siècle *musguet* nous vient de *muguette*, "noix", forme altérée pour *muscade*, "noix", en raison du parfum de la fleur. On fait parfois aussi référence à *mugue*, "musc". Dans les parlers de l'Est, bizarrement, il désigne le lilas ! Aux XVIe et XVIIe siècles, on disait des jeunes élégants qu'ils étaient des *muguets*, en raison du parfum dont ils s'aspergeaient. Ce qui a d'ailleurs donné le verbe *mugueter*, "faire le galant", et d'autres dérivés comme un *mugueteau*, un "jeune galant", un *muguettement*, une "parure". D'une manière moins élégante cette fois, et par analogie d'aspect avec les fleurs, *muguet* est entré dans le vocabulaire médical pour désigner une "mycose de la bouche", qu'on appelle aussi *blanchette* ou *millet*. Un certain nombre de chansons ont un nom de fleur dans leur titre : *Fanfan la tulipe*, qui date de 1819, mais qui fut relancée par Gérard Philipe ; *Rose blanche*, qu'Aristide Bruant écrivit en 1889, mais que chantèrent après lui Patachou ou Renaud, à ne pas confondre avec *Les Roses blanches* de Charles Pothier en 1925, immortalisée par Berthe Sylva ; en 1943, Francine Cockenpot écrit *Colchique dans les prés*, une sorte de retour aux chansons pseudo-flokloriques ; en 1950, c'est André Claveau qui chante *Cerisier rose et pommier blanc*, l'année suivante Mouloudji *Comme un p'tit coqu'licot…* et c'est Francis Lemarque qui propose *Le Temps du muguet* sur un air folklorique russe découvert lors d'une tournée.

La Victoire

C'est toujours avec émotion que nous pensons à la *victoire* du 8 mai 1945. Winston Churchill a déclaré : "Il n'y a qu'une réponse à la défaite, c'est la victoire". Le mot est évidemment issu de *Victoria*, qui était la déesse romaine correspondant à *Nikè* en Grèce. Le mot peut désigner la représentation allégorique de la victoire par une femme ailée, ou sa personnalisation symbolique : "La Victoire, en chantant, nous ouvre la barrière ... Sachons vaincre ou sachons périr", que l'on doit à Marie-Joseph de Chénier (mort en 1811), dans son célèbre *Chant du départ*. (Marie-Joseph est le frère d'André – mort en 1794 sur l'échafaud –, l'auteur des *Ïambes*, chef-d'œuvre de la satire politique.) Ce peut être aussi une statue de la victoire, telle la *Victoire de Samothrace*, ce marbre de l'art grec finissant, qui se trouve au Louvre et qui commémore une victoire navale de Démétrios Ier Poliorcète. Elle représente une femme ailée posée sur une proue de galère. Quelques locutions utilisent le mot, comme *chanter victoire*, "se glorifier d'un succès de manière bruyante", *voler au secours de la victoire*, "se rallier tardivement à une cause qui est sur le point de triompher" et *victoire à la Pyrrhus*, qu'on nous serine souvent sans en connaître le sens réel. C'est une victoire chèrement obtenue, par allusion aux victoires sanglantes que Pyrrhus, roi d'Épire, remporta sur les Romains à Héraclée, en 280 avant J.-C., et à Ausculum, en 279 avant J.-C., en grande partie grâce à ses éléphants. Pyrrhus est l'orthographe latine de Pyrrhos II, roi qui dut finalement retourner en Épire, vaincu à Bénévent. Parfois on utilise cette expression pour dire qu'on a vaincu faute de combattants ou par la fuite des adversaires.

La Pentecôte

Au départ, c'est un mot grec, lui-même construit sur le modèle hébreu *sâbû'ôt*, "fête des semaines", dérivé de *sèba*, "sept". Le mot grec *pentêkostê* (et on sous-entend *hêmera*, "jour") signifie le cinquantième jour après Pâques. En latin ecclésiastique, il s'est traduit par *pentecoste*, la fête célébrée le septième dimanche après Pâques, en mémoire de la descente du Saint-Esprit sur les apôtres. Ensuite, il s'écrivit *pentecostem* (980) et *Pentecuste* (1119). Si ce mot qui désignait la fête juive, dans *les Septante* ("le souvenir de la remise des tables de la loi à Moïse"), a aussi désigné la fête chrétienne, c'est par une coïncidence des dates. Le latin ecclésiastique a également traduit le grec d'origine par *quinquagesima*, qui a donné quelques formes romanes. Aujourd'hui, on en retrouve la trace dans le mot wallon *cincwème* et dans le mot rhéto-roman *tschunqueisma*. Il existe aussi le *pentecôtisme*, une doctrine protestante qui, née au début du XXe siècle, affirme que les dons visibles de l'Esprit-Saint opèrent toujours aujourd'hui dans l'Église primitive. La *pentecôte* peut être également le nom d'une fleur qui pousse à l'époque de cette fête, par métonymie. Ainsi, par exemple, dans le Tarn, on désigne ainsi le chèvrefeuille ; dans le Poitou, c'est une petite orchidée rose que l'on nomme de cette façon, et en Normandie on appelle *pentecôte* une variété d'iris. Je m'en voudrais de ne pas vous parler encore de cette aimable tradition de Poitiers : pendant la messe de Pentecôte, on jetait du haut de la voûte de la Cathédrale Saint-Hilaire des petits gâteaux, qui étaient appelés des *pentecousteaux*.

Le mois de juin

Sur l'étymologie du mot *juin*, tous ne sont pas d'accord. Certains pensent que *juin* fait référence à L. Junius Brutus, premier consul romain, qui fut également un des fondateurs de la République vers 500 avant J.-C. D'autres croient plutôt que le nom est dérivé de la déesse Junon, l'épouse de Zeus, qu'on assimila ensuite à Héra. Junon qui haïssait les Troyens, et en particulier Énée. Elle savait que Rome, bien des générations après Énée, serait fondée par des hommes de sang troyen et que cette cité était destinée par les Parques à détruire Carthage, qui était sa ville favorite. Le nom de Junon se rattache probablement à *juvenis*, "jeune". Le mois de juin est celui durant lequel commence l'été. C'est un mois riche en dictons populaires : "Mai froid, juin chaud rempliront le grenier jusqu'en haut !" C'est le mois de la Saint-Médard, un *saint de pluie*, et celui de la Saint-Barnabé, qui peut la faire cesser. Ces dictons relatifs aux *saints de pluie* rappellent surtout que l'on doit s'attendre à un temps pluvieux durant cette période. Temps pluvieux qui, s'il est de longue durée, n'est pas du tout souhaité. On attribue donc à certains saints le pouvoir d'arrêter les méfaits de la pluie. Le plus célèbre est saint Médard, qui se fête le 8 juin. La légende raconte qu'ayant été surpris par un violent orage, il fut protégé de la pluie par un aigle qui se maintint au-dessus de lui, les ailes déployées. S'il pleut ce jour-là, nous aurons quarante jours de pluie et donc… "S'il pleut le jour de la Saint-Médard, la récolte diminue d'un quart !"

Les juillettistes

Pour les opposer aux *aoûtiens* (qu'on prononce *a-ou*), en 1969 est né le terme *juillettistes* pour désigner les vacanciers du mois de juillet. La comtesse de Noailles, avec romantisme et en vers classiques, a chanté ce mois : "J'ai plus que tout chanté la fougueuse jeunesse / Qui bondit et s'éboule et renaît dans ses jeux, / Comme on voit, en juillet, les chevreaux en liesse / Mêler leurs corps naïfs et leurs yeux orageux." Dans l'histoire de France, on note les trois glorieuses que sont les journées de Juillet. Bainville note : "La Révolution de 1830 avait relevé les trois couleurs qui signifiaient les frontières naturelles, l'affranchissement des peuples, la revanche, la gloire : d'où le nom de "trois glorieuses" donné aux journées de Juillet." Savez-vous que le mot juillet a éliminé vers le XVIe siècle le mot *juignet*, un diminutif de *juin*. On a longtemps considéré le mois de juillet comme la répétition du mois de juin. C'était tout de même deux mois consacrés par Marc Antoine à Jules César, né au cours de ce mois et réformateur du calendrier en 45 avant J.-C. Avant cela, le mois se nommait *quintilis*, car il était le cinquième à cette époque où l'année commençait en mars. Un dicton ? Désolé, il n'est pas très optimiste et sans doute faux : " Si le 1er juillet est pluvieux, tout le mois sera douteux". Je préfère à ces approximations, les jolies phrases de la littérature française, telle celle qu'on doit à la plume de Colette, si proche de la nature : "Ainsi constants, imperturbables, recommencent en juillet les paisibles miracles d'un jardin de Provence, et la tutélaire amitié des fleurs." C'est un extrait des *Belles saisons*.

Vive les vacances !

Les formules d'acclamation *vive* et *vivent* furent d'abord utilisées en l'honneur des personnes à qui on souhaitait longue vie, ensuite à propos des choses. Elles existent depuis le XIIe siècle. On trouve ainsi au Moyen Âge : "vive le vin !" Mais à propos de "vive les vacances !", le mot *vive* tend à devenir invariable, d'où l'orthographe du titre qui a dû en faire sursauter quelques-uns. Même si certains voulurent faire la distinction entre l'accord avec les noms de personnes et l'invariabilité à propos des choses. Le mot *vacances*, au pluriel, s'emploie depuis 1623. Il définit le temps durant lequel les études cessent pour les élèves. Il ne désigne le temps de repos pour les adultes que depuis 1669. Par extension, mais seulement depuis 1907, le mot se dit du temps de repos légal accordé aux salariés, puis de la période d'arrêt de travail, qui coïncide souvent avec les vacances scolaires. Le substantif *vacancier* a peu à peu, depuis 1950, pris la place de *estivant*. La *vacance*, au singulier, vient de *vacant*, "oisif, vide". *Vacat* signifiait dans l'Antiquité : "Il y a un temps pour, il est loisible de". La *vacance* s'applique pour une charge, un poste, "sans titulaire". Ensuite, le mot est intervenu dans le langage politique : *la vacance du pouvoir*. Au XVIIe siècle, la *vacance* devient aussi un terme du monde de la justice, qui désigne la "période où les tribunaux interrompent leurs travaux". Un souhait ? Passez de bonnes *vacances* !

Allons fleurir les potales !

Une *potale* est un “monument religieux de petite dimension, se présentant généralement sous la forme d'une stèle ou d'un support surmonté d'une niche, abritant la statue d'un saint, mais pouvant également consister en une simple niche”. Dans un très sérieux lexique de référence du wallon, réalisé par la Commission de normalisation du wallon, on trouve : “niche (statue) : potale ou p(è)tite tchapèle.” Dans *Belgicismes* on en trouve deux définitions voisines : “Niche aménagée dans un mur pour marquer la non mitoyenneté. On peut y abriter une statuette pieuse”, et “Sorte de petit abri qui protège une statuette pieuse”. L'origine pourrait être flamande : une *pote* est une “fosse dans laquelle on essaie de faire entrer une bille”. Ce mot *pote* vient cette fois de *pot*, terme de jeu néerlandais (XVIIIe siècle), qui signifie : “trou que les enfants creusent en terre pour jouer aux billes”, par analogie avec l'intérieur creux d'un pot, d'un récipient. C'est de là que vient le *pot*, le “talon pour le jeu de cartes” par exemple, ou *tripot*, mais on s'éloigne, me semble-t-il, de notre *potale*. Cela dit, et en attendant une confirmation des spécialistes, quelqu'un me signale qu'il en a déjà dénombré plusieurs centaines rien que dans le diocèse de Namur-Luxembourg !

Le mois d'Auguste

Avant tout, je vous rappelle qu'on ne prononce pas le *t* final du mot *août*. (En revanche, je vous rappellerai qu'on prononce le *p* de *septembre*... Ah ! la langue française !) Au départ donc, le *mois d'août* était chez les Romains le "mois de l'empereur Auguste". Dans leur calendrier, c'était le sixième mois de l'année. Jusqu'au XVIIe siècle, *août* désignait aussi la "récolte". On a donc eu le verbe *aoûter*, "faire la récolte", l'adjectif *aoûté*, "se dit d'un rameau fortifié, d'un fruit mûri par la chaleur d'août", le mot *aoûtement*, "maturation des fruits", le mot *aoûtat*, "parasite du plein été" (larve d'un acarien, le trombidion, dont la piqûre entraîne de vives démangeaisons), un mot régional attesté par écrit à la fin du XIXe siècle. Tous ces termes dérivés se prononcent *a-ou*, comme dans l'expression *à la mi-août*, devenue archaïque, mais qui avait encore cours au début de ce siècle. Elle inspira le titre d'une chanson interprétée par Ray Ventura et ses Collégiens. (Entre nous, j'ai mis bien du temps à comprendre le double sens du terme et de la chanson : à la *mi-a-ou* tous les chats sont romantiques...) Pour notre huitième mois, nous avons depuis 1965 le mot *aoûtien* avec le double sens de : "personne qui prend ses vacances en août", et "personne qui reste dans une grande ville en août". Les deux situations ont leur bon côté, comme ce dicton qui même dans la pluie trouve une bonne raison de se réjouir : "S'il pleut en août – Du raisin partout !"

La fête de l'Assomption

L'Assomption est le "jour anniversaire où l'on fête l'enlèvement miraculeux de la Vierge au ciel". Le mot latin d'origine est le verbe *adsumere* (qui a donné *assumer*), puis *assumptio*, "action d'ajouter, fait de s'adjoindre ; emprunt". En français ancien, cela est devenu *asumpciun*. Le sens en a été pour l'Église : le Père éternel *assume*, "accepte", le Fils, puis la Vierge, en son sein. Une *Congrégation de l'Assomption* a été fondée en 1847, d'où le terme *assomptionniste*, attesté en 1900. *Assomption* est employé en philosophie et en logique. On le trouve sous la plume des frères Goncourt dans *Sœur Philomène* : "Elle s'éveillait à une conscience nouvelle d'elle-même, comme si elle eût rompu avec un âge de sa vie pour entrer soudainement dans un autre, comme si le voile de son âme d'enfant commençait à se déchirer dans une première assomption des sens moraux de la femme et du caractère de son sexe". Notons en passant que le verbe assumer est devenu un des verbes à la mode. Sans doute – hélas ! – par le détour anglo-saxon de *to assume*, "prendre à titre d'hypothèse". Normalement, le sens français du verbe devrait être utilisé dans un contexte psychologique général. Aujourd'hui *on assume*, comme *on assure*. Dans la revue *Actuel*, on trouvait déjà en 1980 ce dialogue pris sur le vif : "Parfois les babas traversent l'avenue et viennent le bousculer : "Pourquoi tu mets du cuir ? T'es un facho, c'est ça ?" Il répond : "Vous les babas, vous avez inventé le mot flipper, s'angoisser par peur de s'assumer tout seul. Et je n'aime pas vos uniformes : tous en jeans et pull-overs aux genoux.""

Sainte Hélène

"Vigneron qui prie Sainte Hélène / Ne perd point sa peine !", dit une croyance populaire. Sainte Hélène fut la mère de l'empereur Constantin, celui qui, sous son influence, décida que la religion chrétienne serait désormais la religion de l'Empire. Pour ce choix qui fut d'une telle portée historique, Hélène fut rapidement canonisée après sa mort. Elle n'était cependant à l'origine que la fille d'un garçon d'écurie de Drépane, en Turquie. Le mot *hélène* est grec : *hélé* veut dire "éclat du soleil". Le soleil se disait *hêlios*. Le préfixe *helio* a servi surtout à former des mots savants. Ainsi la théorie *héliocentrique* du Polonais Copernic, au XVIe siècle, qui s'opposa à la théorie géocentrique. Copernic fit admettre que la Terre tournait autour du Soleil et non l'inverse. Le mot *Hellène*, quant à lui, vient de *Hellên*, *Hellênos*, et c'est le terme qu'utilisaient les Grecs pour se désigner. Pour en revenir au prénom, bien des Hélène célèbres émaillèrent l'Histoire. Dans la mythologie, on trouve Hélène, la sœur des jumeaux Castor et Pollux, qui épousa le roi Ménélas. Elle fut séduite et enlevée par le seigneur troyen Pâris. Ce qui donna la guerre de Troie et, par voie de conséquence, les chefs d'œuvre que sont *L'Iliade* et *L'Odyssée*. Notons encore que, dans l'Antiquité, chaque Grec portait un nom unique. Pour éviter les confusions, on précisait "fils d'untel" ou "originaire de tel lieu".

Orages désirés…

"Levez-vous, orages désirés …", écrivait Chateaubriand, utilisant un des mots les plus prisés du romantisme. Dans les *Mémoires d'outre-tombe* on trouve aussi : "L'orage recommence ; les éclairs s'entortillent aux rochers ; les échos grossissent et prolongent le bruit de la foudre." On peut multiplier les exemples : "Ma jeunesse ne fut qu'un ténébreux orage, traversé çà et là par de brillants soleils", note Charles Baudelaire dans *Les Fleurs du mal*. Les connotations de violence, de tourmente, de malheur ont donné dès le XIIe siècle, et au figuré, au mot *orage* une valeur toute poétique. Avant ce sens de tempête et de forte pluie, savez-vous qu'*orage* désignait un vent favorable ! Le mot trouve son origine dans le latin *aura*, "vent, souffle". Dans l'ancien français, on trouve *ore* et *aure*. On y ajouta le suffixe collectif –age, comme dans feuillage ou ramage. Comme souvent, l'ancienne langue provençale a aussi le mot *aura*, "vent, souffle", devenu en provençal moderne *aura*, *oro*. Ah ! Ces termes provençaux dont l'accent fleure bon les vacances. Pensez à *bouscatière* : "Il coupait la moitié des stères aux boqueteaux des flancs de la montagne qu'il rentrait aussitôt en vert à la bouscatière de la ferme", écrit Scipion. C'est un "hangar à bois". Pensez à *chercher garouille* ; Jean Giono écrit : "Alors, ils se mirent à chercher garouille de tous les côtés comme des boucs." Cela veut dire "chercher noise". Pensez à *esquinade*, qu'on voit souvent. Dans Marcel Pagnol, on peut lire : "Celui qui a autant de bras qu'une esquinade…" L'*esquinade* est le nom générique d'un grand nombre de "crustacés" appartenant au genre coryles, doripe… un crabe, quoi !

Une purée septembrale

Un dicton populaire indique qu'un peu de pluie en septembre n'est pas inutile pour les vendanges : "Septembre humide – Pas de tonneaux vides !" La *purée septembrale* (qui emploie donc l'adjectif *septembral, -ale, -aux*), était justement pour Rabelais une façon de désigner "le vin"... Une série de termes tournant autour de septembre ont comme origine les *massacres de septembre*, qui eurent lieu entre le 2 et le 5 septembre 1792. Ce syntagme est attesté, par exemple, dans les *Mémoires d'outre-tombe* de Chateaubriand. Les causes de ces massacres sont triples : l'effet de terreur qu'ont voulu les orléanistes, Danton ou Fabre d'Églantine, l'extermination des prêtres non-jureurs, et enfin, avec l'arrivée supposée des Prussiens, la décision d'éliminer les pillards éventuels. On se souvient en particulier du massacre horrible et spectaculaire de la princesse de Lamballe qui refusa de jurer haine au roi, à la reine et à la royauté, et dont la tête fichée sur une pique fut portée en triomphe jusqu'au Temple. Ainsi, *septembriser* qui signifie : "exécuter sommairement et en masse" ; *septembriseur* : "celui qui exécute de cette façon" ; *septembrisades* : "massacres de septembre". On ne peut pas dire que ces mots soient encore habituellement utilisés dans la langue. *Septembre* vient bien sûr du latin, et du fait qu'il s'agissait du septième mois de l'ancienne année romaine, qui commençait en mars. Le mot est donc dérivé de *septem*, "sept". À ce propos, je ne vous ennuie pas en vous rappelant qu'on prononce bien le *p* dans septembre ?

C'est l'automne !

"L'automne est un andante mélancolique et gracieux qui prépare admirablement le solennel adagio de l'hiver", écrit George Sand dans *François le Champi*. "En automne, la colline est bleue sous un grand ciel ardoisé, dans une atmosphère pénétrée par une douce lumière d'un jaune mirabelle", écrit par ailleurs, mais d'une aussi belle écriture, Maurice Barrès dans *La Colline inspirée*. Ce nom *automne*, qui désigne la "saison", n'est apparu que tardivement dans la langue française. Il vient du latin *automnus* et est d'origine étrusque. On utilisa longtemps le mot *gain* pour désigner la "saison", qui est le temps des récoltes. Le verbe *augere*, "croître", a donné l'idée de récolte, avant de passer à celle de déclin. Cela donne des considérations profondes à Chateaubriand dans *Mémoires d'outre-tombe* : "Un caractère moral s'attache aux scènes de l'automne : ces feuilles qui tombent comme nos ans, ces fleurs qui se fanent comme nos heures, ces nuages qui fuient comme nos illusions, cette lumière qui s'affaiblit comme notre intelligence, ce soleil qui se refroidit comme nos amours, ces fleuves qui se glacent comme notre vie, ont des rapports secrets avec nos destinées." Au XVe siècle, son sens figuré désigna le déclin de la vie, l'automne de la vie. "Toutes les saisons ont leur beauté ; cinquante ans, c'est la splendeur de l'automne, ses fruits moelleux et l'or de ses feuillages !", affirme Simone de Beauvoir dans *Tout compte fait*.

Le temps des cerises

Si *Le Temps des cerises* est le titre de la chanson de Jean-Baptiste Clément, bien des expressions existent autour de la cerise, à commencer par l'inévitable *cerise sur le gâteau*, qui nous vient des pays anglo-saxons, qui surchargent par ailleurs plus que de raison leurs pâtisseries ! Louis-Ferdinand Céline utilisait *ramener sa cerise* pour "ramener sa fraise", dans le même sens de protester, de grogner. Si *cerise* en argot désigne une "tête ronde et réjouie", un *porte-cerise* chez San-Antonio est une "personne qui porte malheur" : "Jamais plus Moretti ne remettra les pieds dans un studio de cinéma, parce qu'il porte la cerise", écrit-il. On connaît aussi la bouche en cerise, lorsque la bouche est "petite, rouge et ronde". Madame de Sévigné a utilisé l'expression *c'est un panier de cerises* pour signifier que "tout était bon" dans les *Fables* de Jean de La Fontaine. Mais c'est en Suisse, dans la région de Fribourg, qu'on découvre l'expression la plus insolite : car *Celui qui a mis la queue aux cerises* y désigne tout simplement "Dieu". On sous-entend que le système de réunir les cerises en bouquets par leurs queues (comment ferait-on sinon pour faire des pendants d'oreilles ?) est vraiment très astucieux, et qu'il appartient à la catégorie des petites choses propres à convaincre de l'existence de Dieu.

Les octobristes

Les octobristes sont des "partisans du manifeste du 31 octobre 1905" par le tsar Nicolas II. Il accordait par ce manifeste un régime constitutionnel à la Sainte Russie. C'est encore en Russie que l'on trouve l'allusion la plus connue au mois d'octobre, avec la *Révolution d'octobre*, qui eut lieu en 1917. À part cela, pas grand-chose à trouver à propos d'octobre. On sait qu'il s'agit du huitième mois de l'année romaine : *october mensis*. Et d'ailleurs, au XIIe siècle, mais pour peu de temps, on désigna en français ce mois par *uitovre*, un *uit* qui correspondait au chiffre "huit". Mais ce mot ne resta pas en usage, comme quoi ce n'est pas d'aujourd'hui que date l'évolution de la langue française. La température diminue durant ce deuxième mois de l'automne météorologique. Bien des dictons populaires s'inspirent de cette évidence : " En octobre, si tu es prudent, / Achète grains et vêtements !", dit l'un d'eux. C'est aussi le temps des vendanges et ce quatrain en témoigne : "Octobre à moitié pluvieux / Rend le laboureur heureux. / Mais le vigneron soucieux / Met de côté son vin vieux !" À ces vers peu littéraires, je préfère quelques phrases et les mots superbes de notre grand poète Norge, dans *Calendrier*, publié en 1933 : "Octobre nous laisse encore quelques oiseaux / pour purifier l'air. / L'air purifié les récompense : il accueille / plus mystérieusement leur voix. / De quels glauques adieux, le jour aux / mains lassées calme les fièvres du feuillage ! / C'est la plus belle lumière de l'année."

François d'Assise

Si l'on en croit la légende, le père de François d'Assise le baptisa de ce prénom pour affirmer ses opinions libérales. "Liberté" semble être le maître mot des François. Bien sûr il en est de célèbres comme François Ier, le fondateur de la dynastie des Valois, et le vainqueur de la bataille de Marignan, dont l'année semble aussi la plus connue des écoliers : 1515. François Mauriac, romancier des passions secrètes, fut aussi un adepte de la liberté, au point d'être accusé de trahir les valeurs de la bourgeoisie, sa classe sociale. On peut d'autre part considérer saint François d'Assise comme un hippie du Moyen Âge. Il parlait aux animaux et adressait des hymnes à la lune, aux étoiles et au soleil. Sa liberté provocatrice effraya évidemment ses contemporains. Le *françois* désigna au XIIe siècle le "français". Le mot vient du bas latin *Francia*, "pays des Francs", nom de la région de Gaule romanisée située au nord de la Loire, qui fut occupée par les Francs. Rappelons que lorsque nous disons langue *française*, l'adjectif s'applique à toutes les "variantes parlées francophones", que ce soit en France ou en Belgique, Suisse, Afrique, etc. Au XIVe siècle déjà, on essayait de bien maintenir le français normatif et on freinait l'évolution de la langue. C'est à cette époque que naît l'expression : *Vous ne comprenez donc pas le français ?*, "vous n'avez pas compris ce que je viens de vous dire ?", et la locution *en bon français*, c'est à dire "en s'exprimant clairement".

La Toussaint

La *Toussaint* a comme origine la *feste Toz Sainz*. C'est l'ellipse de la fête de tous les Saints, attestée dans la langue française vers 1131. Vers 1180, le mot devient *Toussains*, et à la fin du XVIIe siècle : *Toussaint*. L'emploi de *la* devant *Toussaint* vient d'expressions comme la (feste) Saint-Jean, ou la (feste) Saint-Michel. Attention ! *Toussaint* prend toujours un *T* majuscule. Comme il s'agit d'une fête, le genre est féminin et s'emploie dans ce cas avec l'article *la*. *C'est la Toussaint*. On dira, par exemple : "Pour la Toussaint, nous avons trois jours de congé." On conseille d'ailleurs de dire : "Le congé de la Toussaint", plutôt que le "Congé de Toussaint". On dit, de même, *le jour de la Toussaint* et non *le jour de Toussaint*. Cependant, quand on parle d'un temps maussade associé au "jour des morts" du 2 novembre, on peut dire : *c'est un temps de Toussaint*. Et puis quand on a un ami, (c'est le cas de Salvatore Adamo) qui fête son anniversaire le 1er novembre, ce sont plutôt des idées de bonheur qu'il faut avoir en soi.

À quel saint se vouer ?

Cette expression, *ne savoir à quel saint se vouer*, s'explique par les requêtes multiples adressées aux saints, et existe depuis 1500. On peut traduire l'expression par "être en plein désarroi, ne plus savoir quoi faire". Dans *Le Rouge et le Noir*, Stendhal écrit : "Il comprenait que, par sa conduite savante de la veille, il avait gâté toutes les belles apparences du jour précédent, et ne savait réellement à quel saint se vouer." Bien d'autres expressions existent avec *saint*. Existent ou existaient, comme celles-ci : *À chaque saint sa chandelle*, attestée en 1611, qui se disait quand on tâchait d'obtenir l'aide de quelqu'un qui pouvait faire aboutir une affaire ; *Il n'y a pas si petit saint qui veuille sa chandelle*, attestée en 1640, qui signifiait : "chacun veut avoir son droit" ; *Saint qui ne guérit de rien*, attestée à la même époque, qui désignait une "personne qui, dans la disgrâce, ne pouvait ni aider ni nuire". Au début du XVIIIe siècle, on trouve *Être le Saint du jour* qui signifie naturellement "être le héros du jour, celui que l'on fête". Existent encore : *Il vaut mieux parler à Dieu qu'à ses saints*, soit "s'adresser au responsable plutôt qu'aux subalternes", *Un petit saint*, qui désigne quelqu'un qui est "sage comme une image", *Avoir la patience d'un saint*, "être très patient", ou *Comme on connaît ses saints on les honore* . Cette locution proverbiale est assez récente puisqu'on la trouve en 1835 ; elle se traduit par "on agit avec chacun selon les mérites qu'on lui connaît".

Commémorer

Le 11 novembre, on *commémore* l'armistice de 1918. C'est la phrase correcte à utiliser ! Oubliez les *on commémore le souvenir de l'armistice* ou *on commémore l'anniversaire de l'armistice* ! Car on *commémore* un événement, et on *célèbre* un souvenir, un anniversaire ou une fête. Le verbe *commémorer* signifie "attiser la mémoire, rappeler par une cérémonie le souvenir d'un événement ou d'une personne". Ce verbe *commémorer* est emprunté au latin *commemorare*, "mentionner, rappeler, évoquer". Ce verbe rare a été remis en usage pendant la période révolutionnaire et post-révolutionnaire. On le trouve chez Chateaubriand en 1797. Il croisera à ce moment-là un autre mot : *commémoration*. Celui-ci avait le sens chrétien de "cérémonie en souvenir d'un saint ou d'un événement religieux" dès 1581. Il a gardé ce sens essentiellement religieux jusqu'au moment où il se fond avec *commémorer* durant la Révolution. Quant au mot *armistice*, il signifie littéralement "arrêt des armes" (*arma* et *statum*). Il est passé du genre féminin au masculin, genre qu'il a actuellement, et Littré explique la confusion du genre, faute courante, par son rapprochement avec le mot *amnistie*, du féminin.

Un armistice

Dans une anthologie de la littérature danoise, je trouve cette jolie phrase de Kaj Munk, écrite en 1943 : "Aucune paix n'est éternelle. Mais toute journée qui prolonge la paix est une bénédiction acquise." Alors parlons de *l'armistice*. Le mot *armistice* est emprunté au latin médiéval *armistitium* en 1335. Le mot est composé de *arma*, "arme", et d'un élément tiré de *statum*, *statio*, "station". L'*armistice* signifie donc "l'arrêt des armes", littéralement. Ce mot n'est pas entré facilement dans notre langue en remplacement de *suspension* d'armes et de *trêve*. Au XVIIIe siècle, il est du genre féminin, ce qui est sans doute une source de nos hésitations actuelles. Au XIXe siècle, il se répand enfin et reprend son genre masculin. La fin de la guerre 1914-1918 lui donne alors vraiment un premier rôle, le 11 novembre. La distinction de droit international entre armistice et paix en a fait un mot institutionnel. Depuis 1918, le mot évoque la fin des hostilités de la Première Guerre mondiale. Pour la guerre de 1940-1945, on emploie plutôt le mot *Victoire*. "Les illuminés, les partisans d'un armistice immédiat et sans conditions me faisaient hausser les épaules : le niais qui met bas les armes est armé de nouveau pour le service du vainqueur", écrit Georges Duhamel dans *La Pesée des âmes*. J'aime aussi cette pensée du pape Jean-Paul II : "La guerre est le moyen le plus inefficace de régler les conflits."

Les mots du roi

La racine première indo-européenne du mot *roi* semble être *reg*. Cela donna en latin *rex, regis*, "celui qui trace la voie à suivre", en gaulois *rix*, "roi", et en sanskrit *râjâ*, "roi". Dès les premiers textes écrits en français, le mot *roi* se dit le plus souvent du "souverain héréditaire, investi à vie des pouvoirs de chef d'État." C'est à l'époque classique qu'on trouve la jolie graphie *roy*, qui fut transcrite ainsi par archaïsme aux XIXe et XXe siècles. Des syntagmes figés désignent avec le terme *roi* soit des personnages historiques, soit des personnages entrés dans la légende. Ainsi, le *Roi-Soleil* ou le *roi de Rome* d'une part, et le *roi Dagobert* ou le *roi d'Yvetot*, d'autre part. *Les Rois* désignent les "Rois mages" de la tradition chrétienne et les festivités qui entourent l'événement : le *jour des Rois*, le *roi de la fève*, etc. Mais le mot a engendré de très nombreuses locutions : le *roi des oiseaux* pour "l'aigle, le phénix, le paon" ; le *roi de la création* pour "l'homme" ; le *roi des animaux* pour le "lion" ; le *Roi des rois* pour désigner "Dieu" lui-même. On dit aussi *heureux comme un roi*. Jacques Prévert écrit, avec la malice qu'on lui sait, dans *Histoires* : "L'éléphant de mer, quand on ne l'ennuie pas, est heureux comme un roi, beaucoup plus heureux qu'un roi, parce qu'il peut s'asseoir sur le ventre quand ça lui fait plaisir alors que le roi, même sur le trône, est toujours assis sur son derrière."

Hiverner ou hiberner ?

Les deux verbes ont bien sûr la même origine latine *hibernus*, "d'hiver", mot qui vient lui-même de *hiems*, d'une base indo-européenne *g'hi-m*, qui désignait "la neige, l'hiver". Hiverner a d'abord été *iverner*. Le *h* étymologique a été introduit au XIIIe siècle. Le verbe a comme signification "passer l'hiver à l'abri" en parlant des troupes, des navires, des animaux, et aussi des œufs de vers à soie et des graines. (Il se traduisit également vers 1600 par "labourer avant l'hiver", à propos de la vigne.) Ainsi on peut dire que les oiseaux migrateurs ont la chance d'hiverner dans les pays chauds, ou encore que le bétail quitte les prairies en décembre pour hiverner dans les étables. Quant à *hiberner*, il s'emploie en parlant de certains animaux qui dorment pendant l'hiver d'un sommeil prolongé. La marmotte hiberne. Ces deux verbes possèdent quelques mots dérivés. Ainsi on peut parler de nombreux Belges *hivernants* de la Côte d'Azur… ou plus simplement des *hivernants* belges du sud. Pour les sports d'hiver on parle de *course hivernale* ou d'une *hivernale*, un mot récent de 1966, qui désigne une "ascension effectuée l'hiver en haute montagne". D'autre part, on parlera des animaux *hibernants* ou de *l'hibernation*, au début animale, et passée dans le domaine médical à l'homme : une *hibernation artificielle*, par exemple. On se souvient de Louis de Funès dans *Hibernatus*, le film et la pièce donc très bien nommés.

L'adjectif décembral

"Au soir du 1er décembre 1805, l'Empereur parcourt les bivouacs de la grande armée, établis au sud de Brünn. C'est la tournée des popotes", raconte Antoine Blondin dans *Monsieur Jadis*. Une citation qui convient bien au premier jour de ce mois de décembre. Si l'adjectif *automnal* est courant, celui de *décembral*, en revanche, ne l'est pas. C'est dommage, non ? C'est un bien joli mot. Alain Rey, qui, avec talent, effectua toutes ces recherches que l'on connaît autour des mots, le signale dans un texte de Paul Verlaine en 1896. Alors, quel est le bon adjectif ? Surtout pas *décembriste*, puisqu'il s'applique aux "membres de la conspiration" organisée à Saint-Pétersbourg au début du règne de Nicolas Ier. Il faut se contenter de synonymes ou de périphrases. Rappelons en passant que *décembre* vient du latin classique, et est dérivé de *decem*, "dix", puisqu'il était le dixième mois du calendrier romain. L'année y commençait en mars. Dans le calendrier républicain, décembre était le mois de *frimaire*, qui commençait le 21, 22 ou 23 novembre et s'achevait le 20, 21 ou 22 décembre. *Frimaire* étant construit à partir de *frimas*. En voilà encore un joli mot : *frimas* ! Il vient cette fois du francique *hrim*, "froid" et a été introduit en français par un autre poète, François Villon, en 1456. Il l'a dérivé de *frume*, *frime* qui signifiait "gelée blanche". Stendhal utilisa au XIXe siècle l'expression "être poudré ou coiffé *à frimas*", qui signifiait "avec une légère poudre sur la chevelure", comme c'en était la mode à cette époque !

Saint Nicolas

Le saint que nous fêtons officiellement le 6 décembre, le saint des écoliers, on le sait, est un des saints les plus populaires du calendrier liturgique. Évêque de Myre, en Asie Mineure, il fut l'un des grands artisans du concile de Nicée, en 325, qui fixa les articles de la foi chrétienne dans le Credo. Il mourut à près de quatre-vingts ans. On lui attribue des quantités de miracles dont celui d'avoir sauvé des petits enfants des cuisines d'un aubergiste… Sa réputation de donneur de cadeaux vient du fait qu'il aurait doté trois jeunes filles pauvres menacées de perdre leur vertu. Mais le père fouettard, ce *zwarte Piet*, que dans ma région de Mouscron on appelait *Nicodème*, voire *saint Nicodème*, d'où vient-il ? Il s'agirait du nom d'un pharisien, un membre influent du Sandhérin, qui, à propos de la régénération spirituelle, posa au Christ des questions d'apparence ingénue, et qui est attesté dans l'Évangile selon Jean. On le retrouve dans *Le Mystère de la Passion* d'Arnoul Gréban en 1458, comme le type de "l'homme borné". Et justement en 1500, on dira *nicodème*, pour un "homme simple", en prononçant *nigodème*. Ensuite le suffixe péjoratif *-aud* renforcera encore *nigaud* dans le sens de "personne qui fait preuve de maladresse, par sottise ou inexpérience". Notons encore que c'est saint Nicolas, en néerlandais *Sinter Klaas*, introduit par les Hollandais au XVIe siècle en Amérique, qui donna le *Santa Claus*, devenu le commercial "Père Noël"…

Noël au balcon

La locution proverbiale "Noël au balcon, Pâques au tison" dit bien ce qu'elle veut dire : "S'il fait trop doux à Noël, il risque en revanche de faire trop froid à Pâques". Il existe des variantes à cette expression très populaire : "Quand Noël a son pignon, Pâques a son tison", ou encore "Quand à Noël on voit les moucherons, à Pâques, on voit les glaçons". Une expression vieillie aujourd'hui disait : "Tant crie-t-on Noël qu'il vient", soit : "à force d'espérer impatiemment une chose, elle finit par se produire". Et bien sûr, il y a "croire au père Noël" (ou parfois de manière plus triviale "croire au barbu"), qui signifie "se faire des illusions", avec l'idée d'une naïveté enfantine. Dans *Bâtons dans les roues*, l'écrivain Jacques Perret écrit : "La locution "croire au père Noël" ou "croire au barbu" est devenue la base de toute discussion populaire, sinon le ferment des dialectiques les plus distinguées, chaque fois qu'il est question de l'âme et du corps, du Ciel et de la terre. Ne brûlons pas le barbu sans avoir fait convenablement l'inventaire de sa hotte." On connaît l'origine de cette invention profane qu'est le *père Noël*, dérivée de *saint Nicolas*. L'entrée du *père Noël* dans la littérature est signalée chez George Sand en 1855. Avant cela, il y eut le *bonhomme Noël*, et bien sûr il y a aussi *papa Noël*, chanté avec le succès que l'on sait par Tino Rossi. Cette chanson écrite en 1946 par Raymond Vincy pour les paroles et Henri Martinet pour la musique, est la première chanson commercialisée à grande échelle à l'intention d'un public enfantin. On a fait du chemin depuis…

Les traditions culinaires de Noël

Des dizaines de mots pittoresques désignent les nourritures servies pour la Noël dans diverses régions. (En Provence, on le sait, on offrait un grand souper avec treize desserts. "Nous fîmes le grand souper "des treize desserts" devant un brasier pétillant", écrit Marcel Pagnol dans *Le Château de ma mère*.) J'en épingle quelques-uns : dans les Flandres rurales, on offrait pour les fêtes de fin d'année des *strynen*, des "gaufrettes". Le mot a comme racine latine *strena*, "cadeau de fête", et a donné en français *étrennes* ! À cette époque de l'année, les cadeaux qu'on distribuait aux enfants normands consistaient en des galettes et des pains de sucre. On les nommait *haguionnettes*, une déformation de *Au gui l'an neuf* ou *guillaneu* en Touraine. Au Québec, la quête des cadeaux s'appelait la *guignolée*. En rentrant à la maison, les enfants trouvaient ensuite des crêpes préparées par les mamans, qui s'appelaient des *croquignoles*. Les gâteaux de Noël et du Nouvel An étaient souvent des gâteaux à cornes (des *cugneux* dans les Vosges, des *cornabeux* en Lorraine… et le *cougnou* chez nous, cette délicieuse brioche de Noël) ou anthropomorphiques, comme ces gâteaux à la crème appelés *filliats* en Normandie, *coquelins* à Chartres, *naulets* au Berry et *petits Jésus* dans le Nord de la France et en Picardie. Ah !

Noël

L'adjectif latin *natalis*, "relatif à la naissance" était employé dans le syntagme *natalis dies*, le "jour natal". Il devint substantif par ellipse de *dies* au sens de "jour de naissance". En latin ecclésiastique, *natalis* se spécialise en *nativitas*, "nativité", pour désigner la nativité du Christ. Avec l'ancien français *nael* et la modification du mot *natalis*, on en arrivera au mot *Noël*. Les expressions qui utilisent le mot se créent au fur et à mesure des traditions. Ainsi apparaît la *busche de Noël* en 1694, et *l'arbre de Noël* seulement en 1845. Depuis 1949, l'expression *croire au père Noël* signifie "être naïf". N'oublions pas de souhaiter une bonne fête aux garçons prénommés *Noël*, qui ont la chance (ou non ?) d'avoir ce double jour de festivité. Verlaine disait que l'enfant prénommé *Noël* était pareil à l'espoir, "luisant comme un brin de paille dans l'étable". L'on dit aussi que son sourire est un gage de bonheur, de sagesse et de paix.

Les neiges d'antan

Grâce à Georges Brassens, nous connaissons tous un peu mieux cette *Ballade des dames du temps jadis*, que François Villon écrivit en 1489. À cette époque, le mot *antan* gardait son sens premier et étymologique, “de l'année antérieure”. Deux symboles expliquaient la brièveté des choses : les *nids d'antan* et les *neiges d'antan*. Celles-ci étaient emportées par le printemps. Sa ballade est sans doute la plus connue et son poème a la plus grande résonance. Car c'est un thème universel que celui du temps qui passe et partant, de la vanité. Villon énumère dans une litanie tous les personnages importants que la mort a vaincus. “Dites-moi où, n'en quel pays…” sont les beautés des siècles passés ? Il répond en substance : que peuvent-elles être devenues si déjà les neiges de l'année passée ont disparues. Je ne résiste pas au plaisir de vous citer quelques mots extraits de cette ballade, seulement pour la sonorité du français du Moyen Âge : “Écho, parlant quand bruyt on maine / Dessus rivière ou sus estan…” Rutebeuf, de son côté, a traité un thème voisin, celui du malheur, dans lequel on reconnaît ses amis. Il se plaint alors de leur disparition : “Que sont mes amis devenu / Que j'avais de si près tenu / Et tant aimé ?” Les deux allusions, celle de Villon et celle de Rutebeuf, se sont fondues et expriment la nostalgie de la jeunesse passée. Dans un prochain billet, je vous promets de traiter du proverbe *Chaque âge a ses plaisirs*, histoire de ne pas trop céder à la nostalgie…

La neige

Le verbe *neiger* est dérivé de *nix, nivis*, "neige" qui contient la racine indo-européenne *nighw-* ou *snigwh-*, "neige". De là vient la forme en *sn-* dans l'anglais *snow*. Le dérivé le plus important du verbe est évidemment le mot *neige*. On avait d'abord utilisé le mot *noif* ou *neif*. *Noif* était vivant dans l'ancien français *neu*, le catalan *neu*, l'espagnol *nieve*, le portugais *neve*, l'italien *neve* ou le roumain *nea*. Le déclin du mot *noif* s'explique à la fois par son éloignement du verbe neiger et par sa collision homonymique avec noix. Cela dit, il s'écrivait *naige* au XIVe siècle. Dès ce siècle, le mot *neige* a été utilisé dans de très nombreuses expressions ou locutions. *Blanc comme neige* s'est dit très vite d'une "barbe", et *plus blanc que neige* pour symboliser la "blancheur de l'innocence". Mais la notion de fragilité intervient aussi dans *être de neige* qui voulait dire "ne produire aucun effet", *de neige* signifiant "de pacotille", ou encore dans l'expression toujours vivante aujourd'hui même, *fondre comme neige au soleil*. Quant à *boule de neige*, savez-vous que pendant longtemps – et jusqu'en 1587 au moins – on a parlé de *pelote de neige* ? La *boule de neige* définit la "propriété de la neige de s'agglomérer", et cela a donné au figuré l'expression *faire boule de neige*, "s'accumuler".

Les étrennes

Le mot vient du latin *strena*, "pronostic, présage, signe". Son sens évolua en "cadeaux pour servir de bon présage". Ce mot *étrenne* dans ce premier usage est encore utilisé aujourd'hui, plutôt au pluriel, dans le sens de "cadeaux que l'on offre par exemple à la nouvelle année". Au début du XIIe siècle, il signifie "premier usage qu'on fait d'une chose", et il désignera par exemple la première vente faite par un marchand (un *mercier*) dans sa journée. Mais dès le début du siècle suivant, le sens se précise : les *étrennes* sont la "gratification donnée en fin d'année à certains employés", d'où le sens disparu de "pourboire". Mais le verbe *étrenner*, lui, a une évolution semblable : il signifie "donner les étrennes", mais aussi "faire usage pour la première fois". Par exemple : "Je vais étrenner cette nouvelle écharpe que tu m'as offerte comme étrenne..." Quant aux *vœux*, s'ils ont eu longtemps surtout des sens religieux, c'est à partir du XVIIe qu'ils désignent les "souhaits que l'on adresse spécialement au début d'une nouvelle année". Notons que, toujours au pluriel lors de l'époque classique, le *voeu* eut aussi le sens de "souhait d'être aimé de quelqu'un". Et si on mêlait le classique au moderne ? Je vous envoie, de cette manière, *tous mes bons vœux* de nouvelle année !

Saint Sylvestre

Le mot latin *sylva*, "bois, forêt", a donné quelques termes français, dont *sylvestre*. Jusqu'au XVIe siècle, l'adjectif a gardé le sens latin de "sauvage, qui vit dans les forêts", en parlant d'animaux ou de plantes. Il a été repris au début du XIXe siècle en botanique pour qualifier "ce qui pousse sans culture, à l'état sauvage". Il reste en usage quand on parle de "ce qui pousse dans les forêts". Il est également littéraire. Et saint Sylvestre (270-335 après Jésus-Christ), un des plus célèbres saints du calendrier, pour être mort le dernier jour de notre année civile ? Originaire de Rome, il fut élu pape le 31 janvier 314 et le restera durant 21 ans. Sous son règne, l'Église doit affronter la crise arienne avec le concile de Nicée et la crise donatiste en Afrique, où la fin des persécutions entraîne, au sujet des renégats repentis, la rupture entre les indulgents et les rigoristes. Mais c'est l'empereur, non le pape, qui règle la plupart de ces problèmes. La légende, au secours de l'histoire, ajoute que Sylvestre aurait fait établir un registre de tous les nécessiteux de Rome, pour leur venir en aide ; qu'il aurait guéri Constantin de sa lèpre dans les eaux du baptême ; qu'il aurait reçu, en récompense, la fameuse *Donation Constantin*, à savoir "l'autorité sur l'ensemble de l'Occident"… Ce qu'il faudrait surtout retenir, c'est que Sylvestre demanda à ses clercs de conserver entre eux la charité et de préserver leur troupeau de la morsure des loups.

IV.

L'arrivée des mots nouveaux et des anglicismes

La jungle des mots

Comment s'imposent les mots dans une langue et d'une langue à l'autre ? (Et je ne pose pas encore la question du pourquoi ?) Certains avancent la comparaison avec la jungle. Ainsi Jacques Drillon, qui explique : "La langue est un système libéral. C'est comme une jungle, où les mots faibles meurent, où les mots forts survivent." Dans ce cas, les vides d'une langue seraient des lieux de liberté où tout est possible : l'arrivée de néologismes autant que celle des emprunts étrangers. À ce propos, nous nous inquiétons souvent à juste titre de l'utilisation de mots anglais dans notre langue. Tout est relatif. Et c'est la plupart du temps parce que nous devons employer une périphrase française pour un mot anglais qui la résume. Comment traduiriez-vous les verbes to crunch, to screech, to rustle, *qui expliquent des bruits spécifiques autrement que par des périphrases françaises ? D'autant que la langue anglaise compte 500 000 mots, la langue allemande 150 000 mots, et la langue française un peu moins de 100 000 mots. Mais rassurons-nous, les manques sont vite comblés. On assiste à ce phénomène dans le domaine de l'informatique : les Canadiens ont inventé* courriel *qui semble s'installer. C'est un exemple. Heureusement, les mots voyagent dans tous les sens. Savez-vous que les Anglo-saxons ont accueilli dans leur langue les mots français :* élite, ballet, rendez-vous, faux pas, lingerie, *ainsi que les expressions usuelles :* déjà vu ! *et* c'est la vie !

Les néologismes

"Au cours du Moyen Âge, la langue française, semblable à une citadelle mal gardée, est sans cesse envahie par des éléments régionaux et frontaliers. Les uns, après s'être infiltrés, se francisent si bien qu'après quelques lustres il est nécessaire de faire appel à des étymologistes pour retrouver trace de leur origine ; les autres, aisément adoptés, se voient tout aussi vite exclus, victimes de leur inutilité. Conscients des lacunes présentées par cette masse hétérogène, les clercs, dépourvus de toute idée préconçue, composent au long des siècles des néologismes, empruntant aussi bien au grec et au latin qu'à de nombreuses langues vivantes." C'est par ces mots que Maurice Rheims commence la rédaction d'un superbe dictionnaire des mots sauvages : L'insolite. *Chateaubriand remit à la mode le terme lui-même :* néologisme. *Il commentait la chose : "Lorsque je relis la plupart des écrivains du XVIII*e *siècle, je suis confondu du bruit qu'ils ont fait de mes anciennes admirations. Soit que la langue ait évolué soit qu'elle ait rétrogradé, soit que nous ayons marché vers la civilisation ou battu en retraite vers la barbarie, il est certain que je trouve quelque chose d'usé, de passé, de grisaillé, d'inanimé, de froid dans les auteurs qui firent les délices de ma jeunesse." Pas un mot à changer pour aujourd'hui, c'est fou ! À titre d'exemple voici un seul mot du dictionnaire dont je parle :* anglodémie, *nom féminin inventé par Jacques Audiberti, qui écrit dans* Dimanche m'attend *: "Quant à Paris-Match, microbe en chef de cette anglodémie, il n'hésite pas à imprimer "cashmere" le tissu que nous appelons "cachemire"."* L'anglomédie *est forgé par croisement entre anglomanie et endémie...*

Les atouts de la langue anglaise

Connaître l'ennemi, c'est mieux se préparer au combat. Il n'est pas inutile, comme le fait Jacques Chaurand dans un livre remarquable qui raconte La nouvelle histoire de la langue française, *de faire le point de la situation à propos de l'invasion anglo-saxonne, dont il faut relativiser l'importance. Il est fort possible qu'un nombre croissant d'Européens se voient obligés de travailler en partie en anglais. Nombre de films de langue anglaise sont projetés en version originale. La chanson, la pop music, remplissent un rôle symbolique qui favorise l'interférence dans la langue maternelle. L'influence anglaise continue à se faire sentir dans les domaines où elle est implantée depuis longtemps : le sport, l'audiovisuel. Une élite est en contact direct avec la langue anglaise, par ses déplacements, par les affaires, et ceux qui en font partie utilisent cette langue comme référence, comme modèle de reconnaissance. Alors que faire ? Le français a heureusement une tradition de politique linguistique qui agit sur l'évolution de la langue et l'incorporation des éléments étrangers. Le fait que le taux d'anglicisation de l'allemand et de l'italien soit plus élevé que celui du français montre que cette politique n'est pas inutile. De plus, les industries de la langue, en particulier la traduction automatique, sont une garantie de plurilinguisme. Espérons-le !*

L'abruxellation

Voilà une bien belle initiative : celle de créer un nouveau mot ! L'*abruxellation* définit les "relations amour/haine que peuvent entretenir une ville et ses habitants". Et dans ce domaine, Bruxelles apparaît comme exemplaire. Pour Juan d'Oultremont, l'auteur du néologisme, parolier doué et artiste *cissiste*, l'objectif est de profiter de *Bruxelles 2000* pour faire entrer *abruxellation* dans les dictionnaires de nos deux langues nationales. Le mot *abruxellation* tentera de faire oublier les termes déjà existants de *bruxellose*, "maladie porcine", et surtout de *bruxellisation*, qui évoquait les erreurs, les chancres, les absurdités immobilières de la capitale. "Bruxelles est une ville dont les habitants se bousculent aux portes des expositions Magritte", explique Juan d'Oultremont, "mais qui par ailleurs "vandalisent" les sculptures de Venet ; une ville frileuse qui ne manque pas de culot ; une ville dont les artistes, faute de statut, vivent dans une quasi illégalité, mais qui voit néanmoins débarquer des créateurs du monde entier..." Tout au long de l'année 2000, la promotion du néologisme sera confiée à un millier de parrains, qui s'engagent à l'utiliser dans leurs travaux. Au-delà du pari, l'opération a trois objectifs particuliers, dont la fusion pourrait voir échapper Bruxelles au déni culturel qui la caractérise : la promotion, la compréhension et l'appropriation d'une ville, tant par ceux qui la vivent que par ceux qui la visitent. *Abruxellation*, peut-être le premier nouveau mot du troisième millénaire ?

L'adresse électronique

C'est passionnant : le vocabulaire se construit, évolue, naît sous nos yeux… Ainsi ce terme anglo-saxon de l'informatique : *E-mail address* ou tout simplement *E-mail*, que nous avons tous dans un premier temps traduit phonétiquement par *imél*, puis tenté de remplacer par le mot québécois *courriel.* La commission générale de terminologie et de néologie, commission hexagonale, où Michèle Lenoble-Pinson est la seule Belge présente, vient de proposer au *Journal officiel* une série de termes relatifs au courrier électronique. Je vous en livre quelques-uns. Commençons donc par cette traduction d'*E-mail* : “adresse de courrier électronique” ou, par ellipse, “adresse électronique”. Bien sûr, notre première réaction est de penser que ces deux mots sont trop longs à prononcer… voire ! Il me semble au contraire qu'ils reflètent la spécificité de notre langue française. D'autant que ce qui est intéressant, c'est la façon de les traduire en symbole. La proposition est *Mél.* pour “messagerie électronique”. Il peut figurer devant l'adresse électronique sur un document, papier à lettres ou carte de visite par exemple, tout comme *Tél.* devant le numéro de téléphone. Mais *Mél.* ne doit pas être employé comme substantif. Le petit problème est que *E-mail* désigne en anglais aussi bien l'adresse que le courrier lui-même, le message autant que la messagerie. En français, nous essaierons donc d'utiliser dorénavant : adresse électronique, courrier électronique, messagerie électronique et message électronique. Nous essaierons…

Un projet allergisant

Au cours d'un Journal télévisé, un intervenant disait : "Ce projet m'allergise complètement". Est-ce correct ? Le verbe n'existe pas. L'erreur vient sans doute de l'existence bien réelle depuis les années 1920 de l'adjectif *allergisant*, "susceptible de provoquer une allergie". Le substantif *allergisation* lui aussi est vivant depuis les années 1950. L'autre adjectif *allergique*, "spontanément hostile", est devenu aussi usuel que le mot *allergie*, qui signifie, au figuré, une "incapacité à supporter quelqu'un ou quelque chose, une hostilité instinctive". Simone de Beauvoir dans *La Force de l'âge* écrit : "Il était allergique à la chlorophylle, le verdoiement de ces pâturages l'excédait, il ne le tolérait qu'à condition de l'oublier." Il s'agit d'un mot allemand qui a vu le jour au début du XXe siècle, en 1906 précisément. Il a été formé à partir du grec : *allos*, "autre", et *ergeia*, "énergie", par le biologiste et pédiatre viennois Clemens von Pirquet (1874-1929) qui, ayant étudié les réactions à la tuberculine, définissait cette notion médicale comme une "réactivité altérée et excessive". C'est devenu ensuite une notion clé en physiologie et en médecine. Dans les années 1950-1960, il a pris sa valeur figurée et plus usuelle. "Il est devenu très bien porté d'être allergique à certaines choses – pollen, chats, compote, pénicilline – qu'on se contentait autrefois de ne pouvoir supporter", écrit avec humour Pierre Daninos dans *Le Jacassin*.

L'arobase

C'est un des nouveaux problèmes soulevés par l'invasion de l'informatique : la prononciation des nouveaux signes. Ainsi le très utilisé @ ! Dans un article de *Francité*, on apprend que ce caractère typographique très ancien est issu des chancelleries. On le retrouve ensuite sur les claviers pour indiquer les prix unitaires en comptabilité, mais essentiellement aux États-Unis. Exemple : "10 hamburgers à un dollar pièce" s'écrit dans une facture : "10 hamb.@ $ 1". C'est parce qu'il était peu employé qu'on l'a choisi pour indiquer dans une adresse électronique la séparation entre le nom de l'abonné et le serveur de l'entreprise : en Europe, on a donné à ce signe des noms qui s'inspirent de sa forme, comme *a rond* ou *escargot*, sans oublier le délicieux belgicisme d'*a-crolle* ! Le plus utilisé, et en particulier dans les milieux universitaires, est *arobas*, un mot qui nous vient d'une ancienne mesure de poids espagnole *arrobas* (de l'arabe *ar-roub*, le "quart"). Henry Landroit, dans *Y a pas photo*, précise que le mot est encore utilisé pour estimer le poids des taureaux de combat. On le traduit donc en français par *arrobe* ou *arobe*. Pourtant, selon l'auteur Philippe Ernotte, l'influence de l'espagnol se poursuit et on trouve, même dans les dictionnaires, le mot *arobas* avec un ou deux *r*, avec ou sans *e* final. Et c'est là que l'analyse est intéressante parce qu'on a, grâce à une recherche automatique, compté le nombre d'utilisations des différentes formes du mot ; ce qui devrait indiquer vers où l'usage nous entraîne. *Arobas* devance de peu *arobase*, mais de plus loin les autres : *a commercial*, *arrobe*, *arobe*… Si nous voulons être pragmatiques, on doit donc dire une *arobase*, avec un *r* pour être simple, et un *e* final pour la forme francisée.

Oh ! Un bogue…

Nous entrons dans le monde nouveau et virtuel de l'informatique… Où existent les *bogues*, le verbe *déboguer*, un *débogueur* ; mais où, également, il vaut mieux utiliser ces mots que leurs équivalents anglais : *bug*, *debug* et *debugger*. Pour les non-initiés, le *bogue* est une erreur dans un programme. Il s'agit le plus souvent d'erreurs dans le code ou d'erreurs logiques qui provoquent des dysfonctionnements ou des résultats erronés. *Déboguer*, c'est "rechercher les erreurs dans le programme". Si *bug*, en anglais, peut vouloir dire "défaut de fonctionnement" ou "défaut", il peut aussi se traduire par "punaise, insecte, microbe"… Et c'est sans doute un peu tout cela à la fois ! Pour le mot *bogue* en français, on a aussi le choix : s'il vient du provençal *boga*, c'est un "poisson" ; s'il est d'origine italienne, il peut vouloir dire "anneau de fer" ; s'il vient du breton *bolc'h*, il désigne "l'enveloppe de châtaigne, l'enveloppe de graines, une capsule de lin"… Voilà donc un de ces mots à tiroirs qui possèdent une série d'harmoniques comme dans une voix. On entend le mot, on le hume, on le savoure et, même sans en connaître tous ses sens, on devine qu'il a une âme.

Revoici le bogue

Certains continuent à vouloir à tout prix utiliser le mot anglais *bug* pour la traduction cependant acceptée par le plus grand nombre de *bogue*. Signe de snobisme ? Signe d'appartenance à une caste, qui n'emploierait dans le commerce ou la finance que des termes anglais ? Qui sait... Si j'y reviens, c'est surtout pour l'origine historique du mot. Il faut remonter à la préhistoire de l'informatique, soit aux années 1950. Les ordinateurs fonctionnaient à l'époque avec des lampes, comme les vieux postes de radio. Les insectes qui s'introduisaient dans ces grosses machines poussives, terminaient souvent leur courte vie en expérimentant la loi d'Ohm entre deux de leurs membres... Ce petit court-circuit créait alors une panne du système et donc un arrêt du calculateur. Depuis ce temps révolu, les pannes informatiques ont continué à s'appeler *bugs*, même lorsqu'il s'agissait d'une erreur du programmeur ou de l'opérateur. Cela dit, le mot *bogue* en français recouvre, par ailleurs, trois autres définitions : "l'enveloppe de la châtaigne", "un poisson téléostéen au corps allongé, présentant des rayures de couleur vive, vivant en Méditerranée ou dans l'Atlantique", et un "gros anneau de fer, fixé au manche des marteaux de forge". Et à propos de la première définition, il existe une fort belle expression régionale, qui est : "Une châtaigne sous bogue", qui désigne une personne hargneuse, piquante, sous des apparences moins déplaisantes.

Le citadier et la citadière

Eurêka ! Le mot d'origine anglaise *steward* a trouvé un équivalent français pour les villes qui l'utilisent. C'est le *Cercle de qualité du français dynamique* (CQFD) qui propose de construire sur le modèle de *stadier, ière*, soit "steward du stade", un mot nouveau *citadier, ière*, soit "steward des citadins". Il est composé de *citad(in)*, "habitant d'une ville", et du suffixe *-ier, -ière* (du latin *-arium*), qui sert à former des noms désignant des personnes (cabaretier, vacancier) qui ont une activité en rapport avec la réalité désignée par le mot de base (ici, *citadin*). Un *citadier* est donc, "dans un centre-ville, le jeune acteur de terrain, inventif, diplomate et rigoureux", c'est-à-dire un agent exerçant auprès du public les fonctions d'accueil, d'assistance, de contrôle et de sécurité en vue de la prospérité d'un quartier. "Cette politique de relance des centres-villes a permis la création de 156 emplois nouveaux", lisait-on en 1997 dans notre journal. Les activités des citadiers font naître les substituts français suivants : "des agents communaux chargés de rendre la cité plus propre" pourraient s'appeler *agents de propreté*, au moins dans les textes administratifs ; mais comme la population préfère peut-être des appellations imagées (et pas nécessairement en anglais, quoiqu'on en pense en haut lieu) : dans une localité ardennaise, ces "jeunes gens vêtus de rouge qui grattent les affiches et lavent les graffitis" pourraient être surnommés les *nûtons-laveurs* ; à Mons, on hésiterait à les appeler *lumeçons-laveurs*, mais pourquoi pas *grattons-laveurs* ? J'adore ce que propose là ce cercle de recherche. C'est drôle et efficace. Gageons que les autorités réagiront cette fois de manière positive à ces suggestions !

Sport City

Alors que certaines villes utilisent, comme nous le savons, pour nommer ses "gestionnaires de quartier" le terme *City managers*, voilà qu'une autre commune dénomme son centre sportif *Sport City* ! Allons-y gaiement ! "La standardisation par la langue anglaise crée l'absence de personnalité", a fait remarquer en vain un membre du conseil communal. Et celui-ci de donner trois pistes de réflexion pour baptiser un tel lieu. Soit on entre dans le jeu du *marketing*, à traduire en principe par le terme recommandé *mercatique*, qui ne s'impose pas beaucoup jusqu'à présent, et on cherche un nom qui vendra le produit au plus grand nombre. Une commune est un pouvoir public et le centre est déjà connu et utilisé. Soit on valorise une personnalité en utilisant son nom, tel le *stade Gaston Reiff* à Braine-l'Alleud. Ou enfin, la solution réellement culturelle qui consiste à identifier le lieu : par exemple, dans le cas de *Sport City*, "Olympie sur Woluwe" ou "Le paquebot du sport"... Mais là, l'imagination reste au pouvoir (pouvoir dans tous les sens du terme). Je connais des villes qui ont organisé des concours dans les écoles pour des prétextes moins lumineux que celui-là ! C'est ça, l'imagination au pouvoir ! Tout le monde doit s'y mettre, et pas seulement les amoureux de la langue française que nous sommes, si nous ne voulons pas l'uniformisation et l'aplanissement des différences.

Rien dans le congèl' ?

Notre langue française évolue chaque jour. Qui l'influence ? La presse, la radio, la télévision, les milieux sportif et politique, les traductions des romans anglo-saxons... et la publicité. La *pub* précisément ! Avec ces apocopes qui collent tellement bien à l'air du temps. Tout doit aller plus vite. Le temps c'est de l'argent ! Ce n'est pas nouveau, certes, et ce n'est sûrement pas interdit : dire *métro* au lieu de *métropolitain* ou *ciné* (voire *cinoche*) en place de *cinématographe*, on peut le comprendre. Mais jusqu'où aller ? Là comme ailleurs il faut un juste milieu. Savoir être circonspect en face des innovations, les analyser, ne pas avoir peur de les dénoncer si vraiment elles dépassent la mesure. Dans ces rubriques, je me propose de former avec vous le dernier village gaulois, comme dans les aventures d'Astérix, qui résiste à l'envahisseur. Je viens d'entendre dans un *spot* (quel mot !) télévisé : "Il n'y a plus rien dans le congèl' !" Il m'a fallu un moment pour comprendre qu'il s'agissait de congélateur... Qu'en pensez-vous ?

Faut-il relever un challenge ou un défi ?

Voilà encore un de ces mots français empruntés par les Anglais et qui nous revient un peu abîmé. Au départ, on trouve le verbe latin *calumniare*, "calomnier", qui donne en vieux français le verbe *chalengier* et son dérivé au XIe siècle *calenge* ou *chalenge* : "accusation", qui se transforme au XIIe siècle en "défi". Le mot anglais *challenge* réapparaît en 1857 sous la forme francisée et composée de *challenge-coupe*, qui en 1884, quelques années plus tard, se raccourcit en *challenge* et ne s'utilise que dans le domaine sportif. Pendant très longtemps, il veut dire "épreuve où le vainqueur détient le prix jusqu'à ce qu'un autre champion l'en dépossède" ou "la coupe", soit l'objet même qui représente le prix. Au figuré, il reprend récemment son sens premier de "défi"… comme au XIIe siècle ! Dans les dictionnaires usuels, son synonyme *gageure* est indiqué, c'est-à-dire une entreprise difficile dans laquelle on s'engage comme pour relever un défi… Tout est simple, dès lors ? Ce le serait peut-être si on ne le prononçait pas à l'anglaise.

Le courriel

De plus en plus souvent, on nous demande un avis sur l'éventuelle utilisation du mot *courriel* en place de l'*E-mail* anglo-saxon (mot qui signifie *Electronic mail*) et du *mél* français. Le Service de la Langue préconise lui aussi cet emploi. Ce mot-valise est d'origine québécoise et est donc composé de *courrier* et de *électronique.* C'est un beau mot – c'est un atout ! –, et il a l'avantage de se terminer, un peu par chance, par un faux suffixe -*iel* qui l'apparente de fait à des mots de l'électronique, comme *logiciel*, *progiciel*, etc. Donc, essayons d'employer le plus souvent possible – s'il est bien vrai que nous, usagers, pouvons décider de la manière de s'exprimer – le *courriel*. Évidemment pour traduire tous les autres mots anglais et nouveaux qui gravitent autour de l'ordinateur, il y a du boulot ! Le *web* va-t-il devenir la "toile", comme une toile d'araignée qui tisse ses fils électroniques ? C'est un peu le cas, mais le problème se pose pour les épithètes : si on dit un *site web*, dira-t-on un "site toile" ? Pour *booter* et *rebooter*, pas de problème, on peut "démarrer" et "redémarrer". La *home page* semble, elle aussi, traduite très généralement en "page d'accueil", parfois en "page de départ", "page d'ouverture", voire en "page de base". Pour *Freeware* pourquoi pas "graticiel" ? Et pour *Shareware* pourquoi pas "partagiciel" ?

Le dumping

Et voilà ! C'est reparti ! Un nouveau mot anglo-américain envahit les déclarations politiques : le *dumping*. Que signifie ce mot, qui nous arrive sans traduction française du monde de l'économie internationale ? Tout seul déjà, il ne veut rien dire, puisqu'il faut lui coller, soit l'adjectif *commercial*, et il se traduit par : "Pratique qui consiste à vendre une marchandise sur un marché étranger à un prix inférieur à celui pratiqué sur le marché intérieur." ; soit l'adjectif *social* et il peut être déchiffré comme suit : "Pratique qui consiste pour un pays, notamment un pays en voie de développement, à produire et à vendre moins cher ses produits du fait des faibles coûts du travail et de l'absence de protection sociale". Une fois défini, cela suffit-il ? Peut-on le traduire ? Comme je ne le découvre nulle part dans les lexiques de propositions de substituts français, j'ouvre mon beau dictionnaire de l'anglais d'aujourd'hui. Le *dump* est un "tas d'ordure"... ça commence bien ! Mais c'est aussi un "dépôt, un dépotoir". Le verbe m'apprendra-t-il autre chose de plus évident ? *To dump* veut dire "décharger, déposer". Soit ! "Laisser quelqu'un en plan"... mouais ! ... Ah, voilà : faire du *dumping*, en langage commercial, c'est "écouler des marchandises à bas prix à l'étranger". Me voilà bien avancé. N'existe-t-il pas d'autre équivalent français ? C'est un appel que je lance soit à vos connaissances soit à votre imagination. Ne nous laissons pas envahir sans résister ! On trouvera bien un joli terme simple qui résumera dans la langue de Molière, mais aussi celle de Simenon, de Mallet-Joris et de Nothomb, cette pratique condamnable par ailleurs du monde économique...

Le dumpage

Pour remplacer *dumping,* on propose tout simplement d'utiliser le mot francisé *dumpage*. "C'est une technique", m'explique-t-on, "qui existe depuis très longtemps et a déjà fait ses preuves". Beaucoup d'entre vous reviennent aussi sur les mots *aubette* et *abribus*. Ainsi un lecteur écrit : "Dans mon enfance bretonne j'ai toujours employé le terme "aubette", et entendu employé couramment, pour définir les petites boutiques en plein vent où s'achetaient les journaux. C'est tout bonnement un mot qui sent bon la province, au nord de la Loire..." Le mot est en effet dérivé de l'ancien français *hobe*, "abri, cabane". Il désigne soit un "kiosque à journaux", soit un "abri pour les voyageurs qui attendent aux points de départ ou d'arrêt un moyen de transport en commun". *Aubette* est connu aussi dans l'ouest de la France (Nantes, Rennes, Saint-Malo...), à propos de "l'abri installé aux arrêts des transports publics". Ce nom est entré dans l'édition du *Dictionnaire de l'Académie française* en 1992. En France, il est recommandé officiellement pour remplacer le nom déposé d'*Abribus*. Ce nom est très récent puisqu'il n'a été introduit dans notre langue française, dans les dictionnaires usuels, que depuis 1965. Va-t-il déjà disparaître, poussé par cette traditionnelle et régionale *aubette* ? Aux usagers de le décider !

Un fax ou une télécopie ?

Le plus souvent, parce que j'aime la langue française, j'envoie une *télécopie*. Il m'est arrivé de subir les lazzis de certains correspondants qui me prennent pour un coupeur de cheveux en quatre (ils ne connaissent pas mon aspect physique !). Il est vrai que les termes *téléfax* et *télécopie* sont admis l'un et l'autre. Et même, le terme *téléfax* a comme origine un terme latin et français. En effet, *fac simile* est devenu chez nous "fac-similé", puis en abréviation "fax". *Téléfax* est formé de *télé*, "au loin" et de *fac (similé)*, devenu *fax* sous l'influence de *télex*. Depuis 1965, le terme *téléfax* est admis dans les dictionnaires français. Depuis 1991, celui de *fax*. On a donc proposé *télécopie* pour remplacer le terme anglais *facsimile*. L'Office de la langue française du Québec le recommande. Entre-temps, l'*Union internationale des télécommunications* ayant accepté *téléfax* comme synonyme de *télécopie* pour désigner "un service entre abonnés au téléphone", la *Commission générale de terminologie* a adopté définitivement les deux termes en juin 1990. Alain Shifres écrit : "Dans certaines maisons de Paris, les bonnes manières sont une façon, comme le téléfax, d'avoir des rapports sans avoir de contacts." (*Les Parisiens*, 1990). Cela dit, *Téléfax* est un nom déposé ! Et il vous reste toujours, si vous ne pouvez choisir, à utiliser en périphrase la définition du dictionnaire usuel : "Procédé de télécommunication associant la téléphonie et la numérisation d'image, qui permet de transmettre un document graphique en fac-similé."

Le franglais

Peut-être vous souvenez-vous de ce terme *franglais*, apparu dans le titre du livre *Parlez-vous franglais* ? d'Étiemble, édité en… 1964 ? Il fustigeait la déliquescence de la langue française, devenant sous l'influence anglaise un honteux sabir. "Tout le monde est coupable : la presse, les snobs, la radio, l'armée, le gouvernement et la publicité, la grande politique et les intérêts plus vils", expliquait-il. Il ajoutait : "Pouvons-nous guérir de cette épidémie ? Si le ridicule tuait encore je dirais oui. Mais il faudra d'autres recours, d'autres secours." L'intérêt de la relecture de l'ouvrage en question aujourd'hui est, comme on vérifie les prévisions faites à propos de l'an 2000, de constater qu'il avait raison… même s'il existe des choses plus graves. Ainsi Etiemble nous donnait-il des exemples de contamination du français : les principes de la stylistique sabirale. Exemple : partant du verbe français *contrôler*, dont le sens est "vérifier" – le verbe anglais *to control* signifiant "diriger" – le sabir français donne en fin de compte : *contrôler* se traduisant par "diriger". Autrement dit, les mots proches en français et en anglais prennent chez nous le sens anglais. Comme *diète*, au lieu du sens exact "alimentation très réduite", prend le sens anglais de "régime" ; *suite*, au lieu de "escorte d'honneur", devient "appartement luxueux dans un hôtel" ; *approche*, "action de s'approcher", devient "point de vue", le sens anglais de *approach*, "arriviste" se traduit par "carriériste", *ruée* par "rush", etc. Même cheminement pour les expressions, telle *donner libre carrière* qu'on a presque oublié pour le *to give the green light*, devenu *donner le feu vert*. Mais on y reviendra…

Le gap

Le *gap* est un mot que nous rencontrons beaucoup dans les pages économiques des journaux. Que signifie-t-il ? D'où vient-il ? *Gap* est (évidemment !) un mot anglo-américain, emprunté par la langue française dès 1948, qui signifie : "éloignement, écart entre des choses ; mais en particulier dans le domaine de l'économie : écart important, décalage, retard technologique, économique, etc." Les spécialistes de "notre" langue conseillent plus simplement l'utilisation de *retard*, *déficit*, *pénurie*, voire *écart*. Le mot signifiait au XIVe siècle "brèche", puis au XVIIe siècle "manque", et enfin au XIXe siècle "écart, distance considérable entre des choses abstraites". Pour rester dans ce fameux langage économique, celui du pouvoir apparent, relevons encore quelques termes qui pourraient être traduits sans trop de difficulté : le *dealer* qui vend des voitures, le *copyright* d'une œuvre de création, ou les *traveller's chèques* qu'on emporte en voyage. Le *dealer* n'est d'ailleurs répertorié dans les dictionnaires que comme "revendeur de drogue", ce qui apporte une confusion supplémentaire à propos d'une revente d'autre chose ! Pourquoi pas *vendeur* ou *revendeur* ? Le *copyright* est textuellement "un droit de copie". Pourquoi pas un "droit exclusif" ? Quant aux *traveller's chèques*, ne sont-ce point des "chèques de voyage" ? Méfiez-vous les publicitaires ! Il arrivera très vite le moment où l'utilisation de termes étrangers "pour faire plus jeune" sera totalement ringarde !

Les hôtesses

Il semble que la nouvelle fonction d'hôtesse (qui s'ajouta donc à celle d'hôtesse de l'air) s'installa définitivement avec l'Exposition universelle de 1958 à Bruxelles. L'hôtesse de l'air est le calque tout simple de l'appellation anglaise air hostess apparue en 1934. Mais dès 1931, le mot hostess désignait déjà la "jeune femme employée dans des night-clubs pour l'accueil des visiteurs". Un peu à la fois ce terme recouvrit aussi les fonctions d'accueil des visiteurs. Le mot répond bien à son sens puisqu'il apparaît en français au début du XIIe siècle, écrit oste, dérivé du latin hospes, "celui qui donne ou reçoit l'hospitalité". Dès l'origine le mot désigne aussi un aubergiste, et c'est de ce sens que nous est restée la table d'hôte (au XVIIe siècle), "repas en commun à prix fixe", ensuite "repas proposé par l'aubergiste", tel qu'on peut encore aujourd'hui l'observer chez Pierre Wynants, par exemple. Et l'hôte de ces bois, comme l'écrit Jean de La Fontaine dans sa fable ? Cette traduction est attestée dès la fin du XIIIe siècle : "être qui vit dans un lieu", et était présente dans la poésie classique. Mais le fabuliste utilise le mot hôte en maints endroits. Dans La Mort et le Mourant, on peut lire : "Je voudrais qu'à cet âge / On sortît de la vie ainsi que d'un banquet / Remerciant son hôte, et qu'on fît son paquet."

Quel est l'impact de cette mesure ?

Le mot *impact* semble être accepté par l'usage dans le sens de "effet produit par quelque chose, influence qui en résulte". Il n'y a pas si longtemps, les spécialistes de la langue condamnaient, violemment parfois, ce sens, ne désirant garder que le premier : "fait pour un corps, un projectile de venir en frapper un autre, choc". On disait donc l'*impact* de la balle a été terrible... Ce mot de guerre, et d'artillerie en particulier, a donc glissé récemment (1955) vers les sens "d'effet, de conséquence, de résultat". On proposait d'autres synonymes encore, tels *ascendant*, *autorité*, *crédit*, *emprise*, *influence*... Las ! L'utilisation quotidienne de *impact* a eu raison de ces appels et on peut dire par exemple aujourd'hui : "Paul Valéry n'a plus aucun impact sur les jeunes écrivains." La langue évolue, je le rappelle, et nous construisons tous ensemble la langue le mieux que nous pouvons. Je réponds donc par avance aux remarques que vous me feriez, comme ce fut le cas pour le billet consacré à *tout à fait* qui remplace le "oui", devenu trop faible. Dans le cas d'*impact*, sachez encore que ce mot vient tardivement (XIXe siècle) du latin *impactum,* supin (c'est-à-dire forme nominale du mot latin) de *impigere*, "jeter contre". "Dès la sortie de la série, en mars, Élodie put se rendre compte de l'impact sur le public", écrit Jacqueline Monsigny dans *Le Miroir aux pingouins*.

On implémente donc ?

L'anglicisme *implémenter* ne figure ni dans les 90 000 mots répertoriés par Robert en Cédérom, ni dans un gros lexique de 1992, *Les Mots de la micro*. Cependant, le terme est d'usage non seulement dans l'informatique, mais aussi dans l'économie, la statistique, la mathématique, etc. En surfant sur le site du Service de la langue française (Franca), j'ai non seulement découvert qu'en effet le verbe *to implement* existait en anglais dans ce domaine, mais possédait depuis la parution dans le *Journal officiel* en 1989 (il y a plus de dix ans !) deux traductions françaises… La première c'est *implanter*, "installer un logiciel ou un sous-système donné en réalisant les adaptations nécessaires à leur fonctionnement dans un environnement défini" ; la seconde c'est *implémenter*, "réaliser la phase finale d'élaboration d'un système qui permet au matériel, aux logiciels et aux procédures d'entrer en fonction". Et on conseille de ne pas confondre les deux verbes. Dans un autre site, celui de l'OWIL (Observatoire wallon de l'Inforoute et du traitement informatique des Langues), je trouve pour *implementation* quatre traductions : *implémentation*, *implantation*, *réalisation* et *mise en œuvre*. Cela commence à faire beaucoup pour un mot que je croyais sans existence il y a huit jours à peine !

Impulser

On en arrive à ne plus savoir que penser à propos de certains verbes. C'est que le terme possède un petit air anglophile, en effet... Et pourtant ! Ce verbe transitif qui signifie : "donner de l'élan à une activité", nous vient sans doute du bas latin *impulsare*, "pousser contre". Au XVIe siècle, il avait le sens de "inciter à", et puis il est sorti de l'usage... Mais c'est par emprunt à l'anglais *to impulse* qu'il nous est revenu à la moitié du XXe siècle, dans le sens de "donner une impulsion à". Et c'est ce dernier fait qui nous trouble parfois. En 1972, dans *Autour des témoignages de deux scientifiques juifs d'URSS*, L. Schwartz écrit ceci : "Et nous pourrions impulser aujourd'hui, parmi les scientifiques européens et américains, une politique commune." Quant au mot *impulsion*, c'est un emprunt savant au latin classique *impulsio*, "action de pousser, incitation, excitation, choc, heurt". Aujourd'hui, on le définit par "action d'une force qui agit par poussée sur quelque chose et tend à lui imprimer un mouvement. C'est aussi le mouvement ainsi produit". François Mauriac, dans *Souffrances et Bonheur du chrétien*, écrit : "Pour certains, soumis à l'impulsion victorieuse de la chair, le christianisme existe encore, mais il est inerte".

Initialiser le micro ?

Le *micro,* c'est l'apocope du "micro-ordinateur" ! Mais, vous êtes peut-être comme moi, dès que j'aborde ce monde de l'informatique, apparaissent des mots inconnus, anglo-saxons et souvent barbares. Voici quelques verbes, avec leur traduction, histoire d'être un peu *initiés* (que les autres nous excusent...) Le verbe *bidouiller*, en plus d'être rigolo, désigne "le fait de bricoler ses programmes, de personnaliser une application" (il se trouve déjà au dictionnaire dans le sens de "bricoler"). Le verbe *cliquer* définit "l'action d'appuyer sur l'un des boutons de la souris que l'on relâche immédiatement" (il se trouve au dictionnaire dans ce sens). Le verbe *formater* s'emploie pour un disque ou une disquette, et constitue "la préparation à l'emploi". Pendant le *formatage*, le système d'exploitation écrit ses propres repères. On peut aussi *formater* un document, c'est-à-dire le "mettre en forme" : taille des caractères, style, polices... (il se retrouve déjà dans le dictionnaire dans son sens informatique). On peut aussi utiliser le verbe *initialiser* (mais le dictionnaire n'admet pour le moment que le terme informatique *initialisation*). Le verbe *numériser* (aussi dans le dictionnaire) veut dire "transformer un texte, un dessin, un son en une suite de valeurs discrètes (0 et 1) pour être traités sur ordinateurs". Bon, voilà déjà quelques mots à assimiler...

Internet ou l'Internet ?

Les anciens internautes, les pros, les habitués de la chose, ont tendance à dire *Internet*, tandis que les spécialistes de la langue française emploient la terminologie : *l'Internet*. Cela semble d'ailleurs logique. Dit-on :"J'ai fax et j'ai télévision" ? Non, on dit que l'on possède un fax et la télévision. Mais alors, dans ce cas, pourquoi une majuscule ? C'est dans un article du *Monde* qu'on lit la réponse : "Les noms communs ne prennent pas de majuscule dans la langue française, si ce n'est quelques exceptions (État, par exemple). Il y a donc un manque de cohérence du côté des puristes : ils veulent un nom commun avec une majuscule... Ils font également observer que d'autres termes remplaçant fréquemment Internet prennent un article : la Toile, le Web... mais ces termes ne représentent que des applications d'Internet. On ne peut donc les comparer. De plus, pourquoi laisse-t-on passer des expressions comme "un lien Internet" et "un site Internet" où il n'y a pas d'article. Les arguments des puristes ne nous semblent pas valables". Et de conclure qu'*Internet* est utilisé dans la réalité comme un nom de média, tel que FR3. On ne dit pas : "Je regarde la FR3, mais je regarde FR3". Si des mots génériques existent pour les chaînes de télévision, pourquoi pas pour *Internet* (abréviation, pour rappel, de *international network*) ?

Le kidnappeur

À la fin de la décennie 1980, un ministre fut *kidnappé*. On peut aussi utiliser d'autres termes, tel *enlevé*. Dans ce sens précis, c'est un mot du XXe siècle. Le verbe *kidnapper* est emprunté à l'anglais *to kidnap* et au XVIIe siècle, il désignait "les rapts d'enfants ou d'adultes pour en faire des serviteurs ou de la main-d'œuvre agricole dans les plantations américaines". Au XVIIIe, il s'est étendu à toute forme d'enlèvement. Ainsi Anatole France dans *Le Crime de S. Bonnard* écrit : "Détournement de mineure, rapt, enlèvement ! Vous vous êtes mis une belle affaire sur les bras. Vous êtes tout bonnement sous le coup de cinq à dix ans de prison. – Miséricorde ! m'écriai-je ; dix ans de prison pour avoir sauvé une innocente enfant !" Le mot est formé de *kid*, "chevreau ou enfant", de l'ancien norrois, et de *to nap*, "saisir, s'emparer de". Dans *Le Cri de la chouette*, Hervé Bazin utilise le terme dans un contexte ironique : "Elle connaissait des parents qui en cas de kidnapping se feraient plutôt payer par les ravisseurs pour les reprendre (les enfants)." On trouve une seule trace du mot au XIXe siècle, précisément en 1861, à propos du rapt d'un homme de couleur dans le sud des États-Unis. La forme francisée de *kidnappeur* n'est attestée que depuis les années 1950. Simone de Beauvoir, dans *La Force de l'âge*, décrit : "Les faits divers les plus marquants, ce furent le kidnapping du bébé de Lindbergh, le suicide de Kreuger, l'arrestation de Mme Hanau, la catastrophe du Georges-Philippart."

Logiciel et ludiciel

Comme l'informatique nous envahit, je vous propose de nous promener sur le site du Service de la langue française, et en particulier dans sa banque de données terminologiques (http://www.cfwb.be/franca/bd). On peut y découvrir l'état actuel des traductions proposées. Ainsi le *software* devient-il le "logiciel, soit l'ensemble des programmes, procédés et règles, et éventuellement de la documentation, relatifs au fonctionnement d'un ensemble de traitement de données". Ce terme, traduit depuis 1981, est bien installé dans notre langue. Ce n'est pas encore le cas pour le *ludiciel*, qui est un "logiciel spécialement conçu pour le jeu". Même remarque pour le *mouchard* ou le *témoin (de connexion)* qui est l'équivalent du terme anglais *cookie*, soit l'*appliquette* ("une petite application téléchargée", en anglais *applet*) envoyée par un serveur de la toile mondiale à un utilisateur, parfois à l'insu de celui-ci, au cours d'une connexion, afin de caractériser cet utilisateur. Autrement dit, c'est ce qui nous met dans un *listage* et qui nous rend vulnérable à l'envoi intempestif de pages de publicité. Nous trouvons également sur le site la définition des fameuses *autoroutes de l'information*, que la tendance actuelle veut résumer, comme c'est déjà le cas au Québec, par *inforoute*. Tout cela doit intéresser les usagers de l'informatique que nous devenons, soit des *internautes* ou des *cybernautes*. Les deux termes sont synonymes, mais pourquoi ne pas préférer *internaute* qui s'éloigne de l'original anglais *cybernaut* ?

Le making of(f)

Dans deux livres de référence, j'ai une orthographe différente pour le *of*... Pour le premier, il s'agit d'une expression tronquée à laquelle il faut ajouter le titre du film : *The making of "Le Soldat Ryan"*, par exemple. Ce serait donc la fabrication du film et plus précisément un film sur le film en train de se réaliser. Pour l'autre livre, auquel j'aurai plus tendance à me fier puisqu'il s'agit de *Anglicismes et substituts français* de notre spécialiste Michèle Lenoble-Pinson, le second élément *off* serait l'adverbe "hors", "à l'écart de", comme lorsqu'il est utilisé à propos du théâtre dans le mot new-yorkais *off-Brodway*. En français, depuis 1969, la forme elliptique *off* se dit d'un spectacle présenté "en marge d'un programme officiel". À Avignon ou à Cannes, on parle du festival *off*. Quoi qu'il en soit, ce terme technique récent de *making off* n'est répertorié dans aucun dictionnaire. Est-il encore temps de le traduire ? La pub, les annonces TV vont-elles l'accepter ? On propose deux néologismes : le *cinémarge*, signifiant littéralement "un cinéma en marge du film" ; ou le *docufilm*, qui me plaît assez, tout d'abord parce que c'est un mot-valise, ensuite parce qu'il se réfère à *docudrame*. Ce mot *docufilm*, "documentaire sur le film proprement dit", est proposé depuis 1990. Essayons de l'utiliser !

La mal bouffe

Peut-être est-ce un néologisme qui entrera dans notre vocabulaire avec le nouveau siècle ? Lors d'une émission consacrée à la nouvelle cuisine (au XVIIIe siècle déjà, exista un mouvement intitulé *nouvelle cuisine*, qui voulait remettre à l'honneur certaines nourritures plus saines), j'ai entendu ce terme : *la mal Bouffe*. Je l'écris sans être sûr qu'on ne doive l'orthographier par exemple *malbouffe*. On désigne ainsi "ce qui est immangeable", qu'on peut aussi qualifier de "imbouffable". Le mot *bouffe* lui-même nous paraît peu joli. Il désignait au XVIe siècle "l'enflure des joues lorsqu'on mangeait", ce sens venant lui-même d'objet enflé et, avant cela, de balle d'avoine en Bourgogne, au XIVe siècle. Le sens de nourriture n'est apparu que vers 1925. *Bouffe* a fait alors une entrée remarquée dans un syntagme comme "on se fait une petite bouffe". Le mot a dépassé celui de *bouffetance*, mélange de *bouffe* et de *bectance*, depuis les années 1960. Quant à *bouffaille*, qui a donné *boustifaille*, il est resté d'utilisation régionale. L. Forton, dans *Les Aventures des Pieds-Nickelés*, écrit : "Et tous trois s'empressèrent de détaler pour aller un peu plus loin se restaurer et prendre des forces. Ils en avaient bien besoin, ces pauvres Pieds-Nickelés, car en fait de boustifaille, ils n'avaient pris que la pâtée que leur avaient passée les garçons de ferme !"

Le manageur

Outre le *citadier* (à la place de *steward*), un nouveau terme pourrait prendre place dans notre vocabulaire : *manageur* (à la place de *City manager*). On lisait le 8 mars dans *La Libre Belgique* : "Le noyau commercial de la place Flagey a aujourd'hui son "manager"... un travail de relations publiques..." L'idée était de trouver un nom valorisant pour ce métier nouveau, qui consiste à mieux gérer le quartier, et à relancer par là le commerce. Il suffit donc de franciser *manager* par une finale en *-eur, -euse*. L'adjectif *urbain* sera utilisé en cas d'équivoque, ou dans un contexte peu clair. On peut bien sûr justifier tout cela : en anglais, *manager* désigne "celui qui s'occupe de quelque chose, qui conduit", de *to manage*, "diriger un cheval, mener". En anglais, le mot est attesté spécialement en parlant du responsable d'une entreprise ou d'une institution, depuis 1670. *Manager* a d'abord été introduit en français en parlant d'un "maître de cérémonie, d'un organisateur", dans un contexte anglo-américain. D'autres sens ont suivi. En relation avec *management*, il a été réemprunté en 1961 et appliqué au dirigeant d'une entreprise. Il est intéressant, par ailleurs, de suivre la discussion qui a abouti à cette conclusion de *manageur*. *Auxiliaire urbain*, qui évoque "auxiliaire de propreté", c'est-à-dire "nettoyeur", ne convient pas parce que cette appellation n'est pas suffisamment gratifiante. *Délégué urbain*, *délégué de quartier* sont nobles, mais peut-être vagues. *Responsable urbain* est gratifiant, mais trop général. *Cadre urbain* fait sourire. etc. Après ce nettoyage par le vide, reste donc *manageur (urbain)*.

Le millénium

Ce mot *millénium* a fleuri un peu partout avec l'arrivée de l'an 2000. On me demande sa signification exacte. Le *millénium* (formé sur le modèle de *triennum*, "période de trois ans") est "l'Âge d'or attendu par les millénaristes". Ces adeptes croient donc au *millénarisme*, "un ensemble de croyances à un règne terrestre eschatologique (en rapport avec les croyances qui concernent le sort ultime de l'homme et de l'univers) du Messie et de ses élus, censé devoir durer mille ans". Michel Tournier en parle dans son ouvrage *Le Vent Paraclet* : "Les études que j'ai pu faire sur Joachim de Flore, le millénarisme et la place du Saint-Esprit dans la théologie orthodoxe avec l'aide d'Oliver Clément, professeur de théologie orthodoxe à l'institut Saint-Serge, m'ont passionné et enrichi, mais n'ont pas trouvé le prolongement romanesque que j'espérais". Mais c'est aussi, selon les dictionnaires usuels, un "mouvement de pensée en rupture avec l'ordre social et politique existant, réputé décadent et perverti, et attendant une rédemption collective, un retour au paradis perdu". Par exemple, chez les Romains, le *millenarius* était le "commandant en chef de mille hommes, un tribun militaire". Ce mot est passé en français dans ce sens par l'intermédiaire d'un texte de Coquillart à propos de *L'histoire de la guerre des juifs* de Flavius Josèphe. Ce n'est qu'au XVIe siècle qu'il prit le sens de "mille ans" et, vers 1935 seulement, le sens de "millième anniversaire".

One-shot et royalties

Il ne faut jamais s'énerver, mais lorsque vous entendez au cours du Journal télévisé un acteur dire : "J'espère que mon dernier film ne sera pas un *one-shot* et que vous lisez en même temps dans le dernier (excellent) roman *L'Éducation d'une fée* de Didier van Cauwelaert que le héros vit de ses *royalties*, vous vous demandez s'il ne faut pas réagir ! En consultant la *Banque de données terminologiques*, on trouve pourtant des traductions. *One-shot*, dans le domaine des affaires, est une "opération à caractère exceptionnel, éventuellement assortie d'un certain risque", et peut se traduire donc par "coup unique". Quant aux *royalties*, on sait depuis belle lurette que le mot peut se traduire par "redevances". Pourquoi donc cette utilisation intempestive ? Parfois, on le conçoit, il s'agit de raccourcis, de mots plus courts, et même plus imagés : un *airbag* anglais passe difficilement en "coussin gonflable", un *browser* d'informatique en "logiciel de navigation", mais peut-être en "navigateur" tout court, un *casting* est plus efficace qu'une "sélection artistique", et le *folder* est finalement plus simple qu'un "dépliant publicitaire", voire qu'un "porte-annonces" ! Mais il est possible de les substituer tout de même, avec un peu de motivation culturelle. Pourquoi ne pas remplacer, comme le suggèrent de bien sérieux décrets, *rating* par "notation", *reset* par "restaurer", *autocenter* par "centre automobile", *back-up* par "sauvegarde", *catering* par "ravitaillement", *coach* par "entraîneur", *spot* par "message" et *call center* par "centre d'achat" ? Quant au *challenge* qui émaille les conversations soi-disant branchées : on le traduit par "défi" ou "chalenge", avec un *l*, comme dans l'ancien français.

Opportunité ou occasion ?

Nous sommes nombreux à entendre "J'ai saisi l'opportunité" et "J'ai saisi l'occasion". Certains s'interrogent sur le bien-fondé de leur utilisation respective. Si l'on veut suivre le sens correct, l'opportunité devrait toujours évoquer l'idée de "opportun, de ce qui convient au moment, aux circonstances", nous explique Joseph Hanse. Nous parlons de l'*opportunité* d'un propos, d'une démarche, d'une décision, etc. On évitera l'anglicisme donnant à *opportunité*, qui est traduit de l'anglais *opportunity*, le sens "d'occasion". Mais n'est-ce point ici comme ailleurs un combat difficile et sans doute perdu d'avance ? On ajoutera ce sens au dictionnaire, qui pour le moment tient bon, puisqu'on y lit : "Emploi critiqué, calque de l'anglais, occasion favorable". Cela dit, le mot est emprunté au latin *opportunitas*, "chance, condition favorable", et est passé à l'anglais avant de nous revenir. C'est par le biais commercial et économique que le mot nous revient, comme c'est le cas la plupart du temps. Le *coût d'opportunité* signifie, en effet, le "manque à gagner d'une possibilité non exploitée". Dans son *Journal* en 1911, André Gide écrit ceci : "Il voulait que j'intercède auprès de Flory, juge ; heureusement Marcel Drouin, que j'allai consulter, le matin même, sur l'opportunité d'une telle démarche, m'en fit sentir l'incorrection – et je la sentais bien de moi-même ; mais rien ne m'est plus difficile qu'un geste qui peut paraître une dérobade ; c'est pourquoi je me crus tenu d'aller au Palais !"

La performance

Il s'agit probablement du mot le plus utilisé dans les médias depuis quelques mois. Il se décline dans toutes les situations, comme nom ou comme adjectif. Tout est *performant* ou devrait l'être ! À commencer, mais c'est le plus normal, par le sportif, qui se doit d'accomplir des performances. La *performance* est le "résultat obtenu par un athlète, un cheval de course (c'est d'ailleurs en tant que terme de turf que le mot a été introduit en français au XIXe siècle), etc., dans une épreuve". C'est aussi le "chiffre qui mesure ce résultat". Et justement, en langage technique, la *performance* est "l'indication chiffrée caractérisant les possibilités optimales d'un matériel, d'une machine, d'un véhicule, etc." Cela ne vous étonnera guère : c'est un mot qui nous vient de la langue anglaise, mais qui vient lui-même de la langue française. Récapitulons son cheminement : à l'origine, il y a le mot latin *performare*, ensuite le mot de l'ancien français *parformer* et enfin *performance* en anglais et son verbe *to perform*. Son utilisation, disons abusive et finalement désagréable d'aujourd'hui, est due à N. Chomsky, par exemple, un linguiste américain qui l'oppose à *compétence*, et à d'autres spécialistes en psychologie : *les tests de performance*. Hoppe et Lewin ont parlé de *niveau de performance*. En 1953, McClelland parle de l'*index de performance*. Et comme si cela ne suffisait pas, le français l'a traduit également dans le domaine du spectacle à partir du mot *happening*…

Le polygraphe

Ce terme, revenu récemment dans l'actualité, a été enregistré comme mot technique en 1972. Son étymologie est limpide : des mots grecs *polu*, "nombreux" et *graphein*, "écrire". *Poly* forme des mots techniques la plupart du temps, qui sont en opposition à *mono*. Le *polygraphe* est "l'appareil qui enregistre plusieurs variations de fonctions physiologiques". Et pour être plus détaillé : il enregistre l'activité cérébrale par le biais de l'électro-encéphalogramme, et l'activité musculaire par l'électro-myogramme. Ces divers enregistrements sont pratiqués sur un même polygraphe. Un mot qui énerva en son temps François Mallet-Joris, qui le dénonce dans *Le jeu souterrain* : "C'est drôle que je n'arrive pas à me vexer de choses comme ça. "Petit nom" ou "roman tellement frais", ou même "polygraphe", comme dans l'"Express" d'il y a un mois..." Quand et pourquoi a-t-on remplacé le "détecteur de mensonge" par le *polygraphe*, qui est donc le mot plus scientifique ? Car , si l'on a voulu faire plus court (un mot au lieu de trois), on a par la même occasion un peu obscurci le mot. Cela dit, rien à redire ! On aurait pu voir surgir un mot anglo-saxon bizarre et difficile à prononcer de surcroît. Un problème toutefois subsiste. Tous les dictionnaires usuels ne reprennent pas encore ce sens du mot. Au mot *polygraphe*, nous lisons : "Auteur qui écrit sur des sujets variés (en général des sujets didactiques), sans être spécialiste de ces matières", avec une nuance péjorative. Les correcteurs et responsables de certains dictionnaires ont donc été pris de vitesse par l'usage. Un mot qui, dès la prochaine édition, se retrouvera avec un second sens, entre *polygone* (figure géométrique) et *polygynie* (fait, pour un homme, d'être marié à plusieurs femmes).

La problématique

À force de suspicion, on en arrive à croire que l'emploi d'un mot est incorrect. La *problématique*, que la plupart des politiciens placent dans leurs interviews n'est-il pas un mot utilisé pour son allure savante, alors que le *problème* suffirait ? Le *problème* est "une question à résoudre". La *problématique* est "l'ensemble des problèmes se posant sur un sujet déterminé". *La problématique de l'emploi* me semble donc juste, par exemple. Ce mot d'origine grecque (*problêmatikos*), passé par le bas latin (*problematicus*), s'écrivait en 1490 : *probleumatique* ! C'est sous l'influence de l'allemand *Problematik* et dans un usage didactique, qu'en 1951 (c'est-à-dire récemment) le mot a désigné : "la technique qui consiste à bien poser un problème ou un ensemble de problèmes", et par métonymie, "l'ensemble des problèmes se posant". Si l'on ergote, on pourra dire que c'est une nouvelle fois un mot d'une autre discipline plus compliquée qui est jeté dans la vie courante. Possible ! Alors attendons-nous à entendre très vite le verbe en *iser* (nos communicateurs adorent ça !) : *problématiser*. Sa définition : "Organiser, présenter sous forme d'un ensemble de problèmes".

Le "rating" wallon ?

Un homme politique parlait dans un débat du *rating*... N'étant pas un spécialiste de la langue anglaise et encore moins au fait des termes économiques, j'ai cherché pour vous la signification du mot. (J'en profite pour dire qu'on parle pour être compris par le maximum de personnes à l'écoute, surtout lorsqu'on se présente sur un plateau de télévision.) Dans le dictionnaire usuel, on lit ceci : *Rating*, mot anglais, de *to rate*, "évaluer". Mot de sport. "Nombre exprimé en dimensions linéaires représentatif des qualités d'un voilier et destiné au calcul de son handicap". Est-ce clair ? Pas trop. J'ai donc poursuivi mes recherches et j'ai trouvé dans un dictionnaire français des *Difficultés de la langue française* : l'équivalent français de *rating* est "indice de performance". Je sais que dans la partie francophone de notre pays, on a le don des langues, mais tout de même ! N'aurait-il pas été plus simple de nous parler dans notre langue "d'indice de performance" lors d'un débat sur la Wallonie ?

Sophistiqué

Voilà encore un de ces mots qui, sous l'influence de la langue américano-anglaise, nous revient avec un sens modifié. Car à l'origine, il s'agit bien d'un mot grec, *sophistikos*, et puis latin *sophisticus*, *sophisticari*, "déployer une habileté trompeuse". En effet, le sens ancien du verbe français transitif était "tromper, altérer les choses." Cela se disait pour des marchandises qui sont mélangées ou altérées par la malice des marchands. "Le musc était presque toujours sophistiqué, aussi bien que le bézoard, le baume d'Egypte, etc.", rapporte Furetière. Il est passé du vocabulaire des alchimistes à celui des commerçants. Ensuite, le mot anglais *sophisticated* lui a donné un sens technique d'une "valeur de recherche poussée". À partir des années 1950, on emploie couramment *sophistiqué* pour qualifier une "personne qui se distingue dans son aspect physique et son vêtement par un style délibérément artificiel opposé à naturel ou simple" (*Sophisticated lady*). En anglais cependant, on l'oppose plutôt à la tradition et à la banalité. Après 1968, on l'applique aussi aux techniques complexes de pointe. Les puristes critiquent évidemment ces utilisations plus récentes, mais elles sont d'usage. On propose alors de remplacer cet adjectif par *maniéré*, pour une œuvre d'art, *compliqué*, pour un raisonnement, *raffiné*, pour les mots, *complexe* ou *perfectionné*, pour un appareil, *étudié*, pour une machine et *évolué*, pour une technique. Comme quoi un bon dictionnaire de synonymes peut nous sortir des mauvais pas !

Une start-up

Le tout est de ne pas se laisser envahir ! Mais comment faire lorsqu'on lit dans des commentaires de pages économiques : "Le fondateur d'une "start-up" a déniché son premier "venture capitalist" lors d'un "First Tuesday"", ou encore que "la reine Elizabeth II engrange des bénéfices lors de l'introduction en Bourse d'une start-up dont elle a acheté des parts..." ? Le hasard semblant pourtant bien faire les choses, je peux feuilleter la toute dernière édition du célèbre *Harrap's* version *shorter*. Pour *venture capitalist*, pas de problème : il s'agit d'un "pourvoyeur de capital-risque". D'autre part, le "premier mardi du mois" est devenu à Bruxelles, depuis février (mais ailleurs depuis plus longtemps), le point de rendez-vous des internautes : on y échange des informations et on y cherche des partenaires. Ainsi les jeunes entrepreneurs arborent des badges verts, les investisseurs des badges rouges, et les observateurs des badges jaunes. Il existe pour faciliter les rencontres des *grooms* à l'ancienne, comme dans les palaces, qui proposent sur des ardoises *start-up* ! Le mot anglais *groom* désigne aujourd'hui "un jeune employé en livrée" ; ce qui fut immortalisé par la première mise du personnage de Spirou, dans la bande dessinée. Jusqu'à présent, on les trouvait de moins en moins dans les hôtels ou les restaurants, en voici peut-être la renaissance dans les Bourses ? Mais que trouve-t-on à *start-up* : "démarrage, ouverture, lancement." Exemple : "There have been 500 start-ups this year", "il y a eu 500 créations d'entreprises cette année". Comme ce ne semble pas correspondre exactement au sens recherché, nous devons nous dire qu'il s'agit en réalité "d'une nouvelle entreprise créée sur *la toile*, *Internet*, par un jeune créateur."

Le stress

Bien sûr, *stress* est un mot anglais. Il date du XIVe siècle dans cette langue, et est revenu dans la nôtre vers 1950. J'utilise à dessein le verbe revenir, car avant d'être anglais le mot était français ! Il vient de *destrece*, "détresse" ou de *estrece*, "oppression". Et évidemment, avant cela, il était latin : *strectiare*, de *stringere*, "serrer", qui a donné *étreindre*. Cela ne change rien au long cheminement anglais qui a fait revenir le *stress* dans les commentaires quotidiens d'aujourd'hui. Le docteur Edmond Sergent avait écrit un texte tentant de s'y opposer, *Comment traduire "stress"* : "Il nous semble qu'il n'y a pas lieu d'essayer de traduire en français par un vocable unique, – et encore moins d'introduire tel quel dans la langue française –, un mot étranger qui correspond à des états physiologiques ou pathologiques divers et mal définis d'ailleurs. Il suffit d'utiliser pour chaque nuance du mot "stress" un terme de la bonne langue courante." Rien n'y fit ! Depuis que l'endocrinologiste canadien Hens Selye en 1936 a défini la notion de *stress*, celui-ci désigne donc "la réponse de l'organisme aux facteurs d'agression physiologiques et psychologiques ainsi qu'aux émotions qui nécessitent une adaptation." Par extension, c'est devenu "l'action brutale contre l'organisme d'un choc infectieux, chirurgical, voire du surmenage quotidien". Comment l'éviter ? Pas le *stress*, mais le mot *stress* ! On pourrait le remplacer par *angoisse*, *tension*, *inquiétude*, *agression*, mais s'il est si bien installé, ce mot, c'est sans doute parce qu'il répond exactement à l'idée qu'il suggère. Le *stress,* c'est le *stress*, quoi !

Surfer

Une lectrice m'écrit ceci : "Autrefois on se plaisait à dire : déambuler, se mouvoir, se promener, naviguer, errer dans la vie. Maintenant on pourrait dire qu'on "surfe". Ce n'est pas plus mal, me semble-t-il. Mais me vient un doute : peut-on utiliser ce verbe ?" Ma première réaction est de la féliciter pour son ouverture d'esprit, qui accepte un nouveau terme. On sait que ce n'est pas facile. Ensuite, ma réponse est oui, on peut utiliser ce terme. Le dictionnaire usuel nous en donne quelques définitions : le *surf* est le "sport consistant à se maintenir en équilibre sur une planche portée par une vague déferlante". Le mot, qui désigne aussi par ailleurs la planche en question, est un abrégé du mot anglais *surf-board*, de *surf*, "ressac" et *board*, "planche". Officiellement, il est accueilli en français depuis 1961. Le verbe *surfer*, accepté en 1964, c'est, ou bien "pratiquer le surf", ou bien "se laisser porter par une conjoncture favorable ; adapter son comportement aux circonstances". On peut ainsi *surfer* sur les sondages ou sur la mode. Depuis 1975, on a également francisé les adeptes du *surf*, en les nommant des *surfeurs* et des *surfeuses*. Ce qui n'était pas encore le cas en 1939 lorsque Philippe Hériat publia son célèbre roman *Les Enfants gâtés*. Voici un passage qui concerne le mot d'aujourd'hui : "Cependant, vers cinq heures, la marée se fit sentir et les garçons en profitèrent pour un sport que je ne pus partager. Il s'agissait du surf-board, jeu violent venu, je crois, d'Honolulu, et où les femmes ne se risquent pas."

Symposium ou séminaire ?

Symposium, *séminaire*, *congrès*, *colloque*, *conférence*, *forum*. Quand utiliser ces mots ? Tout d'abord, nous pouvons signaler que *symposium*, *forum* et *colloque* sont synonymes. *Symposium* vient du grec *sumposion*, "banquet", par allusion au célèbre *Banquet* de Platon. *Colloque* vient du latin *colloquium*, "entretien", et *forum* est demeuré le mot latin d'origine. Il s'agit d'une "réunion ou congrès de spécialistes sur un thème scientifique particulier". On s'aperçoit donc tout de suite que *congrès* n'est pas loin. Le mot vient aussi du latin *congressus* et signifie : "réunion de personnes qui délibèrent sur des recherches, des études communes ou des intérêts communs en différents domaines". Les seules nuances à donner pour ces quatre premiers mots seraient donc : que le symposium est une réunion ou un congrès et que le forum est accompagné d'un débat. Pour séminaire, du latin *seminarium*, "pépinière", il s'agit d'une "réunion de professionnels pour l'étude d'une ou de plusieurs questions précises" ; ce peut être aussi un "groupe d'étudiants et de chercheurs travaillant sous la direction d'un enseignant". Quant à la *conférence*, du latin *conferre*, "réunir", c'est "un échange de vues entre deux ou plusieurs personnes" synonyme de réunion, ou c'est aussi un "exposé oral, public, où l'on traite de questions littéraires, religieuses, scientifiques, etc." À vous de faire votre choix pour qu'il corresponde au mieux à la définition de ce que vous organisez. Alors que nous sommes à l'ère de l'approximation, cette précision nous changera !

Le tilde

Depuis l'envahissement du monde de l'ordinateur dans notre vie quotidienne, il est des signes et des mots qui naissent, renaissent, évoluent. Le *tilde* est donc apparu dans la composition de certaines adresses électroniques. Le tilde est le signe typographique qui se présente en forme de *s* couché. Il annonce une sous-catégorie, par exemple après *be*, comme dans be/~internetprog.html. Le *tilde*, en phonétique et dans les textes anciens imprimés, surtout aux XVIe et XVIIe siècles, indique une nasalisation : le *a* surmonté d'un tilde se prononce *an*. Ce signe se place sur le *n* quand il est "mouillé". Le mot est entré dans notre langue au XIXe siècle. En espagnol, il est de genre féminin. Son origine est latine : *titulus*, "titre, inscription". D'autres mots sont dérivés de ce terme latin : *titulaire*, *titulariser*, etc. *Titulariser,* c'est "rendre titulaire un emploi", c'est-à-dire occuper une fonction pour laquelle une personne a été choisie ou nommée. Un texte de la loi française de 1885 dit : "Le doyen, placé à la tête de chaque faculté, est nommé pour trois ans par le ministre, parmi les professeurs titulaires, sur une double liste de deux candidats présentée, l'une par l'assemblée de la faculté, l'autre par le conseil général des facultés." On parle aussi de *chanoine titulaire*, "qui est revêtu d'un titre" ; de *patron titulaire*, pour "le saint qui donne son nom à une église" ; d'*évêque titulaire*, "qui n'a que le nom d'un diocèse ou d'une église, sans avoir de pouvoir juridictionnel"... Dans *La Peste* d'Albert Camus, on trouve : "Lorsque vingt-deux ans auparavant, à la sortie d'une licence que, faute d'argent, il ne pouvait dépasser, il avait accepté cet emploi, on lui avait fait espérer, disait-il, une titularisation rapide."

Le virtuel

"*Virtuel,* voilà encore un mot qui a aujourd'hui un sens très éloigné de celui qu'il avait à l'origine", me fait remarquer Marc Moulin. Le mot, rare jusqu'en 1700, vient du latin scolastisque *virtualis*, lui-même venant du latin *virtus*, "vertu". *Virtuel* est ce "qui est en puissance, potentiel, possible". Mais la *réalité virtuelle* concerne des "images de synthèse tridimensionnelles". D'inexistant, le sens en devient parfaitement existant, omniprésent même, mais de façon immatérielle. Paul Éluard écrit : "Le peintre rêve, il imagine, il crée. Et soudain, voici que l'objet virtuel naît de l'objet réel, qu'il devient réel à son tour." Et Paul Valéry : "Imaginez donc le papier disparu : billets de banque, titres, traités, actes, codes, poèmes, journaux, etc. Aussitôt, toute la vie sociale est foudroyée et, de cette ruine du passé, l'on voit émerger de l'avenir, du virtuel et du probable, le réel pur." Mais pourquoi le mot vient-il de *vertu* ? Son sens abstrait de "pouvoir, possibilité" est demeuré tel dans la locution *en vertu de*, "en conséquence, par le pouvoir". Dans *Bella*, Jean Giraudoux écrit ceci : "C'étaient ceux encore que la société déconcertait ou réprouvait, et qui se réfugiaient en vertu du droit d'asile dans un des rares points de l'univers où mouraient les préjugés." Tout cela est bien joli et bien littéraire, mais il faut tout de même avouer que, si le mot *virtuel* est bien présent aujourd'hui, c'est surtout par le calque du mot anglais *virtual*, "véritable". Le monde virtuel devient alors le véritable monde de l'Internet ! Et, par ailleurs, si vous vous ennuyez, vous pouvez aussi compter le nombre d'intrusions de l'adjectif *véritable* dans les conversations, les articles et les déclarations.

Zipper ?

Un confrère journaliste propose dans un éditorial le nouveau verbe *zipper*, et il s'en explique : "Internet permet de faire apparaître sur l'écran de votre ordi des textes et des images… En raison de "l'étroitesse" des lignes téléphoniques, les images sont encore d'un petit format et saccadées. Pour les émissions enregistrées, vous pouvez déplacer un petit bouton carré le long d'une réglette à l'aide de la souris pour avancer ou reculer dans le programme. Comme cette réglette avec son bouton ressemble à une tirette, je propose d'appeler cela "zipper". Ainsi, "zipper" c'est se déplacer en quelque sorte dans le temps tandis que "zapper" c'est se déplacer dans l'espace télévisuel, d'une chaîne à l'autr…" Bravo pour cette initiative : la langue nous appartient et c'est nous qui la faisons évoluer, vous et nous. Quelques remarques : *Zip* est le nom déposé de ce que les Français appellent une "fermeture à glissière" et que nous appelons en Belgique "tirette" ou "fermeture Éclair" (avec également le nom d'une marque). Le verbe *zipper* est déjà enregistré dans les petits dictionnaires, mais signifie actuellement "garnir un sac, un vêtement d'un *Zip*", ce qui permettrait d'y ajouter ce nouveau sens. Je remarque enfin que le verbe *zapper* s'installe vraiment dans notre langue, faisant fi des propositions venues des spécialistes : *pianoter*, verbe proposé dès 1987, ou *pitonner*, verbe utilisé au Québec, jouant sur le mot "chaîne" et "piton rocheux". Le verbe *pitonner* existe pour "pianoter sur un clavier".

V.

Et si nous nous corrigions…

En Belgique, nous organisons la célèbre dictée annuelle du Balfroid. Certains contestent parfois le bien-fondé de la connaissance de l'orthographe et, par là, celui d'une dictée, sous forme de compétition. Que leur répondre ? Sans être aussi catégorique que Condillac qui écrivait : "Je regarde la grammaire comme la première partie de l'art de penser", on peut apporter plusieurs justifications à la bonne orthographe. Tout d'abord parce que c'est une discipline qui est indispensable à la plupart des requêtes d'emploi, et qui sera donc l'un des arguments d'engagement, (à ce propos, il n'est tout de même pas inutile de vivre cette école de rigueur pour se former l'esprit), ensuite – et c'est aussi important ! – parce que c'est un outil commun de communication et qu'il faut bien s'appuyer sur certaines conventions (au fond, c'est de la politesse, une forme du respect des autres), enfin et surtout, parce que les erreurs peuvent dénaturer un texte et donc provoquer l'effet inverse : l'incompréhension. Dans le cas de la dictée créée par Liliane Balfroid, il s'agit des élèves de sixième primaire. C'est un moment clé pour l'orthographe ! Une fois ces notions acquises, il devient plus facile de réfléchir au sens des mots et des phrases, lorsque l'automatisme de l'orthographe est ancré dans la mémoire. Une question revient souvent : qui règle l'orthographe ? Alors que la construction d'une maison, la conduite d'une voiture, etc. sont réglées par des lois, aucune ne protège ce bien commun qu'est la langue française. Les règles de grammaire sont des procédés dégagés par les grammairiens pour faciliter l'étude de la langue. La norme se trouve dans les dictionnaires. Mais le vrai souverain, c'est l'usage.

L'accord du participe passé

"Les concurrents s'en sont donné à cœur joie" ou "Marie s'est assurée que Pierre dormait..." Avouons que ces tournures de phrases comprenant le participe passé nous rendent souvent perplexes ! Nous essayons de nous souvenir de toutes ces règles, qui comptaient bon nombre d'exceptions. Marc Wilmet, président du Conseil de la langue française, propose un excellent ouvrage, qui nous permettra de mettre de l'ordre dans nos idées : *Le Participe passé autrement*. "Le participe passé, encore ? À quoi bon ces palinodies, ces éternelles resucées de matière morte ? Et autrement, quelle prétention ou quelle farce !", sont les premières lignes de l'avant-propos du livre, et on y reconnaît bien le franc-parler et la joyeuse et vivante santé linguistique de l'auteur. Celui-ci propose à notre réflexion cette phrase de Marcel Cohen en exergue : "... et de nombreux enfants échouent à des examens, pour la non-application écrite de règles dont une grande partie des gens cultivés ne font pas usage quand ils parlent." Marc Wilmet nous explique que la grammaire française, édifiée à la fin du XVIIIe siècle, retouchée au siècle suivant, est restée jusqu'à nos jours, malgré l'essor de la grammaire scientifique, une pédagogie de l'orthographe, et l'accord du participe passé demeure l'incontournable pont aux ânes. La méthode proposée par Marc Wilmet est à la fois rapide, sûre et rigoureuse. Au-delà de l'objectif pratique, elle permet d'exercer la réflexion, le sens de la langue et la perception des nuances.

Allochtone et immigré

Existe-t-il une différence entre les mots *allochtone*, *immigré*, *aborigène*, etc. ? Pour sérier le problème, notons deux notions : celle d'*autochtone* tout d'abord. Celui-ci est "issu du sol même où il habite". Ce mot est quasi synonyme d'*indigène*, "qui habite depuis longtemps une région", et d'*aborigène*, qui est plus didactique. Seconde notion, celle d'*immigration*. À l'origine, le terme d'*immigrant* désigne une "personne qui arrive de l'étranger", et le terme d'*immigré* signifie "qui est venu se fixer dans un pays étranger au sien". On peut donc dire que l'*immigrant* est un futur *immigré*. Depuis le milieu du XXe siècle, la signification du mot est devenue plus particulière : "se dit d'un étranger, souvent issu d'un pays peu développé, qui travaille dans un pays industrialisé". L'adjectif *allogène* se traduit par "qui est d'un autre groupe ethnique plus récemment installé que celui qui est majoritaire dans un pays". Quant à l'adjectif *allochtone*, il est donné comme rare. C'est un adjectif issu du vocabulaire de l'écologie, "qui se dit d'une espèce (plante, animal) introduite récemment dans la région considérée". Une nouvelle fois, voilà un mot rare qui est emprunté à une autre discipline que celle qui est en jeu (l'écologie pour la sociologie), et qu'on jette ainsi dans la mêlée médiatique, sans la définir, sans la redéfinir surtout. Ce n'est pas interdit et il est même possible que, dans quelque temps, nous ajoutions cette nouvelle utilisation au dictionnaire. En attendant, si on utilisait tout de même les mots que nous connaissons ?

L'alternative

Le mot *alternative* ne veut pas dire "solution de rechange" dans notre langue ! Mais en effet, en anglais, *There is no alternative* signifie : "il n'y a pas d'autre solution". D'où la confusion. Or, une *alternative,* c'est un choix entre deux possibilités. On doit dire, par exemple : "Le gouvernement est placé devant l'alternative suivante : répondre aux bourgmestres ou faire la sourde oreille." Si on y réfléchit bien, lorsqu'on parle de deux alternatives – comme on l'entend souvent – cela suppose qu'il y aurait quatre solutions ! Dans le droit fil de cette réflexion, on ne devrait pas utiliser non plus *alternative* dans un slogan du style : l'alternative libérale. C'est le mot *solution* qui convient ici. Bien sûr, ce mauvais usage s'est répandu, même chez Littré paraît-il, et le chemin entre l'incorrection et le nouvel usage est rapide. On l'a vu récemment dans les explications données dans ces colonnes lors de la sortie des nouveaux petits dictionnaires usuels… Alors sans doute l'*alternative*, dans le sens de "possibilité, d'hypothèse, d'option", s'installe-t-il irrésistiblement dans notre nouvelle langue laxiste. À moins que cette rubrique ne serve à quelque chose ?

Au revoir ou adieu ?

La locution interjective *au revoir*, ainsi que le nom masculin un *au revoir*, datent de 1798. Deux expressions les avaient précédés : *adieu jusqu'au revoir* en 1644, et *jusqu'au revoir* en 1660. Ces expressions étaient elles-mêmes nées de *le revoir*, "le fait de revoir quelqu'un", en 1549. De façon beaucoup plus familière existe depuis 1821 le dérivé : *à la revoyure !* Donc, *au revoir* est une formule de politesse pour prendre congé. La différence avec *adieu* est toujours bien réelle et existe depuis le début du XIXe siècle, puisque cette interjection ou ce nom s'emploie pour saluer quelqu'un que l'on ne reverra pas ou que l'on ne reverra plus. Quand on dit *adieu* à quelqu'un c'est "qu'on y renonce". "Tout est fini entre nous, adieu !", peut-on dire. Ou encore, nous pouvons faire des adieux déchirants. *Adieu* est dans un premier temps une formule de recommandation à Dieu, évidemment, et apparaît dès le XIIe siècle dans la langue française sous la forme de *adeu*. C'est ainsi qu'on se sépare et parfois qu'on se rencontre, et dans ce cas c'est l'équivalent de *bonjour*. Au XIXe siècle, on disait *sans adieu* pour dire "à bientôt", ce qui semble logique. Mais, pour en terminer (un *au revoir* mais pas *un adieu*, cela va sans dire !), sachez que l'expression *à Dieu vat* est elle aussi d'origine maritime. C'est un ancien souhait de bonne navigation qui s'est employé pour "virez de bord !" et qui fut remplacé par "envoyez !" Au XIXe siècle, il devint synonyme de *à la grâce de Dieu*.

Au temps pour moi !

Au temps pour moi est l'orthographe qu'il faut préférer à *autant pour moi*, qui s'installe doucement dans les mœurs linguistiques. La raison principale de la faute est que cette expression est plus orale qu'écrite. Pourquoi *temps* ? Parce que "Au temps !" est un commandement militaire ou de gymnastique. On peut même l'imaginer en musique. Il s'agit de revenir au temps précédent dans l'exercice de marche, par exemple. C'est un sens technique précis : "Revenir à la position précédente en vue de recommencer le mouvement", dit l'Académie française. On peut l'utiliser au sens figuré : "On admet son erreur et la nécessité de reprendre et reconsidérer les choses". Exemple : au cours du *Jeu des Dictionnaires*, quelqu'un dit qu'il ne faut sans doute qu'un *n* dans le mot *péronnelle*. Il se reprend et dit : "Au temps pour moi ! Je pensais au mot prunelle."

Bon, je ne vous ferai pas l'affront, puisqu'il s'agit de *autant*, de redire que la réponse *j'aime autant* pour marquer l'acquiescement, à la place de "je veux bien, j'y consens, oui…" est un régionalisme à éviter !

Point d'orgue et bémol

"Le point d'orgue", nous dit le dictionnaire, "est le signe placé au-dessus d'une note ou d'un silence pour en augmenter la durée à volonté. Au figuré, c'est une interruption dont la durée semble très longue, pesante ; c'est aussi le point culminant d'un phénomène." Le *point culminant* aurait-il cessé d'exister ? Et comment admettre qu'il soit remplacé par un silence ? Dans le même ordre d'idée, l'emploi de l'expression *mettre un bémol*, utilisée à tort et à travers. Dans le langage familier et au figuré, *mettre un bémol,* c'est "parler moins haut ; atténuer la violence, l'ampleur de quelque chose". Le problème, une fois de plus, est la multiplication soudaine et à tout propos de ces mêmes expressions, qui deviennent alors des tics de langage. Puis-je vous rappeler les *c'est vrai que* qui commencent une phrase sur deux dans les interviews (cette formule introduit une concession, ou ajoute une précision à ce qu'on vient de dire. En incise, c'est une forme d'assentiment. Tout cela est donc souvent correct mais utilisé trop souvent), ou les *en fait* qui parfois, dans certaines émissions télévisées, interviennent toutes les 45 secondes (j'ai vérifié, montre en main). *En fait*, comme *de fait* et *par le fait*, se traduit par "en réalité, effectivement". "Elle avait, du moins, l'expression adéquate de l'attention ; en fait, elle devait être à mille lieues de là, songeant à ses enfants", écrit Jean-Louis Curtis.

Un cas de figure

Voilà une expression que nous entendons beaucoup et qui vous fait sursauter. On nous écrit : "Hier, je suis tombé sur un horrible "cas de figure" qui m'a évidemment déplu". Je vous renvoie à ce propos à un texte de Ernest Kahane, publié il y a dix ans par les "Amis de l'Académie Française". En voici un extrait : "Il va de soi que pas un sur cent de ceux qui se gargarisent du "cas de figure", ne sait que cette expression de bon aloi appartient au vocabulaire de la géométrie élémentaire. Elle sert à désigner les aspects différents de la figure qui représente un problème suivant les valeurs ou les dispositions relatives attribuées aux données. On voit que cela est assez étranger au verbiage nourri d'incertitude de ceux qui se sentent en quelque sorte portés au-dessus d'eux-mêmes lorsqu'ils ont plein la bouche du "cas de figure" !" Je suis perplexe, partagé. Il est bien vrai que l'expression nous vient de la géométrie, comme d'autres expressions qui glissent d'un usage à un autre. Mérite-t-elle un tel opprobre ? Parce que dans le même ordre d'idée, je signale que le *cas de conscience*, "problème moral difficile", vient du langage de la théologie ; que le *cas d'espèce*, "cas particulier, à traiter à part," vient du langage philosophique ; que le *cas de force majeure*, "événement contre lequel on ne peut rien", vient du langage du droit. En effet, la *force majeure* était "l'ensemble des circonstances imprévisibles et inéluctables libérant quelqu'un d'une obligation". Mais le sens de vos critiques est d'attirer notre attention sur l'abus : car, au lieu de *cas de figure*, on peut souvent employer "cas", plus simplement.

Cela dit

Voici probablement une des fautes les plus courantes chez nous : l'utilisation de l'expression *ceci dit* en place de *cela dit*. En principe, dans la langue surveillée (mais ne devrait-ce pas être aussi celle de nos journaux d'information ? Dans un seul Journal télévisé, j'en ai compté sept… et pas tous du seul fait de la présentatrice, mais également de certains invités politiques), *ceci* renvoie à ce qui suit, et *cela* à ce qui précède. On dira donc : "Les chiens ont du flair, tout le monde sait cela." Ou encore : "Il en résulte ceci : les élections ne sont pas jouées." C'est pourquoi on demande de ne jamais utiliser *ceci dit*. Lorsqu'il est employé seul, *ceci* annonce ce qui va suivre. Cependant, en dehors des cas où existe une opposition, c'est *cela* qui tend à l'emporter. Exemples : "Ceci est mon dernier mot : je m'en vais." et "Le bonheur a cela de bon qu'il rend généreux." Mais bien sûr, on sait d'autre part que *ceci* renvoie à ce qui a été dit en dernier, et *cela* à ce qui a été exprimé en premier. Les exemples abondent dans les phrases quotidiennes : "Ce chanteur avait perdu beaucoup de sa notoriété en enregistrant des textes débiles, mais il s'est acquis une réputation nouvelle d'animateur de talent, ceci compense cela." *Ceci* désigne le gain de réputation et *cela* la perte de notoriété.

C'est ou ce sont ?

La règle a l'air très simple et la voici : le verbe "être" ayant pour sujet le pronom "ce" se met ordinairement au pluriel quand l'attribut est un nom pluriel ou un pronom de la 3e personne du pluriel. Et *Le Français correct* de nous donner un exemple : "Ceux qui vivent, ce sont ceux qui luttent" (Victor Hugo). Le singulier s'emploie dans la langue parlée et familière, et aussi dans la langue littéraire, quand l'auteur veut reproduire l'usage oral ou s'inspire de la tradition classique. Exemple : "L'enfer, c'est les autres" (Sartre). Mais, comme vous l'avez souligné, les nuances sont nombreuses. En voici quelques-unes : le verbe "être" suivi de "nous" ou de "vous" se met à la 3e personne du singulier : *c'est nous*. Le singulier est aussi très fréquent dans les expressions *ce peut être*, *ce doit être*, *ce ne saurait être* alors que l'attribut est un nom pluriel ou un pronom de la 3e personne du pluriel. Si le complément pluriel inséré dans l'introducteur "c'est... que" n'est pas attribut de *ce*, le verbe de l'introducteur reste au singulier : "C'est pour vous que je travaille". Le verbe "être" ayant pour sujet le pronom "ce" reste au singulier dans *si ce n'est*, qui signifie "excepté" : "Si ce n'est eux, quels hommes eussent osé l'entreprendre ?"... Bref, rien n'est simple, et il est évident que la consultation du livre de Grevisse est recommandée pour les vérifications. D'ailleurs, le sous-titre du livre n'est-il pas *guide pratique* ?

Une chausse-trappe

Dans l'édition du *Dictionnaire de l'Académie française* de 1992, le mot *chausse-trape* est devenu *chausse-trappe*. Et mieux, d'après les rectifications de l'orthographe, qui datent elles de 1990, on devrait pouvoir écrire *chaussetrappe* et au pluriel des *chaussetrappes*. Le mot signifie aujourd'hui un "piège à renard et à d'autres animaux". Au figuré, il se traduit par "piège, ruse pour tromper quelqu'un". Cela désigna aussi un "moyen de défense constitué d'un pieu camouflé au fond d'un trou ou un assemblage de pointes de fer, dans des fortifications". Ce vieux mot français a été longtemps une *chausse-trape* de l'orthographe ! Ce mot existait en latin médiéval sous la forme de *calcatripa*, "chardon". Il est composé de l'ancien français *chaucier*, "fouler", qui vient du latin *calcare*, "cauchemar" et de *treper*, "marcher sur, trépigner". Ce mot existait surtout en picard et désignait "l'ensemble des plantes ornées d'épines" (le chardon latin). Du mot *kanketreppes* s'est rapproché celui de *trappe*, "piège", et a donc donné le "piège à animaux". Quant à l'hésitation du *p* ou du double *p* dans le mot, la seule explication semble être celle d'une perte de mémoire de la racine du mot ! Comme quoi ! Pendant si longtemps on nous a fait croire que si nous écrivions *chausse-trape* avec deux *p*, cela dénotait un manque flagrant de culture. Et rien ne justifiait pourtant logiquement cette orthographe singulière.

Concocter

Le verbe *concocter* est mis à toutes les sauces depuis quelque temps. Nous devrions pourtant l'utiliser avec circonspection. Le terme est familier et archaïque, mais il a été remis à la mode orale par Raymond Queneau en 1950. "Mais soudain, par bonheur, surgit de son réservoir à bien-bonnes (bonnes histoires) une plaisanterie qu'il concocta en classe de quatrième", écrit-il dans *Le Dimanche de la vie*. Il a le sens propre de "mijoter, cuisiner", et le sens figuré de "préparer un projet compliqué". Le mot *concoction* a été supplanté en son temps par le mot *digestion*. Dans le sens de "cuisson des aliments", on le trouve encore chez Brillat-Savarin en 1825, ou chez Balzac en 1847. Celui-ci écrivait *concoctionner*, dans le sens de "mitonner". Le verbe ou le nom est formé de *cum*, "co" et *coquere*, "cuire". *Concoquere* signifiait en latin "cuire ensemble", et puis "digérer" ; par métaphore, c'est devenu "résoudre, réfléchir". Tout le débat est donc celui-ci : ce verbe *concocter*, qui ne sonne d'ailleurs pas si bien que cela !, qui normalement doit être utilisé de manière familière et même, dit encore aujourd'hui Le Robert "par plaisanterie", deviendra un verbe à part entière, sans restrictions, et signifiant : "élaborer quelque chose de compliqué". Dans ce sens déjà, on entend : "Le vice-premier a concocté une loi qui résoudra les problèmes" ou "Qu'avez-vous concocté comme billet d'humeur ce matin, mon cher ?" L'usage va-t-il suivre ? Allez-vous le suivre, vous ?

Êtes-vous convivial ?

Depuis peu de temps, nous entendons à tout propos les termes *convivial* et *convivialité*. Je ne me suis pas inquiété, car ces termes sont jolis et définissent des réunions joyeuses, de bons rapports dans des groupes, tels que je les pratique, par exemple, avec mes amis dans les émissions du *Jeu des Dictionnaires* et de *Forts en Tête*. Et puis, je me suis interrogé. Patatras ! C'est encore une fois par la langue anglaise qu'ils nous reviennent : *Convivialité* a été recherché récemment, en 1973, dans la traduction d'un texte anglais d'Ivan Illitch, dans le sens "d'ensemble de rapports d'un groupe, etc." Mais de surcroît il nous est revenu par l'informatique, et c'est ainsi surtout que ces termes ont été remis à la mode ! Figurez-vous que ce mot latin *convivialis* a été repris en anglais, comme chez nous, (avec la même orthographe *convivial*), mais qu'il signifie aujourd'hui "d'un accès facile, en parlant d'un système informatique". Ce sont les Américains qui ont lancé le mot dans ce sens. Nous parlerons donc d'américanisme. Je ne sais pas pourquoi, mais cette découverte me rend le mot un peu moins joyeux…

Dans ma rue

La chanson *Dans ma rue*, qui a lancé Philippe Swan, me fait songer aux différentes formes utilisées avec *rue*. Trois constructions semblent exister : *Dans la rue*, *sur la rue* et *à la rue*. À première vue, tout est simple. On dit normalement *dans la rue* parce qu'elle est bordée de maisons qui constituent un volume, explique le *Français correct* de Grevisse. Et de citer Montherlant : "Je ne veux pas qu'on nous voie porter des valises dans la rue." *Sur la rue* s'applique à une maison, à une fenêtre, à une porte donnant sur la rue, précise-t-on ensuite. Pierre Loti écrit : "Ma chambre d'enfant était au premier sur la rue." Enfin, *à la rue* se dit en parlant d'une personne "sans logis, sans domicile fixe, dans le dénuement". Parfait, mais le commentaire poursuit : cet usage régulier n'est pas toujours suivi ! En Belgique et au Canada, on dit couramment *sur la rue* pour *dans la rue*. On dit aussi chez nous, comme en Suisse ou dans l'est de la France, *en rue* pour *dans la rue*. Et même, on entend en Belgique *à rue*, *à front de rue* pour "(qui donne) sur la rue". En effet, l'usage régulier n'est pas toujours suivi ! À propos de boulevard, d'avenue, de place et de rue, on explique que l'utilisation d'une préposition se fait selon les lieux : demeurer dans une rue, sur ou dans une avenue, sur un boulevard, sur une place. Et enfin, pour l'indication du domicile ou de l'adresse, les noms qui sont suivis de la dénomination propre de la rue se construisent ordinairement sans préposition, ni article : "Je travaille boulevard Reyers, boulevard Tirou ou boulevard Jacqmain..." Simple non ?

Débuter et démarrer

Bien volontiers, je reviens sur l'emploi des verbes *débuter* et *démarrer.* Le verbe *débuter* est intransitif. On ne peut pas *débuter* un programme par tel disque, par exemple, mais on peut commencer l'émission par tel disque. La meilleure solution est de remplacer le verbe intransitif par *commencer*, *entamer*, *faire démarrer*, *amorcer*, *attaquer*, etc. Quant au verbe *démarrer*, il n'est transitif qu'en terme de marine, car "détacher le cordage" c'est *démarrer* le navire. Ainsi André Gide, dans *Paludes*, écrit : "Alors enfin revint Hubert, couvert de feuilles et de vase. Nous démarrâmes le canot plat et, le poussant avec des gaules au travers des tiges froissées, dans l'horrible clarté d'avant l'aube, nous recueillîmes nos victuailles." On peut dire qu'une voiture *démarre*, car elle entre en mouvement. Là aussi les substituts transitifs sont nombreux : *lancer*, *entreprendre*, *engager*, *déclencher,* ou... *faire démarrer.* "Ils me vêtirent et me donnèrent de l'argent. Je savais à quoi l'argent devait servir, il devait servir à me faire démarrer. Quand je l'aurais dépensé je devrais m'en procurer d'autre, si je voulais continuer.", trouve-t-on dans les *Nouvelles* de Samuel Beckett. Reste le problème récurrent de l'usage (oserai-je dire du"mauvais usage") et de son insertion au sein des dictionnaires usuels. À la notice *débuter*, nous lisons bien que l'emploi transitif est familier et critiqué, mais à celle de *démarrer*, aucune restriction, aucun avertissement pour l'utilisation transitive du verbe ! (on pourrait donc aujourd'hui "démarrer une voiture", selon l'exemple du dictionnaire usuel...) Faute ou non ?

Le "e" qui n'existe pas !

Une des remarques qui revient le plus souvent dans votre courrier concerne ce *e* qui n'existe pas et que bien des personnes ajoutent aux mots dans leur conversation. Voici des exemples donnés par une lectrice : "Un match(e) de tennis, le trafic(e), le téléspectateur qui doit être couver(e)t par une bonne assurance, les contrôleur(e)s de la SCNB, le vainqueur(e), le secteur(e), la couleur(e), et j'en passe. Parfois même le qualificatif d'un mot de genre masculin se féminine lui aussi dans la prononciation : le parcour(e)s spécial(e)." Notre correspondante conclut : "Cette manière de parler ressemble aux intonations de nos voisins et amis de France. Mais nous sommes en Belgique !" Dans son ouvrage *Les Pièges du français actuel*, André Jouette (d'origine belge avec un tel patronyme ?) stigmatisait déjà au début de la décennie ces mauvaises prononciations. Il désignait du doigt, à l'époque, les présentateurs de radio et de télévision, et sans doute plus précisément ceux qui étaient spécialisés dans le sport, si j'en juge par les exemples où l'on entend un *e* inexistant : *Parc(e) des Princes*, *Match(e) nul*, *en direct(e) de…* C'est un tic de langage qui nous vient surtout de Paris et du monde sportif, mais pas seulement. En revanche, on peut ajouter que certains *e* qui devraient se faire entendre disparaissent souvent, comme dans *trente-cinq* qui se prononce souvent erronément *trent'cinq* ou dans *décevant* (*déc'vant ?*), *concevoir* (*conc'voir ?*), *déjeuner* (*déj'ner ?*) et chez nous l'incontournable *nav'teur* au lieu de *navetteur*, mot dans lequel le *e* doit être prononcé, cela va de soi.

Un peu d'élégance !

"Vous conviendrez", m'écrit-on, "qu'un langage correct ne suffit pas, l'élégance aussi s'impose." Et de me citer, parmi d'autres, trois mauvaises habitudes. La première concerne la négation. Trop souvent, on oublie le *pas* de la négation *ne...pas*. Le *ne* s'emploie seul dans des phrases proverbiales ou dans des phrases toutes faites ("Il n'est pire eau que l'eau qui dort") ou lorsqu'on veut renforcer la négation ("Il n'ose parler"). La deuxième concerne le terme *problème* : "Il ne semble pas être utilisé correctement dans "poser problème". Ne faut-il pas nécessairement écrire "poser un problème" ou "poser tel ou tel problème" ?" Je confirme et, de toutes manières, si l'on imagine un tour nouveau, il n'est pas élégant. Enfin, la troisième mauvaise habitude est l'emploi d'une locution, certes juste, mais si lourde : *c'est la raison pour laquelle*... À son propos, l'on m'écrit : "Cela me fait penser à ces orateurs qui, pour reprendre leurs esprits, en attente, meublent leurs discours en prononçant une phrase creuse. Mieux ne serait-il pas de supprimer "pour laquelle", le mot "raison" pouvant être lui aussi remplacé par bien d'autres..." Si nous voulons simplifier, pourquoi ne pas remplacer "C'est la raison pour laquelle je serai absent" par "Pour cette raison, je serai absent"... Frédéric Dard confirme par l'exemple le style ampoulé de l'expression dans *Le Secret de Polichinelle* : "San Antonio, vous ne devinerez jamais la raison pour laquelle je vous ai mandé ! "Mandé !" C'est tout lui. Quand il jacte, on se croirait à une réception chez le marquis du Trou-Fignon."

En Avignon

Doit-on écrire *en* Avignon ou *à* Avignon ? *Le Bon usage* de Maurice Grevisse et André Goosse indique : “En Avignon” est particulièrement fréquent, mais “à Avignon” l’est plus encore… C’est par imitation de l’usage occitan ou par archaïsme que divers auteurs utilisent “en”, au lieu de “à” devant un nom de ville commençant par “a”.” L’usage occitan s’applique à Arles, Avignon, etc., tandis que l’archaïsme concerne d’autres noms comme Arras. C’est l’occasion de rappeler certaines règles. Les noms de pays se construisent avec *en* quand ils sont féminins (*En France*) ou quand ils commencent par une voyelle (*En Israël*), avec *au* quand ils sont masculins et commencent par une consonne (*Au Pérou*). On utilise *en* pour indiquer le lieu devant les noms féminins des grandes îles proches ou lointaines. (*En Sardaigne*), *à* devant les petites îles lointaines (*À la Martinique*), *à* devant les îles d’Europe (*À Malte*) ou les grandes îles aux noms masculins (*À Cuba*).

En dessous et au-dessous

Sachons tout d'abord que tous les composés de *dessous* ont un trait d'union, sauf *en dessous* et *de dessous*. Passons en revue quelques-uns de ces composés : *En dessous* veut dire "sur la face inférieure", comme dans "le chocolat a fondu en dessous" ; cela veut aussi dire "dessous et tout contre", comme dans "soulevez le livre, ma lettre est en dessous" ; mais *en dessous* peut aussi vouloir dire "en manquant de franchise", comme dans "Elle m'a regardé en dessous". L'adverbe *au-dessous* veut dire "en bas ou plus bas". Exemple : "Non ! ce n'est pas ici, c'est à l'étage au-dessous". La locution proverbiale *au-dessous de* est à utiliser de préférence à *en dessous de* : "La robe d'Armelle descend un peu au-dessous du genou". Le *dessous* peut être également utilisé comme nom. On dit : "le locataire du dessous" ou "le dessous des cartes". Existent quelques composés invariables, tels : *un dessous-de-bras, un dessous-de-bouteille, un dessous-de-plat, un dessous-de-table*... mais pas *un dessous-de-tasse*, qui se dit "soucoupe". Précisons une nuance d'utilisation : *en dessous* suppose une action physique contrairement à *au-dessous*. Dans ce merveilleux livre, *Les Silences du colonel Bramble* d'André Maurois, on lit : "La conversation britannique est un jeu, comme le cricket ou la boxe : les allusions personnelles sont interdites comme les coups au-dessous de la ceinture." Dans *Là-bas* de Huysmans on peut lire : "L'angoisse vous reprenait si l'on atteignait les ruines isolées de la chapelle et si l'on pénétrait, en dessous, par une porte de cave, dans une crypte." En conclusion, n'oublions pas non plus de nous promener *bras dessus, bras dessous*, c'est si agréable !

Ennuyeux ou ennuyant ?

Aujourd'hui, on utilise plus souvent *ennuyeux*, car *ennuyant* a vieilli (cela arrive aux meilleurs des mots aussi !) et les deux sens ont tendance à se confondre. Quels étaient-ils ? *Ennuyant* voulait dire : "qui ennuie par moment" ; *ennuyeux* voulait dire : "qui cause de l'ennui d'une manière constante". Nous voilà donc tous rassurés ! L'origine du mot est latine. Il a été formé en partant de *inodiare*, "être odieux", formé à partir de *in odio esse*, "être un objet de haine". Dans cette formule, *odio* est l'ablatif de *odium*, "haine". Jusqu'à l'époque classique, l'*ennui* s'est dit d'une "tristesse profonde". De ce sens est née l'expression : *l'ennui de vivre*. On trouve le mot dans cette définition, dans les tragédies de Racine. Il écrit, par exemple : "Je me meurs d'ennui quand je vous entends, vous autres riches, parler de vos intérêts et de vos affaires." C'est une citation plus sérieuse, que cette notation connue de Jules Renard, qui se trouve dans son journal, à la date du 5 mars 1906 : "La vie est courte, mais l'ennui l'allonge. Aucune vie n'est assez courte pour que l'ennui n'y trouve pas sa place." Par affaiblissement, *ennui* désigne aussi depuis l'ancien français une "impression de lassitude provoquée par une occupation sans intérêt, par l'inaction" au XIIIe siècle, et à partir du XVIIe siècle, le "manque de goût aux choses, une mélancolie vague". Jean Cocteau dit, dans *Thomas l'imposteur* : "La princesse dépassait la quarantaine. Elle avait des yeux vifs dans un visage de petite fille, que l'ennui flétrissait instantanément. Aussi le fuyait-elle et recherchait-elle le rire que les femmes évitent, parce qu'ils donnent des rides."

Mon épouse ou ma femme ?

"À partir de quelle situation sociale, "madame" doit-elle dire "mon époux" plutôt que "mon mari", tandis que l'époux se doit de préférer le prétentieux "mon épouse" au vulgaire "ma femme" ?" Telle est la question posée. Joseph Hanse nous explique ceci : "Époux et épouse ne peuvent être employés en toutes circonstances. Le pluriel "les époux" est courant. Au singulier, ces mots sont à leur place dans le langage administratif ou juridique ; ailleurs ils prennent facilement une coloration noble, bourgeoise, prétentieuse, particulièrement dans la conversation et quand il s'agit de l'époux ou de l'épouse de celui qui parle ou de celui à qui l'on parle". Voilà qui est clair, me semble-t-il ! Évidemment existent certains usages locaux. On dira, par exemple, "Le lauréat et son épouse ont été fêtés." D'autre part, si vous craignez d'être trop familier en disant à M. Geluck "Comment va votre femme ?", vous pouvez dire : "Comment va Mme Geluck ?" C'est un exemple pris au hasard. Le mot lui-même vient du latin *spondere*, "promettre solennellement". C'est un vieux mot juridique et religieux. C'est en effet dans le vocabulaire religieux qu'on le trouve tout d'abord en français. Il évoque l'alliance entre Dieu et le peuple juif, d'où, au XVIIe siècle, des locutions comme *l'Époux céleste*, *l'Époux de l'Église* pour désigner "Jésus-Christ" et *l'Épouse de Jésus-Christ* pour désigner "l'Église". C'est devenu aujourd'hui un terme de droit ou littéraire, mais *épouse* est d'emploi courant, lorsque *femme* est ambigu.

Une espèce de

C'est une faute courante mais qui ne peut toujours pas être admise. On doit dire *une* espèce de, et non *un* espèce de, même devant un nom masculin : *une espèce de clown*. En revanche (de préférence à *par contre*), l'accord du participe ou de l'adjectif se fait avec le nom et non avec *espèce* : "cet homme est une espèce de clown, marrant et spirituel". On sait que cette expression est péjorative. Si on ne veut pas l'être, il vaut mieux utiliser *une sorte de*. Toujours à propos du mot *espèce*, puisque nous y sommes : on écrit plutôt au singulier *de toute espèce* : "des voleurs de toute espèce". Quant à l'expression *diverses espèces de*, elle est en général suivie du pluriel s'il s'agit d'objets concrets : "diverses espèces de livres", et du singulier s'il s'agit de quelque chose d'abstrait : "Il existe diverses espèces de tristesse". Pour être encore plus complet, on distingue bien *en l'espèce* qui veut dire "dans le cas particulier qui nous occupe" : "Nous ne donnons jamais rien, mais en l'espèce, je serai généreux pour l'opération caritative", et *en espèces*, "en argent". "Nous préférons recevoir votre don en espèces plutôt qu'en chèques"…

En termes de

Trop, c'est trop ! Quel vent de folie a-t-il donc soufflé pour qu'on n'entende plus que cette expression, *en termes de*, utilisée à mauvais escient ? Je ne sais. Alors reprenons au début : *en termes de* signifie "dans la terminologie, le vocabulaire propre à une discipline, un art, une science, une pratique". Nous pouvons donc sans problème dire : en termes d'art, en termes d'informatique, en termes de médecine. On peut même admettre, avec un léger glissement de mode, en termes de budget, qui voudrait dire transposé ou traduit dans le domaine budgétaire. Mais que viennent faire les : en termes d'emplois, en termes de bien-être, en termes de chiffres d'affaires (à propos du rachat Warner par America On Line...) qui devraient tout simplement se dire : "en ce qui concerne" (et ne revenons pas avec le *au niveau de*, qui perd enfin du terrain dans les conversations). Le *terme* est un "mot, une unité lexicale, porteuse d'une signification". Autrement dit, le mot désigne l'expression d'une idée par le langage et, au pluriel (ce qui est notre cas), de l'ensemble de mots ou d'expressions choisi pour communiquer un contenu de pensée. Sachez encore que les locutions *en bons ou mauvais termes* dérivent d'un autre sens de *terme*, celui de "l'état dans lequel on arrive". *Être en termes de* au XVIe siècle signifiait : "être en voie d'accommodement" en parlant d'une affaire.

Je m'excuse de…

Pendant longtemps on m'a repris lorsque "je m'excusais de quelque chose", de rire en classe, par exemple. Jusqu'au jour où j'ai vérifié si je ne pouvais le faire et où j'ai constaté que oui ! En effet, *présenter ses excuses* et *s'excuser* ont le même sens depuis bien des années. Même si certaines personnes prétendent qu'il vaut mieux dire : "Je vous demande pardon", "Je vous présente mes excuses" ou "Veuillez m'excuser", l'expression est admise et correcte. Cela dit, il faut utiliser l'expression avec le motif. Exemple : "Je m'excuse de bâiller, mais je me suis endormi très tard." C'est sans doute de cette condition que vient la confusion. Sinon, en effet, il faut utiliser : *Veuillez m'excuser*, *Je vous prie de m'excuser*, *Excusez-moi*, *Je vous fais mes excuses*, *Je vous présente mes excuses*… *Excuser* une personne, en revanche, c'est lui "pardonner", c'est la "justifier en présentant de bonnes raisons", c'est la "décharger de sa faute". "Excusez ses bâillements, il a travaillé toute la nuit et s'est endormi fort tard." Et si vous voulez une preuve de tout ce que j'avance, voici un extrait d'un article de François Mauriac, en 1949, dans *Le Figaro* (et je pourrais utiliser la même phrase) : "Je m'excuse beaucoup auprès de mes nombreux correspondants de n'avoir pas pu, durant les vacances, tenir mon courrier à jour."

Une faute d'inattention

Beaucoup de nos professeurs nous ont recommandé l'emploi de l'expression une *faute d'attention*. Après avoir consulté les livres de référence, en particulier *Le Français correct* de Maurice Grevisse, révisé par Michèle Lenoble-Pinson, je puis vous dire que la locution nominale *faute d'attention* est impropre. "Il y a parfois confusion entre la locution et le nom", y lit-on, "Le nom "faute", qui signifie "manquement aux règles d'une discipline, d'un art, d'une technique" peut être suivi d'un complément prépositionnel indiquant la cause." Et de citer des exemples : dans le fascicule du *Dictionnaire de l'Académie*, c'est "une faute d'inattention", dans le Littré c'est "une faute commise par inattention", François Nourissier : "On y trouve beaucoup trop de ces fautes d'inattention qu'il appartient à l'éditeur de gommer"... Pour être complet, poursuivons : la locution prépositive *faute de* signifie "par manque de", d'où cette phrase : "Faute d'attention, il commet des fautes d'inattention." Le verbe *fauter* dans le sens de "commettre une faute" est aujourd'hui très vieilli ; il ne s'utilise plus guère que dans un sens plaisant, en parlant d'une femme séduite. L'adjectif *fautif* est toujours refusé par certains dans le sens de "qui est en faute", mais est cependant devenu courant : "Je suis troublé comme un enfant fautif".

H muet ou aspiré ?

C'est depuis longtemps une question difficile et qui, elle aussi, évolue avec le temps et les usages : la lettre *h* en début d'un mot est-elle ou non aspirée ? En d'autres termes, faut-il ou non faire la liaison et l'élision ? Tout d'abord, premier petit problème : c'est une appellation impropre que de parler de *h* aspiré, car cela ne correspond pas à une aspiration telle qu'on l'entend en anglais, par exemple, ou… dans la région de Liège. Le seul effet est sa prononciation par rapport à la finale du mot précédent. Donc, pas de liaison : "Ils / hasardent". Donc, pas d'élision : "Ils se / hasardent". D'autre part, le *h* aspiré rend obligatoire la prononciation du e muet qui termine le mot précédent : "une belle hache". Le plus facile pour vérifier si le *h* est aspiré ou muet est de le vérifier dans le dictionnaire, qui place fort opportunément un astérisque en face du *h* aspiré (astérisque vient de *astériskos*, "petite étoile"). Mais il y a une explication à cette différence. Ce que nous nommons *h* aspiré est une consonne qui se prononçait chez les Francs. Et donc presque tous les mots qui commencent ainsi sont d'origine germanique : *hameau*, *hanche*, *harangue*, *hêtre*, *honte*, *houx*, *huche*, etc. Les autres sont d'origine latine, où le *h* ne se prononçait plus au moment de la conquête des Gaules : *homme*, *honneur*, etc. Quant au mot *handicap*, il vient de l'anglais, et son *h* est aspiré.

Le homard à l'américaine

Prosper Montagné l'avait suggéré, et aujourd'hui encore on le croit souvent, mais c'est faux : on ne dit pas un homard *à l'armoricaine*. Cette recette n'est pas bretonne ! Rappelons qu'il s'agit d'un homard coupé encore vivant, dont on fait revenir les tronçons à l'huile d'olive, puis que l'on mouille de vin blanc. Interviennent aussi dans la préparation cognac, oignons, échalotes, ail, herbes, poivre de Cayenne... On pense que cette préparation existait avant sous le nom de homard *à la Bonnefoy*, du nom de son créateur. Il était servi aux clients américains du *Café Américain,* sur les boulevards, à Paris. Pourquoi le *Café Américain* ? Parce que son propriétaire, Pierre Fraisse, qu'on surnommait Peter, avait fait ses classes aux États-Unis. Ainsi, tout s'explique ! Attention, lorsque vous lisez sur un menu, par exemple : Ris de veau *à la florentine*, il ne s'agit pas d'une préparation exclusivement réservée aux ris de veau ! On peut aussi trouver une barbue *à la florentine*. Il existe, en effet, un très grand nombre de préparations portant ainsi une appellation régionale, comme d'autres le nom d'un cuisinier célèbre. Par exemple, le bar *à la Dugléré*. Ces mots, en général, désignent un ensemble de garnitures qui peuvent accompagner des aliments. Ainsi on trouve *à l'alsacienne*, *à la créole*, *à la flamande* ou *à la périgourdine*... (dans ce dernier cas, la garniture est composée de foie gras et de truffes.) Quant à l'appellation *à l'ancienne*, elle s'emploie pour certains plats, tels que la fricassée et la blanquette, qui appartiennent à la tradition. Rien ne les distingue donc, sinon qu'elles respectent une tradition ancienne.

Une mannequin

Il serait trop facile d'user du terme anglais "top model" ou même franglais "top modèle" pour éluder la marque du féminin du mot *mannequin* ! Dans le guide précieux publié par le Conseil supérieur de la langue française en 1994, nous pouvons lire : *un mannequin, une mannequin*. Beaucoup de termes masculins ont été féminisés, mais pas tous. *Mannequin* est un mot qui nous vient, à la moitié du XVe siècle, du néerlandais *mannekijn*, "petit homme". On désigna par ce mot une figurine de bois ou de cire. Depuis le début du XVIIe siècle, il s'applique à une "statue articulée à laquelle on peut donner certaines attitudes, utilisée par les peintres et les sculpteurs comme modèle et sur laquelle on peut essayer les draperies". Au début du XIXe siècle, le mot désigne "l'armature servant de modèle aux couturières" et puis, avec l'usage des vitrines, "la forme complète qu'on habille et qu'on expose". Il désigne dans le même temps "l'homme et la femme sur qui on essaie les vêtements". Et enfin, au XXe siècle, le terme s'étend aux "femmes employées en haute couture". Ce n'est qu'en 1950 qu'il sert aussi à désigner les "hommes" qui occupent cette fonction.

Au niveau de

Cela fait des années à présent que l'expression *au niveau de* encombre les conversations, les interviews et les déclarations publiques. Comment faire comprendre une fois pour toutes que c'est un cliché abusif et désagréable. Le sens propre de *au niveau de* est "à la hauteur de", "sur la même ligne que", et suppose pour ces raisons une comparaison. On dit : "Le garage est au niveau du rez-de-chaussée" ou "Sa réputation est au niveau de ses actes." Au figuré, si l'on pense à des plans qui se superposent, on peut donc utiliser sans problème *au niveau de*. On dira : "Au niveau du langage, une difficulté est évidente . On dira aussi : "Au niveau du Parlement wallon, cet obstacle n'a pas été surmonté". Mais c'est lorsqu'on utilise *au niveau de* pour remplacer les expressions suivantes qu'on abuse : *en ce qui concerne*, *en matière de*, *dans le domaine de*, *du point de vue de*… Je ne suis plus pour les célèbres "Dites, ne dites pas" qui nous ont secondés durant des décennies, mais dans ce cas, allons-y : ne dites pas "Au niveau de la production, signalons une reprise", mais dites : "En ce qui concerne la production, signalons…" Ne dites pas "Au niveau du chocolat, la Belgique est en tête des exportateurs", mais dites : "Dans le domaine du chocolat, la Belgique est en tête… " Ce qui d'ailleurs est une vérité !

Pallier quelque chose

Désolé ! Jusqu'à preuve du contraire, et malgré la faute de plus en plus répandue, le verbe *pallier* est encore transitif. Même si, sur le modèle de "remédier à", on transpose la forme indirecte à *pallier* ! À propos de ce verbe *pallier*, savez-vous qu'il a la même origine étymologique que le *poêle* funèbre. Les Romains, qui étaient plutôt élégants, aimaient à se draper dans de larges pièces d'étoffe. Les hommes s'enveloppaient d'un *pallium*, "vêtement ample", les femmes d'une *palla*, "grand châle". C'est ce terme latin qui nous arriva en ancien français sous la forme *palie*, puis *paile* et enfin *poêle*. Après avoir signifié "dais" ou "draperie", il désigne aujourd'hui "l'étoffe noire drapant un cercueil lors des funérailles". Également dérivé de *pallium*, on trouve le verbe latin *palliare* qui veut dire "cacher en couvrant d'un manteau". On imagine que c'est ce verbe qu'il faut utiliser pour la découverte de Noé, ivre au milieu de la vigne ? En français, ce verbe est devenu assez naturellement *pallier*. Dans un premier sens littéral, il se traduit par : "camoufler une vérité pas bonne à dire". Jean-Jacques Rousseau, dans *Les Confessions*, écrit : "L'on ne trouvera sûrement pas que j'aie ici pallié la noirceur de mon forfait." Dans le sens courant, il signifie "trouver remède à". Maurice Grevisse cite comme exemple un extrait de *Paroles de médecin* de Georges Duhamel : "Les deux grandes lois que je viens de citer, notamment, s'efforcent à pallier certaines infortunes." Mais c'est toujours un verbe transitif.

Pas mal

Anatole France écrit : "Nous avons avalé pas mal de poussière". Victor Hugo écrit : "Je ne mets pas mal d'eau dans mon vin". Ces deux exemples à l'adresse de ceux qui n'aiment pas le *pas mal* et pensent même qu'il s'agit d'un belgicisme. Voyons ce qu'en pense *Le Français correct* : "*Pas mal*, suivi de *de*, sert fréquemment de déterminant indéfini pluriel : d'abord associé à *ne*, il s'en est affranchi et s'emploie couramment sans cette négation." Et même, un peu plus loin : "En particulier, quand *pas mal* est précédé d'une préposition, il n'admet jamais *ne* : "J'ai parlé avec pas mal de gens". La locution adverbiale *pas mal* avec négation signifie : "assez bien, bien" ; la locution sans négation signifie : "assez, beaucoup". Quant à *pas mal de* cela se traduit par "un assez grand nombre de, bon nombre de, beaucoup"." On trouve dans *L'Assommoir* d'Emile Zola : "Comme ils gagnaient à eux deux près de neuf francs par jour, on calculait qu'ils devaient mettre de côté pas mal d'argent." Le dictionnaire nous indique cependant que *pas mal* est du registre familier. Ce qui me fait penser à cette formule de politesse, également familière : *Il n'y a pas de mal* que nous utilisons parfois à la place de "Ce n'est rien, ce n'est pas grave". Elle remonte à la toute fin du XVIIIe siècle. Pour en terminer avec *pas mal*, on le retrouve bien sûr lexicalisé en réponse pour "assez bien" dans la langue usuelle, familière et orale : "Ça va ? Pas mal, et toi ?"

Les beaux pataquès !

L'autre soir, je sursaute aux propos d'un reporter en direct d'un lieu sous les feux de l'actualité : "Le diplomate vient voir ce qui s'est passé-t-ici !" Le reporter a fait un *pataquès*. C'est-à-dire "une erreur grossière de langage", une liaison fausse en l'occurrence. On peut d'ailleurs élargir l'expression aux gaffes commises et aux discours incompréhensibles et confus (en 1875, le *pataquès* désigne même un "mastic" en typographie !) Bien sûr, la faute de liaison peut survenir aux meilleurs orateurs : on ne compte plus les "quatre-z-enfants", "il est-t-hors jeu" et autre "il viendra-t-aussi avec nous"… D'où vient le mot *pataquès* ? À ce propos, on raconte une anecdote amusante, même s'il est impossible d'en vérifier l'authenticité. Cela se passe au théâtre et est attesté en 1784. Un jeune homme est installé dans une loge, entouré de deux femmes semi-mondaines, qui se donnent des airs de femmes cultivées et qui, pour le prouver, font assaut de liaisons dans leurs phrases. Tout à coup un éventail tombe à terre. Le jeune homme le ramasse fort galamment et dit à la première : "Madame, cet éventail est-il à vous ? – Il n'est point-z-à moi. – Est-il à vous ? demande alors le jeune homme à la seconde – Il n'est pas-t-à moi. – Il n'est point-z-à vous, il n'est pas-t-à vous, mais alors, je ne sais pat-à-qu(i) est-ce ?" De ce dernier mot serait né le terme linguistique. P. Guiraud, quant à lui, propose plutôt l'origine de *patac* (radical –*patt*) signifiant "bruit, coup", du groupe de mots expressifs *patatras*, *patati*, *patata*, *patapon*. Le verbe *patauger* est sans doute né du même suffixe. Ce verbe doublement d'actualité signifie "marcher sur un terrain boueux, détrempé" et au figuré "ne pas arriver à se dépêtrer d'une situation difficile".

Plus... plus...

Nous vivons en Belgique et personne n'est à l'abri des belgicismes. Ni dans la langue parlée, ni dans la langue écrite. À plusieurs reprises, on me signale un emploi incorrect de *au plus... au plus...* Vous avez raison. Comme le note Marc Wilmet dans sa *Grammaire critique du français* : "En Wallonie, où le français ne fut jamais une langue étrangère – moins, en tout état de cause, qu'à Brest, Lyon, Limoges, Bordeaux, Toulouse ou Marseille, pour ne rien dire de Nice, italienne jusqu'en 1860, ou de Strasbourg – , et à Bruxelles, "point sur le i de la Romania" (Maurice Piron), la chute, après 1815, d'une barrière administrative a favorisé le maintien – ou l'éclosion au contact du flamand – de "belgicismes" ou "belgismes". Et de citer, ce qui nous concerne maintenant, quelques redondances qui vous seront familières, quoique incorrectes : *trop...que pour* à la place de "trop...pour", *il y en a de ceux qui* pour "il y en a qui", *par après* pour "après", *assez bien de* pour "assez de", ... et *au plus... au plus* pour "plus...plus". Il est plus joli, de toutes façons, de dire : "Plus obscure est la nuit, plus l'étoile y brille", non ? Quant à la prononciation de *plus*, contentons-nous aujourd'hui de dire que dans tous les cas, en liaison avec une voyelle (sauf devant un nom propre) on prononce *z* : "Plus-z-obscure..." En dehors de la liaison, l'*s* ne se prononce qu'en finale ou devant une pause, lorsque *plus* signifie davantage.

Récrire ou réécrire ?

Quel casse-tête que ces préfixes *re-* ou *ré-* ! Le plus souvent, ils marquent la répétition de l'action, ou un retour à l'état antérieur. Comme faire et refaire, comme fermer et refermer. Le problème est que, parfois, cette seconde opération a deux sens. C'est le cas de *récrire*, qui signifie "recommencer la rédaction d'un document, d'une lettre", et de *réécrire,* qui veut dire "écrire une seconde fois" ! Cela demande un peu d'attention. À retenir aussi : en règle générale (puis-je être plus prudent ?), devant une voyelle, c'est *ré* : *rééditer*, *réexaminer* ; tandis que, devant une consonne, c'est *re* : *rejeter*, *refaire*… Mais ! Il y a toujours un "mais"… on trouve aussi *rapprendre* et *réapprendre*, même si ce dernier mot fut déconseillé pendant longtemps par les puristes. On trouve *rajuster* et *réajuster*. Une nuance dans ce cas-ci : *rajuster* devrait s'utiliser dans tous les cas, et *réajuster* uniquement pour les salaires. On trouve *rassortir*, mais de façon plus fréquente *réassortir*. Un mot encore au journaliste qui parlait l'autre matin de *ré-ouvrir* un dossier. Peut-être nous lit-il ? Désolé ! Le verbe n'existe pas. C'est *rouvrir*, même si bien sûr on parle d'une réouverture. "Le magasin rouvre ses portes pour sa réouverture." On n'a jamais dit que notre langue était simple…

C'est un spécimen…

Pour définir la différence entre *spécimen* et *échantillon*, je donnerai un mot d'explication sur l'origine de ces deux substantifs, car de là naît la confusion. En effet, *spécimen* est un mot d'origine anglaise, *specime*, qui signifie "modèle ou échantillon". Ce mot vient lui-même du latin et veut dire alors : "exemple, preuve ou indice". *Échantillon* vient du latin *scandaculum*, "échelle" et par extension "mesure", mais nous arrive par le biais du provençal *eschandil*, "mesure de capacité". C'est au XVe siècle qu'il prend le sens qu'on lui connaît. À savoir : l'*échantillon* est un "fragment, une petite quantité que l'on prélève sur un ensemble pour donner une idée de cet ensemble". Tandis que le *spécimen* est un "objet unique et complet qui permet de juger les autres objets semblables". Un éditeur peut envoyer un *spécimen* gratuit d'un livre aux journalistes. Un tisserand peut envoyer des *échantillons* de ses diverses étoffes pour en avoir une idée. Ajoutons que, par péjoration, le mot *spécimen* s'emploie aussi pour parler d'un "individu qui choque par son comportement" : "c'est un drôle de spécimen…"

T'occupe !

Vous vous étonnez parfois de l'évolution de la forme négative *ne* et *pas*. Il est vrai que dans la langue écrite, le *ne* est toujours indispensable et peut même s'utiliser seul, comme dans "Je ne sais s'il fera soleil…" Dans la langue parlée, c'est l'inverse : on utilise de toutes façons le *pas*, et pas toujours le *ne* : "Je sais pas s'il fera soleil !" Au bout de l'évolution on trouve alors des formes négatives sans *ne* et sans *pas*, ce qui est tout de même en soi extraordinaire ! *T'occupe !* pour *Ne t'en occupe pas !* Il est sûr qu'il s'agit d'un affaiblissement de la langue et qu'il vaut mieux l'éviter. Le *ne*, adverbe de négation, vient du *non* latin, devenu *nen* devant une voyelle en français, et qui ne s'est maintenu que dans *nenni* (s'opposant à *oïl*, "oui"). Finalement, la finale nasale aussi s'est perdue. Dès le XIe siècle, on s'est aperçu que le *ne* seul ne suffisait pas et on le renforça avec des mots grammaticaux teintés de négativité : *goutte*, *mie*, *pas*, *mot*, *point*, *rien*, *néant*, ainsi que par des adverbes de temps et de quantité : *guère*, *jamais*, *plus*. "Je n'y vois goutte", "Je n'y vois guère" sont des tournures de phrase toujours bien vivantes, heureusement ! Un exemple actuel d'oubli du *ne* paraît choquant dans la mesure où il s'agit d'un titre d'émission destiné aux plus jeunes : *C'est pas sorcier*.

Tout à fait !

Depuis cette décennie, il faut le reconnaître, l'expression *tout à fait* recouvre toutes les formes d'assentiment et d'affirmation qui existent. *Tout à fait* remplace partout (ou presque) les *oui*, *assurément*, *certes*, *c'est ça*, *absolument*, *effectivement*... On sait bien cependant que *tout à fait* est une expression qui existe depuis le XIIe siècle pour dire "entièrement". Et dans ce sens, on peut répondre à la question "Vous êtes content de votre nouvelle voiture ?" par "tout à fait", mais à la question "Vous avez vingt ans ?" répondre par "tout à fait !" est moins correct. Mais, vous vous en rendez compte, tout le monde répond ainsi. Et on se souvient pourtant des charges des Guignols de l'Info sur *Canal Plus* à propos justement de cette expression trop souvent employée par les reporters sportifs Jean-Michel Larqué et Thierry Roland : "Tout à fait Thierry !" Faut-il baisser les bras ? Peut-être pas, mais il est toutefois intéressant de suivre avec la spécialiste Sylvie Brunet (*Les Mots de la fin du siècle*) une explication du phénomène : "Si "tout à fait" a rencontré un tel succès, c'est qu'il n'a rien à voir avec le sens. Cet emploi abusif correspond à un besoin de confirmation très forte que ne recèlent pas les autres mots servant à affirmer. En effet, là où "oui" et les autres termes analogues acquiescent, "tout à fait" cautionne. L'expression renchérit sur les propos de l'autre, vise à se concilier ses bonnes grâces. Par ce biais, le questionné, dans la joute verbale, se range d'entrée de jeu aux côtés du questionneur."

C'est vrai que

À propos de ces tics de langage, je fais appel aux spécialistes de la psychologie, car mon explication n'est peut-être pas exacte. Il me semble que la multiplication des mots dérivés de *vérité* dans la conversation, dans les entretiens ou dans les interviews, est une façon d'exorciser le mensonge, même de manière inconsciente. Je m'explique : puisqu'on ne croit plus personne, puisqu'on s'aperçoit que tant de personnages publics mentent, il est indispensable de renforcer l'énoncé d'un fait… Ainsi toutes les phrases commencent-elles par *c'est vrai que*. Repérez-les et vous serez étonnés de leur nombre ! De même pour l'emploi excessif de l'adjectif *véritable*. *Véritable* signifie "qui existe réellement". Mais doit-on *vraiment* (vous constatez que je peux m'y mettre aussi) l'accoler à tout ? C'est un *véritable* déluge ou bien ce ne l'est pas. C'est une *véritable* ovation ou non. Son utilisation, dans le sens de "qui est ce qu'il paraît être", est correcte : "Ce livre est un véritable témoignage sur la vie de la langue", par exemple. Pour ma part, je me méfie donc des vérités qu'on martèle, qu'on nous assène. J'aime cette phrase de Jean Duval dans ses *Cahiers* : "Je ne crois plus qu'aux vérités qui se murmurent à voix aussi basse que la première lueur du jour."

VI.

Ailleurs en Francophonie

La langue québécoise

Léandre Bergeron, spécialiste de la langue québécoise, en a répertorié les mots et les expressions dans un merveilleux *Dictionnaire de la langue québécoise.* Elle écrit en avant-propos : "Un dictionnaire général complet de la langue québécoise comprendrait à peu près tous les mots qu'on retrouve dans un dictionnaire français et ceux qu'on retrouve dans un dictionnaire local, car, en effet, la langue québécoise est si riche qu'elle comprend tout le français moderne et des milliers de mots, d'expressions, de tournures syntaxiques qui lui sont propres..." Même si on n'y recherche le plus souvent de ce côté-ci de l'Atlantique que le pittoresque, il est vraisemblable qu'un jour ou l'autre certaines expressions entreront dans notre propre vocabulaire. Rêvons un moment et faisons notre choix : *Faire de la toile* c'est "perdre connaissance". *Faire une face de bois* c'est "faire la moue". *Faire la paresse* c'est "rester au lit". *Se faire mener le yâbe* c'est "se faire gronder". *Faire feu des dents* c'est "fulminer"... Mais l'auteur propose aussi des expressions ou des mots plus polissons et moins beaux. Elle s'en explique : "Prétendre faire un relevé sérieux du vocabulaire d'un peuple et exclure des mots parce qu'ils ont fermenté dans un fond de cour c'est faire un travail de préfet de discipline." Ainsi je vous laisse deviner le sens de ceci : "Osti de câlisse de tabarnac !"

Se faire prendre la palette

Si chez nous une *palette* est entre autres cette fameuse "plaque percée d'un trou pour le pouce, sur laquelle les peintres disposent et mêlent leurs couleurs", au Québec, *se faire prendre la palette* c'est "se faire réprimander". Le mot *palette* a un nombre impressionnant de significations. Ici comme là-bas : chez nous, on peut parler même de *palette électronique* à propos du "système électronique de création d'images". Chez eux, c'est très logiquement une "petite pièce de bois plate servant à remuer le sirop d'érable, le savon, etc. durant la cuisson" ; mais c'est aussi la "tribune de l'orgue dans une église" ! C'est, presque comme chez nous, la "tablette en saillie d'une cheminée, d'une armoire", mais c'est aussi une "tablette de chocolat" ! C'est encore dans le désordre : "la visière d'une casquette, la partie plate d'une rame, la rotule, l'omoplate, etc." Les expressions sont encore plus savoureuses : *Se licher la palette,* c'est "rester sur sa déception". *En palette* s'emploie comme superlatif. Par exemple, quand on entend "C'te sucre est bon en palette !", vous comprendrez que le gourmand trouve le bonbon drôlement appétissant…

Avoir les bleus

Comment résister au plaisir de vous faire découvrir quelques expressions courantes au Québec et qui nous paraissent cocasses. À chaque fois, c'est le verbe *avoir* qui est utilisé. *Avoir les bleus*, c'est non pas *avoir le blues*, mais c'est surtout "être dans un état d'ivresse avancée, au point d'avoir des visions". *Avoir le pesant*, c'est sans doute "avoir l'estomac lourd", puisque l'expression québécoise se traduit par "faire un cauchemar". *Avoir souleur* c'est "avoir le pressentiment d'un malheur"… *Avoir de la jase*, *de la jasette,* c'est – on le comprend mieux – "avoir la langue bien pendue". *Avoir la baboune* est très expressif aussi, c'est "bouder". La *baboune* c'est une "grosse lèvre". *Avoir la picote,* c'est tout naturellement "avoir des boutons". *Avoir les pieds ronds* c'est "tituber". Et puis, de temps en temps, et c'est bien normal, on tombe sur une expression qui s'inspire directement de la langue américaine voisine, comme *avoir le brain* (mais que l'on prononce *brène* au Canada francophone), c'est évidemment "être intelligent", puisque *brain* c'est "cerveau", en anglais (avec des mots comme *braintrust*, *brainwave*, etc.) Une autre expression : *avoir quelque chose sur le brain* se traduit par "avoir une idée fixe"… C'est vraiment le plaisir des mots !

Le char québécois

L'expression familière *arrête ton char*, qui veut dire : "ça suffit, arrête de raconter des blagues", est née d'un calembour sur *arrête ton charre* (dérivé du verbe *charrier*, "exagérer"). Et d'ailleurs, au moment de la vogue du film de Cecil. B. de Mille, on ajoutait plaisamment : "Arrête ton char, Ben Hur !" Dans *La Cavale*, Albertine Sarrazin écrit : "Eh, Josy, crie Lerouge, arrête ton char, tu perds tes roues ! Il n'y a pas trois jours, tu nous disais que tu irais au bal quatre soirs de suite… Qu'est-ce que tu veux au juste ? Tes gosses, ou bien la gambille ?"(En argot, la *gambille* c'est le "bal".) On sait aussi que l'automobile se traduit au Québec par le mot *char*. On peut décliner *char* dans bien des situations. Mais tout d'abord, il faut savoir que *char* désigne aussi un "wagon ou une voiture de chemin de fer". Ainsi, on pourra dire là-bas : "Moi, j'embarquais toujours dans un char de première classe." On fait la distinction entre les *gros chars*, les "trains de chemin de fer", et les *petits chars*, les "tramways". Dans le même ordre d'idée : le wagon-lit se dit un *char-dortoir*, le wagon-restaurant se dit le *char-réfectoire*, le wagon-salon se dit le *char-palais* ou le *char parloir*, le fourgon se dit *char à bagages*, le wagon postal se dit *char à malle*, et le wagon de marchandises se dit *char à fret*. Pour l'auto, retenons seulement qu'une voiture d'occasion, c'est tout naturellement un *char usagé*. Enfin, un des beaux jurons de cette Amérique du Nord francophone est : "Un char de crisses quate par banc !"(Un *crisse* est un "vaurien".)

Le végétalien

À Radio-Canada existe un *Comité de terminologie*, dont le but est de surveiller la langue française parlée dans ses programmes de radio, de donner des conseils aux animateurs et aux journalistes, et de faire plus qu'un constat : de susciter les mots français qui manquent en français et qui existent en langue américano-anglaise. Un exemple à suivre ? Certes ! Voici quelques extraits des travaux de leur dernière réunion. Le *carjacking*, "crime consistant à s'emparer, à la pointe d'une arme, d'un véhicule immobile, alors que le conducteur est au volant", doit se traduire par "piraterie routière". Il ne faut pas confondre la *piraterie routière* et le *détournement de voiture*. Ce dernier terme désigne "l'action de contraindre, à la pointe d'une arme, un conducteur à changer sa destination, sans nécessairement voler sa voiture". Le *vegan* est un "végétarien qui ne consomme aucun produit d'origine animale". On le traduit par *végétalien*. Le *végétalien* se distingue du *végétarien*, "qui ne consomme pas les chair des animaux (viande), mais qui peut, à l'occasion, consommer des produits d'origine animale (produits laitiers, oeufs, etc.)". *Vegan* a un second sens en anglais, celui de "végétarien fanatique qui n'utilise aucun produit d'origine animale y compris la laine, les plumes, les fourrures, etc". On le traduit alors par *végétalien intégral*. Mais d'autres synonymes sont proposés : *végétalien extrême*, *hypervégétalien* ou *végintégriste*. Au fond, il suffit d'un peu de bonne volonté et de beaucoup d'imagination ?

Moins de francophones au Canada ?

Dans *La Gazette de la presse francophone*, on peut lire à la une ce titre provocateur, mais exact : *Canada : Les Francophones en nette diminution*. Dans l'article, le journaliste explique que la population qui parle français a diminué de 20 à 30 % en l'espace d'une génération, en raison du faible taux de natalité. “Le processus menant à la disparition lente et inexorable de la plupart des communautés francophones du pays est en marche et plus rien ne semble pouvoir l'arrêter.” Cette conclusion brutale est du mathématicien et démographe Charles Castonguay, de l'Université d'Ottawa. Longtemps accusé d'être un éternel pessimiste, le professeur s'en défend : “Je suis réaliste”. “Après avoir passé 25 ans à suivre les tendances de l'assimilation linguistique, il estime – poursuit l'article – que le temps est venu de repenser la politique linguistique et culturelle du pays et de cesser de prétendre que le Canada français s'étend d'un océan à l'autre. C'est une illusion. Ce qu'il faut c'est sauver les meubles. Car il est clair que l'avenir du français est en jeu.” En attendant un éventuel redressement, les amoureux de la langue continuent d'œuvrer, chacun dans leur sphère d'influence. Ainsi le *Comité linguistique de Radio-Canada* vient de proposer comme traduction du mot *play-back*, soit “l'interprétation mimée par un chanteur, accompagnant une bande-son préenregistrée”, le mot *présonorisation* ou plus simplement *présono*... Bonne idée !

Le romand

Si vous entendez parler à Lausanne de *gouille*, de *catelle*, de *rogneux* ou de *cheneau*, sachez qu'il s'agit de "flaque", de "carreau", de "céramique", de "hargneux"ou de "gouttière". Il existe, comme chez nous, une *racaquillée* (une grande quantité) de mots spécifiques à la Romandie. Même si l'on excepte les germanismes et les mots propres aux institutions helvétiques, il existe bien des mots savoureux, dont il vaut mieux connaître le sens pour ne pas tomber dans le quiproquo. Ainsi, lorsqu'on vous propose un *à-fond*, n'imaginez pas comme chez nos étudiants en goguette pouvoir vider votre pinte de bière d'un coup, mais bien qu'il vous faudra donner un coup de main pour le "nettoyage complet de la maison". Et d'ailleurs, en Suisse romande une *pinte* c'est une "auberge" ! Un *aiguillage* n'a rien à voir avec le chemin de fer, c'est "l'entassement d'objets divers sur un meuble, une étagère". Un *boguet* n'est pas une petite erreur d'informatique, c'est un "vélomoteur". La *gandoise* n'a aucun rapport avec notre métallurgie, car c'est une "sornette". Un *gendarme* n'est pas un gardien de l'ordre mais une "saucisse sèche". Une *imperdable* est une "épingle de sûreté, de nourrice". Nous serons un peu moins perdus lorsqu'on nous parlera de *pain parisien*, l'équivalent de notre *pain français* et donc de la "baguette de pain". Pour terminer, sachez que l'expression *au revoir*, plus familièrement traduite par *à la revoyure* se dit là-bas : "À la prévoyance !"

Elle est bath la bouèbe !

Dans nos dictionnaires, on trouve les mots *boue*, *bouée*, *bouette* (mot breton signifiant "hameçon"), *boueux*, mais pas de trace de *bouèbe*, mot que j'entendis cet été dans la bouche d'un ami suisse de Lausanne. L'expression *elle est bath la bouette* est familière, paraît-il, aux adolescents suisses, et veut dire "Elle est chouette la jeune fille"(je traduis de la langue ado, car on pourrait dire aussi "Elle est super la nana"). La *bouèbe* est donc une "fille"et la *bouèbette* une "fillette". L'intérêt – outre celui de comprendre ce que le Suisse veut dire – est de comprendre d'où vient ce mot installé dans leur français. C'est un mot qui vient de l'allemand *bub*, "garçon". Et d'ailleurs, logiquement, le verbe suisse *bouéber* veut dire "accoucher". Quant à *bath*, il n'est pas l'apocope de *bathyscaphe* (mot créé par le professeur Piccard et composé de *bathy*, "profond"et *skaphè*, "barque"), mais il vient peut-être du nom d'une station prisée par la haute société anglaise au XVIIIe siècle. Savez-vous qui l'utilisa le premier dans la littérature française ? Stendhal lui-même… en 1804 !

Panosser

La *panosse* est un terme utilisé en Suisse romande (mais aussi dans région bressanne et le Lyonnais) pour désigner le "torchon, la serpillière". Le verbe *panosser* existe aussi. Une ménagère suisse *panosse* sa salle à manger… Ce mot leur vient en droite ligne du latin *panuccia*, "guenille"et de l'ancien mot français *panel*, "haillon". Et justement, au hasard de l'étymologie, nous voici confrontés à un vieux mot qu'on utilise à présent dans un autre sens, le mot *panel*. Est-ce le même ? Eh bien oui ! Le *panel* de l'ancien français vient de *panneau* et avait le sens de "pan d'étoffe". Au XIVe siècle, les Anglais l'empruntent (ils nous le rendront, comme on le verra) et chez eux *panel* désigne un "morceau de parchemin portant le nom des jurés"et puis le "jury" lui-même. Au XXe siècle, sous l'influence des Américains, il s'étend à "tout groupe sélectionné à des fins d'enquête". Il revient en français vers 1950… Et pendant ce temps-là, isolé par leurs montagnes enneigées, les Suisses continuent imperturbables à *panosser* leurs maisons !

Qu'est-ce qu'un Suisse ?

Lorsqu'on laisse traîner l'oreille en Francophonie, certains mots semblables en apparence véhiculent des sens différents et c'est souvent amusant ! Ainsi le mot *suisse*. Au Québec, le *suisse* est un "écureuil à rayures noires longitudinales", c'est un *tamias*. Mais cela désigne aussi "l'uniforme de collégien à passe-poil blanc"et donc le "collégien lui-même lorsqu'il porte cet uniforme". Pour les mêmes raisons de rayures, on désigne une variété de poire *suisse*, une culotte *suisse* et d'ailleurs le *garde-suisse*. Ce *Suisse* qui fut, jusqu'à la fin de l'Ancien Régime, engagé dans les rangs des mercenaires et portait l'uniforme coloré que l'on connaît au Vatican ou dans nos églises où, jusqu'à il y a quelques années, il s'occupait de l'ordonnance, du cérémonial. Mais chez les Suisses ? *Faire le Suisse* en Suisse, c'est "boire ou manger seul dans son coin, sans partager", à la manière justement des gardes-suisses ou des suisses gardiens d'un grand hôtel. Une expression de ce pays (qui parle d'argent, est-ce un hasard ?) dit *point d'argent, point de Suisses*, parce que les mercenaires refusaient évidemment de servir sans être payés exactement. Cette locution se retrouve dans *Les Plaideurs* de Racine où elle signifie que l'on ne peut rien avoir sans payer.

De la drôlerie des mots suisses

Dans toutes les langues, les mots peuvent avoir des doubles sens, des sous-entendus plus ou moins grivois, des mots qui rappellent d'autres termes moins sages. La langue suisse romande n'échappe pas à la règle. Il suffit de parcourir, pour s'en convaincre, le *Lexique romand-français* de Catherine Hadacek. Qu'est-ce qu'une *cuisse de dame* ? Il s'agit d'une "pâtisserie sucrée de forme allongée, cuite dans un bain de friture". Le verbe transitif *encrotter* ? *Encrotter,* c'est "enfouir, enterrer". On peut par exemple encrotter quelques vieux légumes dans le fond du jardin. Qu'est-ce qu'une *fourre* ? Ce mot romand trouve son origine dans le vieux français *feure* ou *fuerre*, désignant un "fourreau". Dès lors on découvre là-bas beaucoup de *fourres* : la *fourre* d'oreiller, la *fourre* de caméra, la *fourre* de livre, la *fourre* de disque, la *fourre* de parapluie... Qu'est-ce qu'une *gouille* ? C'est un mot repris aujourd'hui dans les divers petits dictionnaires usuels : il signifie la "mare, la flaque, le fossé plein d'eau". On entendra : "Je suis allé m'éclafer dans une gouille, j'étais fin trempé !" Qu'est-ce qu'une *lutte à la culotte* ? C'est une "lutte populaire qui consiste à faire toucher terre à l'adversaire". Les concurrents doivent lutter en se tenant mutuellement par la ceinture et le bas de la culotte en cuir qu'ils ont revêtue pour l'occasion. Sachez encore que *niquer* est un terme d'écolier signifiant "tout gagner au jeu", qu'une *pétouille* est une "petite erreur", qu'une *pissée* est une "grosse pluie"et qu'une *effeuilleuse* est une "femme engagée pour épamprer la vigne"...

Poser les plaques

En Suisse romande, l'expression *poser les plaques* signifie : "baisser les bras". On peut également dire *rendre les plaques*, "abandonner, renoncer". Un habitant de Genève vous dira : "Je n'y arriverai jamais, je rends les plaques !" Dans un sens encore plus définitif, on utilise cette expression pour : "rendre l'âme, mourir". Un vieil habitant de Lausanne vous dira : "Arrêtez un peu de vous partager mon héritage, j'ai pas encore rendu les plaques !" Si c'est pittoresque, cela reste mystérieux pour ceux qui vivent hors de la Suisse. Qu'en est-il de l'origine de cette utilisation du mot *plaque* ? Le système d'immatriculation suisse des véhicules est proche du nôtre, mais différent de la procédure française, par exemple. Les *plaques minéralogiques* sont enregistrées au nom d'un propriétaire (un seul individu peut ainsi garder le même numéro de plaques toute sa vie, même en changeant de voiture plusieurs fois). En cas de changement de canton, départ à l'étranger, décès, les plaques, qui appartiennent à l'organisme qui les a délivrées doivent être rendues. D'où l'expression : *poser, rendre les plaques*. L'organisme en question, le *Service des Autos*, qui a également en charge le contrôle de l'état des véhicules, a correspondu longtemps à deux entités différentes en France, le *Service des Immatriculations de la Préfecture* et le *Service des Mines* (d'où le mot *minéralogique*). Quant au *contrôle technique* chez nous, il se traduit en Suisse par *visite, faire passer la visite*. Ainsi, on lit dans les petites annonces de voitures à vendre : "Occasion, 50 000 km, visite passée."

Le soleil des mots exotiques

Rien de tel en plein hiver que de se plonger dans les mots des pays de soleil. Les expressions en particulier nous restituent si bien l'ambiance, le ciel bleu, les couleurs. En Côte d'Ivoire : *faire caïman* c'est "se relever la nuit pour aller étudier après l'extinction des feux et le passage du surveillant". Elle trouve son origine dans l'image du crocodile (et bizarrement il n'y a que des crocodiles et pas de caïmans en Afrique !) qui refait surface après le départ des chasseurs. À l'île Maurice : *faire piécoco* c'est ce qu'on appelle "faire le poirier". En effet, *pié* désigne "l'arbre"en créole. Donc on fait l'arbre coco, soit faire le cocotier. D'autres jeux d'enfants ont des noms savoureux sur l'île : *jouer couque* c'est "jouer à cache-cache", et bien entendu existent des variantes comme *jouer couque caché*, où il est interdit de bouger une fois caché, ou *jouer couque maillé* qui veut qu'on attrape vraiment, qu'on *maille* celui qui s'est caché… Au Bénin : *avoir la bouche sucrée* c'est "aimer parler". On entendra : "Il a bien la bouche sucrée, on ne peut jamais l'arrêter !" En Haïti : *avoir un coup de soleil* pour quelqu'un c'est "avoir une forte attirance" pour quelqu'un. Richard Cocciante chantait *Les Coups de soleil* dans ce sens-là. Chez nous, on fait plutôt appel à l'orage, aux éclairs et au *coup de foudre*… Comme quoi les mots et les expressions sont bien influencés par le climat.

Confiturer son pain

Un peu plus de 10 % seulement de la population de l'Afrique noire francophone parlent véritablement le français, même si c'est la langue officielle du pays. Cette langue parlée a comme caractéristiques premières la clarté et l'invention. Et c'est en effet ce que nous admirons en premier lieu dans les néologismes africains francophones : la créativité. Elle n'est possible sans doute que par l'éloignement des centres littéraires "sérieux", comme celui de Paris, et la grande liberté qui en découle. Le dynamisme linguistique de ce français parlé propose ainsi des mots nouveaux parfaitement compréhensibles à la première écoute, ce qui n'est pas souvent le cas lorsque nous travaillons à des mots nouveaux, imaginés, pensés de toutes pièces en Europe. Voici quelques exemples de verbes neufs nés des mots, et qui nous paraissent soudain d'une belle logique : à partir de *confiture*, le verbe *confiturer* signifie "tartiner avec de la confiture" ; à partir de *cadeau*, le verbe *cadeauter* signifie "faire un cadeau" ; à partir de *droite*, le verbe *droiter* signifie "tourner à droite" ; à partir de *grève*, le verbe *gréver* signifie "faire la grève" ; un dernier exemple étonnant, à partir de *mot à mot*, le verbe *motamoter* signifie "traduire mot à mot" !

L'essencerie

Longtemps les "gardiens" de la langue française ont méprisé les autres formes du français, autres que celle de Paris et de son Académie : belge, québécois ou... africain. S'il fallut attendre 1946 pour que paraisse un ouvrage scientifique consacré aux patois régionaux français, ce n'est qu'en 1976 qu'un équipe universitaire crée *L'Inventaire des particularités lexicales du français sur le continent noir*. Dans la postface de *Éthiopiques*, le poète sénégalais Léopold Sédar Senghor écrit : "Le mot dans les langues négro-africaines est plus que l'image, il est image analogique sans même le secours de la métaphore ou comparaison. Il suffit de nommer la chose pour qu'apparaisse le "sens"sous le "signe". Car tout est signe et sens en même temps pour les Négro-Africains". Quelques exemples nous font vite comprendre le parti à tirer de cette façon d'utiliser une langue et comment cela peut réellement enrichir la nôtre. Il n'est pas toujours nécessaire de mal traduire la langue anglaise. Au Burkina Faso, "jouer des coudes" c'est *couder*. Au Sénégal, sur le modèle de *épicerie*, ils ont calqué le mot *essencerie*, qui sonne mille fois plus français que *station-service*. En Côte d'Ivoire, *pondre des mots,* c'est "parler en utilisant des mots savants et rares"...

Un digaule ?

Quand au Bénin vous entendez : "J'ai eu peur en entrant dans sa maison, je me suis trouvé nez à nez avec un digaule", sachez qu'il ne s'agit que d'une personne très grande, à l'instar du général de Gaulle, qui mesurait 1,92 mètre ! Ces mots nouveaux imaginés d'après la vie elle-même, fleurissent surtout dans les pays francophones d'Afrique, et c'est un réel plaisir de les découvrir, de les décrypter parfois. Au Gabon, on peut entendre râler des travailleurs et murmurer : "C'est le temps Pétain !" La traduction est qu'il faut travailler dur, comme on le faisait au temps des travaux forcés dans les colonies du maréchal Pétain ! Au Sénégal, si vous croisez un jeune homme habillé à la dernière mode, fringuant et frimant, vous entendrez sûrement comme commentaire sur son passage : "C'est un J. P. !" Il ne s'agit pas d'un journal parlé, mais "d'un jeune premier". Au Congo, on utilisera plutôt l'expression : "C'est un jazzeur" pour dire de quelqu'un qu'il est chic, bien habillé. (Mais au Cameroun, le *jazzeur* c'est "celui qui raconte des sornettes", comme quoi rien n'est simple dans la langue française.) Dans le même secteur, on entend en République centrafricaine : "Elle est Nylon, ta montre !" Autrement dit, ta montre est "à la page", comme le furent les bas en Nylon, et plus tard les chemises et les dessous en Nylon, dans les années 1950. La série américaine *Dallas* a aussi une influence sur le continent noir, en témoigne ce verbe : *dallasser*, qui s'emploie au Sénégal. *Dallasser,* c'est "rouler des mécaniques" à la façon de l'infâme JR de la série télévisée.

Faire l'avion par terre

Faire l'avion par terre est une expression de Côte d'Ivoire qui signifie : "être pressé, marcher vite". C'est le titre d'un ouvrage de Pascal Krop, sous-titré *Dico franco-africain* très pittoresque et intéressant. Rien que dans le chapitre *avion*, on trouve des manières de s'exprimer qui pourraient nous inspirer. Déjà pour l'apéritif, à la Réunion on parle d'*un p'tit décollage*, ce qui est imagé à souhait. Si quelqu'un vous dit *qu'il plane* dans les rues d'une ville du Burkina Faso, n'y voyez aucune allusion à la drogue ni à l'aviation, cela veut dire "qu'il fait des zigzags à motocyclette" ! Au Tchad, on peut entendre une femme dire à son mari : "Rapporte-nous un hélicoptère !" Est-ce à dire que l'homme doit revenir par les airs ? Nenni ! L'*hélicoptère* est un "poisson aux longues antennes" qu'on trouve sur les marchés de N'Djamena. *Cirer les airs* au Cameroun c'est "se gonfler d'importance, déplacer du vent, se prendre pour un caïd et assommer les autres par ses vantardises". Les *Toucouleurs* du Sénégal diraient que "celui qui n'a pas lutté est fort à la lutte" et leurs compatriotes les Malinkés ajouteraient que "si tu dis que l'éléphant est grand, la grande brousse est encore plus grande que lui." À table, la ménagère de Côte-d'Ivoire pourrait dire, la mine dégoûtée, que le "veau-avion a un drôle de petit goût". Cela voudrait dire que ce n'est pas du veau local, mais du "veau importé (et congelé) par voie aérienne". Et Dieu sait s'il faut s'en méfier par les temps qui courent ! On sait qu'une langue a besoin d'apport populaire et nouveau pour ne pas se scléroser. Ce français d'Afrique tombe bien avec ses couleurs et son imagination.

Il y a kiwi et kiwi...

Le *Kiwi* est un mot maori. C'est-à-dire qu'il nous vient de Polynésie, là où Jacques Brel séjourna dans les îles Marquises. Le *kiwi* est un "oiseau de la taille d'une poule et presque dépourvu d'aile" : l'*aptéryx*. La femelle pond un œuf énorme, de près du quart de son poids. Vivant dans les forêts de Nouvelle Zélande, ce ratite nocturne est devenu à partir de la guerre de 1914-1918 l'emblème de cette nation. Mais le *kiwi* que l'on mange ? C'est parce qu'il a une certaine ressemblance, de couleur et de forme (il possède une peau marron couverte d'une pilosité soyeuse), qu'on a baptisé le fruit de l'*actinidia* ainsi. Le fruit de cet arbuste grimpant et sarmenteux est riche en vitamines A, C et P. Pour en revenir aux oiseaux : en retrouvant régulièrement le mot *dronte* et son autre appellation *dodo* dans les dictionnaires, j'ai à chaque fois un peu de tristesse. En effet, le *dronte* était un "gros oiseau à l'allure de pigeon à gros bec". On l'appelait *dodo* (du portugais *doido*, "fou") et on le trouvait dans les îles Maurice et de la Réunion. Il n'avait qu'un seul énorme défaut, pour un oiseau, il était incapable de voler... et fut donc complètement exterminé au XVIIIe siècle par les marins et les voyageurs.

La cougourde

À défaut de soleil garanti sous nos cieux, nous pouvons le trouver dans certains mots, comme ce mot *cougourde* qui nous vient de Provence. C'est l'appellation locale de la "citrouille et du potiron". Dans la longueur des *ou* passe bien sûr toute la rondeur de ces cucurbitacées. Le cousinage entre le provençal et le latin est bien sensible et a donné plus facilement naissance à cette *cougourde*. À partir de ce mot, bien des expressions imagées et ensoleillées existent. Ainsi, si vous avez un nez bien fourni, bien proéminent, vous entendrez dire que vous l'avez en forme de *cougourdon* ! Mais il ne désigne pas seulement le nez, ce peut être également toute la tête. On entend (avé l'accent !) : "Je vais t'éclater la cougourde !" On peut aussi, avec le même terme, définir une personne un peu sotte, innocente, bête : "Ah ! Quelle est cougourde cette petite." Mais la plus extraordinaire est sans nul doute cette expression bien suggestive que vous pouvez entendre en revenant du marché (ceux-là même qui furent chantés par un Gilbert Bécaud bondissant des années 1960 : "Voulez-vous pour cent francs du thym de la garrigue, un peu de safran ou un kilo de figue ?"), lorsqu'on constate qu'on s'est fait avoir : "Nous nous sommes fait encougourder !"

Manger des parpelles

En Provence, une *parpelle,* c'est "une paupière". C'est un mot qui dérive de la langue occitane : *parpello.* On entend couramment dire là-bas : *manger des parpelles d'agasse*, qui veut dire "manger des paupières de pie", c'est-à-dire "manger très peu". Le nom a engendré aussi un verbe : *parpeléger.* Son sens est attesté dans les romans de Marcel Pagnol, à propos d'Ugolin qui est affublé de nombreux tics, comme on le sait : "Ugolin parpelégea trois fois en entendant ces épouvantables paroles", écrit le romancier. *Parpeléger* c'est "ciller des paupières"... Mais tous les jolis mots qui ont une terminaison en *–elle* ne sont pas nécessairement provençaux ! Ainsi une *étartouelle* est un "vieil objet inutile" en... Auvergne. Ainsi une *brimbelle* est une "myrtille" en... Lorraine. Ainsi une *marzelle* est une "flaque d'eau de mer laissée par la marée descendante" en... Charentes. Ainsi une *bébelle* est un "jouet destiné aux tout petits enfants" en... Touraine. Mais on trouve, comme le monde francophone est petit !, le mot *bébelle* également au Québec, où le soir avant d'aller se coucher, *à la brunante* dit-on, on peut entendre les parents dire à leurs enfants : "Ronge tes bébelles, on s'y r'trouve pas !"

Les mots de Provence

Nous savons bien que de nombreux mots de la langue française ne sont pas originaires du parler de l'Île-de-France, qui est devenu le français, mais d'autres parties du territoire francophone. Ainsi, les mots peuvent être d'origine germanique (flamand, alsacien…), celtique (breton), basque ou romane (picard, normand, provençal…). On peut affirmer que la plus grande dette est celle que la langue a contracté envers le provençal, la langue raffinée des troubadours. Au Moyen Âge, on l'appelait le *lemosi*. Mais ce qui est remarquable, c'est que tout au long des siècles, les apports provençaux se sont poursuivis. Les mots *barque* et *barge* sont parmi les plus anciens. Les mots *gardian*, *pétanque* et *pistou* sont parmi les plus récents, c'est-à-dire du XXe siècle. Prenons des exemples siècle par siècle, c'est vraiment intéressant. Au XIIe siècle, apparaissent *cadeau*, *cigogne*, *flûte*, *jaloux* et *rossignol*. Au XIIIe siècle, on trouve *aveline*, *ballade*, *boutique*, *sommelier*. Au XIVe siècle, c'est au tour de *abeille*, *conserve*, *escargot*, *salade* ou *tocsin* de faire leur entrée dans notre langue. Au XVe siècle, voici *auberge*, *cassolette*, *pignon* et *terrasse*. Le XVIe siècle sera celui de *aigue-marine*, *escalier*, *fadaise*, *luzerne*, *rascasse* et *velours*. *Blanquette*, *brugnon*, *caserne* et *piment* nous sont arrivés au XVIIe siècle. Au XVIIIe siècle, saluons l'avènement des mots *bastingage*, *cambrousse* et *nougat*. Au XIXe siècle, ce sont souvent des mots d'argot provençal qui nous sont proposés, comme *cambrioleur*, *frousse*, *pagaille* ou *zigouiller*. Leur point commun à tous semble être leur beauté, vous ne trouvez pas ?

Le pamplemousse

Souvent les vendeurs de fruits donnent par confusion le nom de pamplemousse au pomélo, qui est le nom botanique connu seulement des spécialistes, que l'on appelle aussi à l'anglaise "grape-fruit". "Si j'étais encore Américaine, j'irais prendre dans la glacière de ma kitchenette le grand verre de jus d'orange ou de pamplemousse que j'y laissais toujours à rafraîchir.", note Philippe Hériat dans *Les Enfants gâtés*. Et Georges Duhamel d'expliquer dans *Problèmes de l'heure* : "Nul Français ne s'aviserait de servir au début du repas un plat sucré, exception faite de certains fruits comme le melon ou le pamplemousse". Quoi qu'il en soit, le mot vient du néerlandais *pompelmoes*, de *pompel*, "enflé", ou de *pompoen*, "citrouille" ; par l'intermédiaire d'une forme *pompoenlimoes*, et donc de *limoes*, "citron". Il s'agissait au départ du fruit comestible peu juteux d'un arbre épineux originaire des Îles de l'océan Indien : le *Citrus maxima*, mais dans l'usage courant il s'agit du fruit juteux et acide du *Citrus paradisi* : le *pamplemoussier* ou l'*arbre à pomélos*. Le mot a été longtemps de genre féminin. "Une pamplemousse dérobée aux offrandes", écrit Paul Claudel. C'est Littré qui fit remarquer que l'usage à propos de l'arbre est de considérer le genre d'après l'usage des lieux où il croît. Au XXe siècle, presque tous les dictionnaires lui donnent les deux genres. En Afrique francophone, par exemple, on continue à dire *une pamplemousse*.

Ces mots qui viennent de loin

Les mots exotiques qui désignent l'habitat nous viennent souvent de pays lointains. Un *bungalow* a comme origine l'hindoustani *bangla*, "maison du Bengale", est passé par le gujarati (la langue de Gandhi), *bangalo*, en 1829, et désignait la "maison indienne entourée de plusieurs vérandas". C'est devenu ensuite un "pavillon isolé". Et, depuis 1925, une "maison de vacances", dans un emploi assez snob. Et précisément, une *véranda* est un mot anglo-indien, qui vient du portugais *baranda*, "balustrade", (notons qu'en provençal on trouve aussi *baranda*, "balustrade", dès le XIIe siècle) lui-même dérivé du latin *vara*, "bâton fourchu supportant un filet, perche soutenant un échafaudage". La *véranda* est la "galerie couverte qui entoure les habitations en Inde ou en Extrême-Orient et dont le toit est soutenu par des perches", ce qui explique l'origine du nom. On trouve le mot attesté en français en 1758, dans la traduction de l'ouvrage de l'Anglais J. H. Grose, *Voyages aux Indes orientales*. On devine bien que *igloo* est le mot esquimau désignant la "maison", que *isba* est le mot russe *izba*, "maison" et que *tipi* est un mot sioux. Mais savez-vous que la *paillotte* (ou *paillote*), "habitation sommaire au toit de paille", qui fait les beaux jours de certains clubs de vacances ou d'hôtels exotiques, a plutôt comme origine le mot portugais *palhota*, "hutte de paille". Dans *Partir*, Roland Dorgelès écrit : " Il me montra un bois d'aréquiers au feuillage en houppe, une rizière où s'enfonçaient de petits zébus, ça et là des paillottes malaises, plantées sur pilotis".

Ces mots venus d'ailleurs

De quelle origine sont les mots que nous utilisons de manière répétée ? Pas toujours d'origine grecque ou latine. Nous avons parfois des surprises. On sait bien que *cravate* vient de *croate* (bande de linge que les cavaliers croates portaient autour du cou), mais sait-on que le mot *édredon* vient du danois ou de l'islandais *ederduun*, et de *aedur*, "canard" et *duun*, "duvet" ? Le mot *satin*, cette "étoffe de soie douce et lustrée d'un côté", nous vient du nom d'une ville de Chine *Zai-Tun*, via l'arabe et l'espagnol. Le mot *pyjama* vient de l'hindoustani *pâê-jama*, "vêtement de jambes". C'était un pantalon de femme en Inde. Le mot *képi* nous vient du suisse allemand *Käppi* et de l'allemand *Kappe*, "bonnet". Et si nous entrons dans le monde des embarcations : *Canoë*, *canot* et *pirogue* viennent des Caraïbes, *catamaran* vient du tamoul, *kayak* est un mot esquimau, *sloop* vient du néerlandais et *youyou* semble être un mot d'origine chinoise… Quant à la *jonque*, à propos de laquelle Paul Claudel écrivait dans *Connaissance de l'Est* : "Les jonques ventrues tendant au vent de guingois quatre voiles raides comme des pelles", c'est ou un mot malais, *jong* ou un mot javanais *djong*.

Seules les langues mortes n'évoluent plus. La nôtre est en constante évolution. Elle est écrite et parlée, donc soumise aux hommes. Bien sûr, on a retenu la littérature "classique", celle de Corneille ou de Voltaire, comme base, mais pourquoi se référer à cette langue qui n'était, comme celle d'aujourd'hui, qu'un moment dans son évolution ? On sait qu'on se recommande des racines grecques et latines, mais pourquoi a-t-on laisser mourir l'utilisation de la langue gauloise ? Il ne nous en reste qu'environ deux cents mots ! Tout au long de notre histoire, on a assimilé les emprunts venus d'ailleurs : salade *(espagnol),* magasin *(arabe),* violon *(italien),* gamin *(allemand), etc. Pourquoi dès lors condamner l'entrée de néologismes (encore considérés comme des fautes de langage) compris par tous :* opportunité, solutionner… *? Depuis la réforme de l'orthographe de 1989, on cite volontiers l'exemple de* nénuphar. *Certains ont défendu avec acharnement la graphie actuelle. Sait-on que le* Dictionnaire de l'Académie *n'a entériné son* ph *grec qu'en 1935 et en se trompant d'étymologie, pensant que le mot venait du grec* nymphéa *! Avant cela, c'est bien* nénufar *qu'on écrivait, et avec raison, puisque le mot arabe s'écrit* nînûfar*… Un beau sujet de réflexion, non ?*

Orientation bibliographique

BAL (W.), DOPPAGNE (A.), GOOSSE (A.), HANSE (J.), LENOBLE-PINSON (M.), POHL (J.), WARNANT (L.), *Belgicismes*, éd. Duculot, 1994.

BAVOUX (Claudine), *Le Français de Madagascar*, éd. Duculot, 2000.

BERGERON (Léandre), *Le Dictionnaire de la langue québécoise*, éd. VLB, 1980.

BERNET (C.) et RÉZEAU (P.), *Dictionnaire du français parlé*, éd. Le Seuil, 1989.

BRUNET (Sylvie), *Les Mots de la fin du siècle*, éd. Belin, 1996.

BOLOGNE (Jean-Claude), *Dictionnaire commenté des expressions d'origine biblique. Les allusions bibliques*, éd. Larousse, 1991.

CELLARD (Jacques), *Les Racines grecques du vocabulaire français*, éd. Duculot, 1998.

CELLARD (Jacques), *Les Racines latines du vocabulaire français*, éd. Duculot, 2000.

CHAURAND (Jacques), *Nouvelle histoire de la langue française*, éd. Le Seuil, 1999.

DE VOS (Maïthé et Jean-Claude), *Les Mots de la micro*, éd. Dunod, 1992.

DELCOURT (Christian), *Dictionnaire du français de Belgique*, éd. Le Cri, 1998.

Le Dictionnaire des mots rares et précieux, éd. 10/18, 1996.

DUCHESNE (A.) et LEGUAY (Th.), *Le Dictionnaire des sens cachés*, éd. Larousse, 1990.

ÉTIEMBLE, *Parlez-vous franglais ?*, éd. Gallimard, 1964.

La Féminisation des noms de métiers, fonctions, grades ou titres, "Français et Société", éd. Duculot, 1999.

FONTAINE (Guy), *Le Wallon de poche*, éd. Assimil, 1999.

Le Français en Belgique, éd. Duculot, 1997.

FURETIÈRE, *Les Mots obsolètes*, éd. Zulma, 1998.

GODIVEAU (Roland), *Difficultés du français parlé*, éd. Duculot, 1998.

GOOSSE, (André), *La Nouvelle orthographe*, éd. Duculot, 1991.

GREVISSE (Maurice), GOOSSE (André), *Le Bon usage*, éd. Duculot, 1993.

GREVISSE (Maurice), LENOBLE-PINSON (Michèle), *Le Français correct*, éd. Duculot, 1998.

Guide de féminisation, Service de

la langue française, 1994.

HADACEK (Catherine), *Le Suisse romand tel qu'on le parle*, éd. Favre, 1983.

HANSE (Joseph), *Nouveau dictionnaire des difficultés du français moderne*, éd. Duculot, 1991.

HENRY (Gilles), *Dictionnaire des expressions nées de l'Histoire*, éd. Tallandier, 1992.

JOUETTE (André), *Les Pièges du français actuel*, éd. Marabout, 1992.

KROP (Pascal), *Tu fais l'avion par terre (Dico franco africain)*, éd. Lattès, 1994.

LEBOUC (Georges), *Le Belge dans tous ses états*, éd. Bonneton, 1998.

LEBOUC (Georges), *Le Bruxellois en septante leçons*, éd. Labor, 1999.

LEEMAN-BOUIX (Danielle), *Les Fautes de français existent-elles ?*, éd. Le Seuil, 1994.

LENOBLE-PINSON (Michèle), *Anglicismes et substituts français*, éd. Duculot, 1991.

MAHIEU (Paul), *Lexique picard*, Ed. de la Culture, 1994.

MARTEL (Claude), *Le Parler provençal*, éd. Rivages, 1988.

MERCIER (Jacques), *Petit dictionnaire franco-belge, belgo-français*, éd. Glénat, 1990.

MERLE (Pierre), *Le Dico de l'argot fin de siècle*, éd. Le Seuil, 1996.

MERLE (Pierre), *Le Dico du français branché*, éd. Le Seuil, 1999.

METZ (Jules), *Croyances, légendes et dictons*, éd. Laffont, 1990.

PIRART (Françoise) et MAURY (Pierre), *Proverbes et dictons de Belgique francophone*, éd. Rivages, 1989.

Quelques instantanés du français d'aujourd'hui : Y a pas photo, Service de la langue française, 1999.

QUIÉVREUX (Louis), *Dictionnaire du dialecte bruxellois*, éd. Libro-Sciences, 1985.

REY (Alain), *Dictionnaire historique de la langue française*, éd. Le Robert, 1998.

REY (A.) et CHANTREAU (S.), *Dictionnaire des expressions et des locutions*, éd. Le Robert, 1989.

RHEIMS (Maurice), *Le Dictionnaire des mots sauvages*, éd. Larousse, 1989.

SCHIFRES (Alain), *Le Nouveau dictionnaire des idées reçues, etc.*, éd. Lattès, 1998.

VANDEL (Philippe), *Le Dictionnaire français/français*, éd. Lattès, 1992.

WALTER (Henriette), *Le Français d'ici, de là, de là-bas*, éd. Lattès, 1998.

WALTER (Henriette et Gérard), *Dictionnaire des mots d'origine étrangère*, éd. Larousse, 1998.

WANET (Francis), *Le Bruxellois de poche*, éd. Assimil, 2000.
WILMET (Marc), *Grammaire critique du français*, éd. Hachette/Duculot, 1997.
WILMET (Marc), *Le Participe passé autrement*, éd. Duculot, 1999.

Ouvrages de Jacques Mercier

Poésie

La Tête dans la neige, avec des illustrations du peintre Jean Dupont, éd. Dejaie, 1986.
Les Mots changent de couleur, avec des illustrations du peintre Albert de Villeroux, éd. EVO- P. Zech, Paris, 1987.
D'un bleu illimité, "Pavillon Vert", éd. L'arbre à paroles, 1994.
Tendresses d'Ibiza, avec des illustrations de Claire Vanderschueren, éd. Tétras-Lyre, 1998.

Romans, nouvelles

Parfois, Les Archers, 1978. (Bernard Gilson, 1998.)
Candice, Les Archers, 1979. (Prix Triangle).
L'envol, Les Archers, 1980.
La Tendresse inutile, Les Archers, 1982.
Le Soleil dans les yeux, couverture de Gaston Bogaert, Les Archers, 1985.
Photos truquées (nouvelles), couverture inédite de Juan d'Oultremont, éd. Luce Wilquin, 1996.
L'année 13, "Attitudes", éd. Claude Lefrancq, 1998.
Mortes Maisons (nouvelles), "Littérature", éd. Claude Lefrancq, 1999.

Essais, récits

Un chant d'amour, éd. Labor-Lafon, 1984.
Mouscron, Emotions, éd. Van Braekel, 1986.
Totalement confidentiel, Les Archers - RTBF, 1988.
Le Chocolat belge, éd. Glénat, 1989.
Petit dictionnaire franco-belge, belgo-français, éd. Glénat, 1990.
Le Guide du Chocolat belge et des pralines, éd. Casterman, 1996.
Chocolat belge, Collection "saveurs", éd. La Renaissance du Livre, 1997.
Le Diamant, éd. La Renaissance du Livre, 1999.
Le Grand Livre de l'Eau, éd. La Renaissance du Livre, 2000.

Achevé d'imprimer en octobre 2000
par l'Imprimerie Floch (Mayenne)
Dépôt légal : octobre 2000 ; D/2000/8176/218.
N° d'impression : 49752.
Imprimé en France